T0207999

بسم الله الرحمن الرحيم

التوازن بين السلطة والحرية
في الأنظمة الدستورية
دراسة مقارنة

التوازن بين السلطة والحرية في الأنظمة الدستورية
دراسة مقارنة

جعفر عبد السادة بهير الدراجي

الطبعة الأولى
1429هـ-2009م

محفوظة
جميع الحقوق

المملكة الأردنية الهاشمية
رقم الإيداع لدى دائرة المكتبة الوطنية
(2008 / 8 / 2665)

342
الدراجي، جعفر
التوازن بين السلطة والحرية في الأنظمة الدستورية: دراسة مقارنة / جعفر عبد السادة بهير الدراجي.
_ عمان : دار الحامد ، 2008 .
(   ) ص .
ر. أ. : (2665 / 8 / 2008) .
الواصفات : /الدساتير// حقوق الإنسان// السلطة التشريعية//السلطة السياسية// الحرية/

❖ أعدت دائرة المكتبة الوطنية بيانات الفهرسة والتصنيف الأولية .

* (ردمك) ISBN 978-9957-32-422-3

دار الحامد للنشر والتوزيع

شفا بدران - شارع العرب مقابل جامعة العلوم التطبيقية
هاتف: 00962- 5231081 فاكس : 00962- 5235594
ص.ب . (366) الرمز البريدي : (11941) عمان – الأردن

Site : www.daralhamed.net
E-mail : info@daralhamed.net
E-mail : daralhamed@yahoo.com
E-mail : dar_alhamed@hotmail.com

لا يجوز نشر أو اقتباس أي جزء من هذا الكتاب، أو اختزان مادته بطريقة الاسترجاع، أو نقله على أي وجه، أو بأي طريقة أكانت إليكترونية، أم ميكانيكية، أم بالتصوير، أم التسجيل، أم بخلاف ذلك، دون الحصول على إذن المؤلف الخطي، وبخلاف ذلك يتعرض الفاعل للملاحقة القانونية.

بسم الـله الرحمن الرحيم

(وما أرسلناك إلا رحمة للعالمين (107))

صدق الـله العظيم

[الآية (107) من سورة الأنبياء]

المحتويات

بسم الـلـه الرحمن الرحيم

مقدمة:

الحمد لله رب العالمين والصلاة والسلام على سيد المرسلين (محمد) وعلى آله الطيبين الطاهرين وصحبه أجمعين, أما بعد...

لاشك أن الصراع الأزلي بين السلطة والحرية في إطار القانون الدستوري، قد مر بمراحل تاريخية مختلفة ومتباينة تدرجت فيها سطوة السلطة على الحرية، وهذه الأخيرة لم تعدم الوسيلة في صراعها ضد طغيان السلطة وتعسفها وصولا إلى تحقيق التوازن المنشود بينهما.

وفي عصرنا الحالي فإن نظرة تلقى على نظم الغرب أو الشرق أو العالم قاطبة، الذي أصبح بفضل وسائل الاتصال والانتقال الحديثة قرية صغيرة، تظهر أن هاجس البشرية الحديث أصبح حقوق الإنسان وحرياته و الحكم الديموقراطي. لذا نجد العديد من الوثائق الدولية و النظم الدستورية في مختلف دول العالم في الوقت الراهن، تؤكد على وجوب احترام الدولة وهيئاتها لحقوق الإنسان وكفالة هذه الحقوق بالطرق القانونية السليمة، البعيدة عن التحكم والانحراف والطغيان، حتى ولو كانت هذه النظم تمارس أنواع الظلم والطغيان من حيث الواقع الفعلي.

فإذ كان القائمون على الحكم في الدولة يسيئون استعمال السلطة ويستبدون بها، فسيكون الخطر في هذه الحالة أشد وأمضى،لأن سلطة الدولة واسعة وقوتها ضخمة، ويكون الفرد أعزلا في مواجهتها. ومن هنا بدأ السعي الحثيث إلى الوصول إلى حل يوفق بين عناصر مختلفة ومتصارعة، هي السلطة والحرية، القوة والقانون. وكيف يمكن إيجاد الدولة التي يقوم فيها نظام الحكم على قواعد وأسس دستورية ملزمة، لا يستطيع الحكام أن يخرقوها أو يتجاوزوها دون أن يلقوا, ما يلقوا, من الوسائل القانونية والسياسية الرادعة والضامنة لعدم أقدامهم على ذلك أو معاقبتهم

إذا ما أقدموا عليه. وبذلك يستقر النظام العام، وتزول الفوضى، ولا يعاني أحد من ظلم القانون أو يخشى من فساد تطبيقه.

ويتأتى ذلك من خلال الوصول إلى النظام الدستوري والسياسي الذي يوفر البيئة الملائمة لإقامة نوع من التوازن بين السلطة والحرية، لأن تغليب السلطة على الحرية يؤدي إلى الاستبداد وانتهاك الحقوق والحريات، وتغليب الحرية على السلطة ينتهي إلى انتشار الفوضى والعشوائية وما يستتبع ذلك من انهيار الدولة والمجتمع. ويتحقق هذا التوازن من خلال التوفيق بين ضرورات السلطة وطبيعة وظيفتها وأهدافها، وبين أهمية الحرية وقدسيتها وتعلقها بالإنسان وكيفية توفير الحياة الآمنة والهادئة وتحقيق اكبر قدر من الرفاهية والسعادة له, كونه الهدف النهائي من إقامة الدولة وسلطتها السياسية وما قرر لها من سلطات وامكانات. فلا يمكن تصور وجود الدولة أو سلطتها السياسية إلا في إطار المجتمع الإنساني ومن خلاله، حسب الأصول الديمقراطية، كما أن الحرية ما هي إلا نظام قانوني لايمكن ضمان حسن التمتع به وممارسته إلا في إطار المجتمع المنظم بالقانون، والذي يكتسب شرعيته وهيبته وتتحقق له فاعليته وتأثيره والالتزام به، من خلال عنصر الجزاء الذي لايمكن تصور وجوده وتحقيقه إلا في إطار الدولة وسلطتها وأجهزتها المختلفة.

وعلى الرغم من أهمية موضوع التوازن بين السلطة والحرية في الأنظمة الدستورية، كونه المحور الأساسي الذي تدور حوله بقية موضوعات القانون الدستوري الأخرى، فهو الهدف النهائي الذي يسعى إليه هذا القانون، إلا انه لم يحظى بما يستحقه من البحث والدراسة، كما حصل مع بقية الموضوعات.

ومن اجل الإلمام بدراسة موضوع التوازن بين السلطة والحرية نقسم هذه الرسالة إلى **ثلاثة فصول**، يسبقها **فصل تمهيدي** يتعلق بتحديد مفهوم كل من السلطة والحرية وتنظيم العلاقة بينهما في القانون الدستوري، والذي نقسمه إلى مبحثين،

الأول لبيان مفهوم السلطة والحرية، والثاني لبيان تنظيم العلاقة بينهما في القانون الدستوري.

أما **الفصل الأول** فنخصصه لدراسة واقع التوازن بين السلطة والحرية، والذي نقسمه إلى ثلاث مباحث، الأول لبيان الصراع بين السلطة والحرية، والثاني لبيان ظاهرة تفوق السلطة والحرية، والثالث لبيان اختلال التوازن بين السلطة والحرية في الدول الدكتاتورية.

أما **الفصل الثاني** فينصرف موضوعه إلى دراسة التوازن بين السلطة والحرية في الظروف الاستثنائية، والذي نقسمه إلى ثلاثة مباحث، الأول لبيان الأساس القانوني لسلطات الظروف الاستثنائية، والثاني لبيان التنظيم الدستوري والقانوني لحالة الضرورة، والثالث لبيان الرقابة على سلطات الظروف الاستثنائية.

أما **الفصل الثالث** فسيكون موضوعه دراسة الضمانات اللازمة لتحقيق التوازن بين السلطة والحرية، والذي نقسمه إلى مبحثين، الأول لبيان الضمانات القانونية، والثاني لبيان الضمانات السياسية.

الفصل التمهيدي

مفهوم السلطة والحرية وتنظيم العلاقة بينهما في القانون الدستوري

مفهوم السلطة والحرية

وتنظيم العلاقة بينهما في القانون الدستوري

لاشك أن بيان مفهوم كـل مـن السـلطة والحريـة، وهمـا طرفـا العلاقـة الدسـتورية ومحورهـا الأسـاس، يشـكل مقدمـة أساسـية لازمـة لبحـث موضـوع التـوازن بـين السـلطة والحريـة في الأنظمـة الدستورية، ومن اجل الوصول إلى تحديد لمفهوم السلطة والحرية، وتحديد طبيعة العلاقة بين السلطة والحرية، نقسم هذا الفصل إلى مبحثـين، الأول لبيـان مفهـوم السـلطة والحريـة، والثـاني لبيـان تنظيم العلاقة بين السلطة والحرية في القانون الدستوري.

المبحث الأول
مفهوم السلطة والحرية

وللوقوف على مفهوم السلطة والحرية، نقسم هذا المبحث إلى مطلبين، الأول لبيـان وتحديد مفهوم السلطة، والثاني لبيان وتحديد مفهوم الحرية.

المطلب الأول
مفهوم السلطـة

تعتبر السلطة السياسية بحق أهم الأركان والعناصر الأساسية في تكوين الدولة، بل هـي حجر الزاوية في كل تنظيم سياسي، حتى أن بعض الفقهاء يعرف الدولة بالسلطة ويقول أنها (تنظيم لسلطة القهر)[1]. ومن اجل الوصول إلى تحديد

---

[1] د. شمس مرغني علي – القانون الدستوري – مطبعة دار التأليف – 1977 – ص241.

مفهوم السلطة، نقسم هذا المطلب إلى ثلاثة فروع: الأول لبيان تعريف السلطة، والثاني لبيان أساس السلطة، والثالث لبيان حدود السلطة.

الفرع الأول
تعريف السلطة

لما كانت السلطة تجمع بين الخير والشر، وبين المشروعية وعدم المشروعية، وقد يترتب عليها مساوئ الاستبداد والطغيان وقهر الحريات وانتهاكها. لذا لم يكن موقف الكتاب السياسيين والقانونيين واحدا من السلطة السياسية، حيث رفضها البعض وقبلها الآخرون، نظرا لاختلاف اتجاهاتهم ورغباتهم وتأثرهم بالسلطة السياسية التي كانوا يعيشون في ظلها[1].

لذا نجد أن فريقا منهم يذهب إلى أن السلطة السياسية ما هي إلا تنظيم سيئ، لا ضرورة له، لاستغلال الأفراد واضطهادهم، وتأسيسا على ذلك فانه يجب القضاء عليها وإقامة مجتمعات لا مكان فيها للسلطة السياسية، وأن القضاء على مساوئ السلطة يمر من خلال القضاء على السلطة نفسها، لذا فهم لا يهتمون بوضع تعريف لها، وهم بهذا الموقف من السلطة قد اغفلوا المزايا التي تعود على المجتمع من وجودها، ولم يستطيعوا أن يقدموا بديلا عمليا عنها قابلا للتطبيق. ومن هذا المدارس الرافضة للسلطة هي المدارس ذات الاتجاه المثالي الخيالي أو الايتوبيا ومدرسة الثورة على الطغيان والمدرسة الفوضوية وأخيرا المدرسة الماركسية[2].

---

[1] د.عبد الله إبراهيم ناصف ـ السلطة السياسية، ضرورتها وطبيعتها ـ موسوعة الفقه والقضاء ـ الجزء 208 ـ 1985 ـ ص12، 13.

[2] لمزيد من التفصيل حول هذا الاتجاه انظر د.عبد الله إبراهيم ناصف ـ السلطة السياسية ـ المصدر السابق ـ ص(17 ـ 61).

بينما يرى فريق آخر أن السلطة السياسية ضرورية ولازمة لحفظ المجتمع وانتظامه، وأنها وان كانت شرا إلا أنها شر لابد منه، إلا أن المنادين بهذا الاتجاه لم يتفقوا على تعريف واحد للسلطة السياسية. ومن أهم هذه التعاريف هو تعريف العلامة (دي جوفينيل) وتعريف الفقيه (جورج بوردو).

فقد عرفها العلامة الكبير (بيرتراند دي جوفينيل) بأنها الأمر(لذاته وبذاته). أي أنها لا تتكون من طبيعة واحدة، وإنما من طبيعتين هي الأنانية والاجتماعية، فهي ليست ملاكا خالصا ولا شيطانا بحتا، وأنها خليط من هذا وذاك، وهي في جمعها لهاتين الطبيعتين المتناقضين فأنها تتناغم مع طبيعة الإنسان وتأتي على شاكلته، ويبدو هذا منطقيا طالما أنها لا تمارس إلا من قبل الإنسان[1].

أما بالنسبة لتعريف الفقيه الفرنسي (جورج بوردو) فقد لاقى رواجا وقبولا بين عدد غير قليل من الكتاب، حينما عرفها بأنها (قوة في خدمة فكرة)، قوة نابعة من الوعي الاجتماعي، ومخصصة لقيادة الجماعة بحثا عن الخير المشترك وقادرة إذا لزم الأمر أن تجبر الأفراد على التزام المواقف التي تأمر بها[2].

أما الفقيه (موريس دفرجيه) فيرى أن للسلطة السياسية معنيان، أولهما معنوي والأخر مادي، فالسلطة السياسية بمعناها المعنوي تعني القوة والقدرة على السيطرة التي يمارسها الحاكم - أو مجموع الحكام - على المحكومين، والتي تتمثل في إصدار القواعد القانونية الملزمة للإفراد وفي إمكانية فرض هذه القواعد على الأفراد باستخدام القوة المادية. أما السلطة السياسية في معناها المادي أو العضوي فتعني أجهزة الدولة التي تقوم بممارسة السلطة بمعناها المعنوي، والتي يطلق عليها عادة اصطلاح الحكومة وأجهزتها التنفيذية[3].

---

(1) د.عبد الله إبراهيم ناصف – السلطة السياسية – المصدر السابق – ص117.

(2) د.عبد الله إبراهيم ناصف – السلطة السياسية – المصدر السابق – ص13.

(3) د.ماهر عبد الهادي – السلطة السياسية في نظرية الدولة – الطبعة الثانية – دار النهضة العربية – 1984 – ص39.

أما الفقيه (اندريه هوريو) فيعرف السلطة على أنها "قوة إرادة تتجلى لدى الذين يتولون عملية حكم جماعة من البشر فتتيح لهم فرض أنفسهم، بفضل التأثير المزدوج للقوة والكفاءة " ويرى أن السلطة إذا كانت ترتكز على القوة فقط فأنها تغدو بحق سلطة الواقع، ولا تصبح سلطة قانونية إلا برضى وموافقة المحكومين[1].

الفرع الثاني
أساس السلطة

لقد أولى العديد من المفكرين و رجال الدين والفلاسفة اهتماما كبيرا بالبحث في اصل الدولة وكيفية نشوئها وتبيان مصدر السلطة فيها ، والأساس الذي تستند إليه، وقد اختلفت آراؤهم وميولهم في تحديد هذا الأمر، والتي يمكن ردها إلى أصول وأسس دينية وفلسفية واجتماعية وتاريخية مختلفة 0 وهي كل من النظريات الثيوقراطية والنظريات العقدية ونظرية القوة ونظرية الأسرة ونظرية التطور التاريخي، والتي نوردها تباعا فيما يلي:

أولا: النظريات الثيوقراطية[2]:

وهي النظريات والمذاهب التي ترد السلطة السياسية في الدولة إلى قوه أعلى من قوة البشرـ وان مصدرها الله سبحانه وتعالى[3], فقد ساد الاعتقاد في فترة من فترات

---

[1] أندريه هوريو - القانون الدستوري والمؤسسات السياسية - الجزء الأول - ترجمة علي مقلد وشفيق حداد وعبد الحسن سعد - الأهلية للنشر والتوزيع - بيروت لبنان- 1974-ص106.

[2] ويطلق عليها البعض النظريات الدينية، انظر في بيان ذلك , د.عبد الحميد متولي - القانون الدستوري والأنظمة السياسية -الجزء الأول- الطبعة الثالثة -1964- ص32, ويعني مصطلح (theocratiques) ذو الأصل الإغريقي المركب من كلمتين (Theo) وتعني الله و(critiques) وتعني السلطة وجمعها يعني "الله مصدر السلطة"، د. نوري لطيف – القانون الدستوري المبادئ والنظريات العامة - الطبعة الأولى - دار الحرية للطباعة، بغداد - 1976-ص58.

[3] د. حسن الحسن - القانون الدستوري والدستور في لبنان- الطبعة الثانية - منشورات دار مكتبة الحياة بيروت - ص36.

التاريخ بان الـلـه هو مصدر السلطة، لذلك تكتسب شرعيتها ووجـوب طاعتهـا[1], وان الدولـة نظام الهي من صنع الـلـه، لذلك فهذه المذاهب – كما يقول الأستاذ (ديجي)- تعمل على تفسير وتبرير السلطة السياسية عن طريق تدخل سلطه سماويه[2].

وعلى الرغم من اتفاق هذه النظريات في إسناد السلطة إلى الـلـه ألا انه يمكن التمييز بين ثلاثة اتجاهات ضمن هذه النظريات وذلك بسبب تغير الظروف المتجددة بحسب سنة التطور مـما أدى إلى تغييرها في بعض الأحيان أو إلى تغير تكييفها على الأقل[3]. والتـي هـي كـل مـن نظريـة تاليـه الحـاكم، ونظرية الاختيار الإلهي المباشر و نظرية الاختيار الإلهي غير المباشر[4].

---

(1) د. منذر الشاوي – القـانون الدسـتوري (نظريـة الدولـة) – منشـورات مركـز البحـوث القانونيـة – بغـداد -1981 – ص68-69.

(2) د. عبد الحميد متولي – القانون الدستوري - المصدر السابق - ص32.

(3) د. نوري لطيف – المصدر السابق- ص58, 59.

(4) 1- نظرية تاليه الحاكم.

في إطار هذه النظرية كان أنصارها يرون إن الحاكم هو الإله المعبود - أو انـه عـلى الأقـل في أحيـان أخـرى يحمـل بعض صفات الالهة - وتأسيسا على ذلك لا يستقيم مـع هـذا المفهـوم للسـلطة محاسـبة الحـاكم أو مسـألته عـن أعماله أو أقواله باعتبار أن هذه الأعمال والأقوال مقدسة، وبذلك يتضـح لنـا كيـف إن هـذه النظريـة تنتهـي إلى التسليم بالسلطان المطلق للحاكم، لا تقيده قيود ولا تترتب عليـه أيـة مسؤولية إمـام الشـعب. ومـن أثـار هـذه النظرية حتى انتهاء الحرب العالمية الثانية تصوير إمبراطور اليابان (الميكـادو) نفسـه بأنـه (الـه الشمـس) الـذي يحكـم الكـون كلـه، انظـر د. نوري لطيف – المصدر السابق- ص59,58 ، انظر في ذلك تفصيلا د. عبد الحميد متولي – المصدر السابق- ص 35,34، د. احسان ألمفرجي, د. رعد ألجده, د. كطران زغـير نعمـه- النظريـة العامـة في القانون الدستوري والنظام الدستوري في العراق- مطبعة دار الحكمة,بغداد-1990-ص52.

2- نظرية الاختيار الإلهي المباشر.===

ثانيا: النظريات العقدية:

ظهرت فكرة العقد أساسا لنشأة الدولة - أول ما ظهرت- منذ فترة زمنية بعيدة، حيث اتخذت من قبل العديد من رجال الفكر والدين وسيلة لدعم آرائهم واتجاهاتهم السياسية في تأييد أو محاربة السلطان المطلق للحكام. إلا أن هذه النظريات بشكلها الحالي وما تتضمنه من مفاهيم سياسية تتعلق بالسلطة وممارستها وحقوق الأفراد وحرياتهم، إنما ترجع إلى القرن التاسع عشر والتي ساهم في صياغتها وابرز مضمونها كل من (هوبز و لوك وروسو)[1].

وعلى الرغم من اتفاق هؤلاء الكتاب على العديد من الأمور الأساسية ومنها أن اصل الدولة هو عقد اجتماعي، إلا أنهم اختلفوا في أمور أخرى وهي وصف حالة الإنسان السابقة على العقد وتحديد أطرافه، لذلك جاءت تفسيراتهم متباينة ومختلفة للآثار التي تترتب عليه[2].

=== برزت هذه النظرية بعد أن أصبح من العسير على الحاكم الادعاء بأنه اله يعبد وما يترتب على ذلك من نتائج, وذلك بسبب التطور الفكري والحضاري الذي لحق البشرية بتأثير الرسالات السماوية وتطور وازدهار الحركات الفكرية المختلفة، لذا أصبح الحاكم يدعي بأنه مختار من الله مباشرة وانه يستمد سلطته من الله، فالحكام يختارهم الله ويودعهم سلطته، لذلك يتحتم على الأفراد إطاعة أوامرهم والانصياع لها،وان الحكام من ملوك ورؤساء لا يسألون أمام شعوبهم وإنما يكون حسابهم أمام الله الذي اختارهم وأودعهم السلطة. وقد سادت هده النظرية لدى الكثير من الشعوب لما للدين من اثر عميق في نفوس الناس" وهذا ما حدا بالحكام إلى الاستبداد وجعلهم يجمعون غالبا السلطة الدينية والزمنية، لأنها تطلق أيديهم في شئون الحكم دون رقيب أو حسيب من الناس فلهم أن يتصرفوا كما يشاءون وعلى الناس السمع والطاعة، انظر د. حسن الحسن -المصدر السابق - ص36, 37، انظر ما يؤكد ذلك في فرنسا وإنكلترا وألمانيا، د. محمد كامل ليله - النظم السياسية،الدولة والحكومة - دار الفكر العربي -1971- ص74-77.

3- نظرية الاختيار الإلهي غير المباشر.

نتيجة انتشار الأفكار الديموقراطية في العصر الحديث وترسخ وانتشار الشكوك في الحق الإلهي كمصدر للسلطة اتجه الفكر إلى البحث عن تعليل جديد. ومع بزوغ القرن التاسع عشر فقد اختفت هذه النظرية, ألا أننا نتلمس أثار هذه النظرية في قول (غليوم الثاني) عام (1910) حينما اعتبر نفسه أداة الله وانه مختار من السماء ليس له تأسيسا على ذلك فأنه لا يحفل بالرأي العام أو بمشيئة البرلمان, ونتيجة لذلك ظهرت في العصور الوسطى نظرية جديدة مفادها أن الله لا يختار الحاكم بشكل مباشر وإنما يترك ذلك للإفراد أنفسهم، وأن العناية الإلهية هي التي توجه إرادة الأفراد وترشدهم إلى اختيار حاكم معين, ويتضح جليا وجه الفرق بين هذه النظرية وسابقاتها من حيث أنها على الرغم من إقرارها بان مصدر السلطة هو الله ألا أنها تنتهي إلى أن الحاكم يتولى السلطة عن طريق الشعب وبتوجيه من الإرادة الإلهية، لذلك من المتوقع أن يستبد الحاكم على اعتبار انه استمد سلطته من الله، لذا فهو لا يكون مسؤولا إلا أمام الله وحده، د. عبد الحميد متولي--المصدر السابق- ص36، وأشار إلى ذلك أيضاً د. محمود حلمي - المبادئ الدستورية العامة - دار الفكر العربي -1966- ص121, د. محمد كامل ليله -المصدر السابق - ص77، وانظر أيضاً د. حسن الحسن - المصدر السابق - ص37.

[1] د. نعمان احمد الخطيب- الوسيط في النظم السياسية والقانون الدستوري - دار الثقافة للنشر والتوزيع -عمان الأردن- 2004- ص62، فقد أشار هذا المصدر بأن البعض قد ذهب إلى أن أول من لمح بالحديث عن نظرية العقد الاجتماعي هم (الابيقريون) الذين ينتسبون إلى مدرسة (ابيقور) في القرن الثالث قبل الميلاد والتي كانت تهدف إلى الاهتمام بالإفراد ورفاهيتهم والدعوة إلى المساواة والإخاء بين الناس.

[2] 1- العقد الاجتماعي عند توماس هوبز (1588-1679).

كان (هوبز) يرى أن الحالة الطبيعية للإنسان قبل ظهور الدولة بأنها عبارة عن كفاح مستمر وان هدف الإنسان الأول كان السعي للوصول إلى إرضاء أغراضة ومطامعه وسد حاجاته دون الاهتمام بغيره ولما كانت هذه الحال لا تتفق مع غريزة حب البقاء فقد اضطر الإنسان إلى الاتحاد مع أبناء جنسه فتعاقد معهم على أن يختاروا رئيسا عليهم يتنازلون له عن حقوقهم وله أن يتصرف دون قيد أو شرط وان هذا الرئيس مهما تعسف فانه سيضمن لهم حياة أفضل من حياتهم الأولى حياة الفوضى والشقاء، وهكذا استطاع (هوبز) أن يصل إلى مبتغاه في تبرير الحكم الملكي المطلق وتدعيم شرعية سلطة (ال ستيوارت) في مواجهة (كروموبل)، وعدم ===

=== خضوع الملك لإرادة المجموع لأنهم تنازلوا له بموجب العقد عن كل حقوقهم الطبيعية، ولم يلتزم هو من جانبه بشي تجاههم فهو الذي يضع القوانين ويعدلها ويلغيها حسب مشيئته و لا يحق للإفراد مخالفته ومقاومته وألا اعتبروا خارجين على العقد وكافرين بمبادئه، وخلع الملك معناه فسخ العقد والعودة إلى حياة البؤس والشقاء الأولى،" فالملك هو الرب الثاني الذي ندين له في ظل الرب الدائم بسلمنا وأمننا ", ولذلك فقد حرم (هوبز) تماما الثورة على الملك واستبداله أو حتى انتقاده ولا يجوز التذمر من تصرفات الملك وبالتالي من تصرفات السلطة لان ذلك معناه التذمر من تصرفات الفرد الذاتية وان الملك المستبد والطاغية هو خير للبشر من حالة الوحشية والهمجية الأولى، د. حسن الحسن - المصدر السابق - ص38، وكذلك انظر د. نعمان احمد الخطيب - المصدر السابق -ص63.

2- العقد الاجتماعي عند جون لوك (1623-1704).

كان (لوك) من أنصار الملكية المقيدة ويبدو ذلك واضحا من خلال تصوراته حول حالة الإنسان قبل إبرام العقد الاجتماعي وأطرافه وأثاره على الحاكم والمحكوم، فقد خالف (هوبز) في تفسيره للفترة التي سبقت إبرام العقد، فهو يرى أن الإفراد لم يتنازلوا عن حقوقهم للملك إلا بالقدر الذي يصون به باقي حقوقهم الطبيعية بل ليزيدها ويرعاها ويعمل على توسيعها، وينتهي (لوك) إلى ضرورة قيام برلمان منتخب لكي يخول السلطة العليا في البلاد بدلا عن الملك، ويرى (لوك) أن الملك طرفا في العقد ويترتب على هذا الأمر أن يتقيد بالشروط التي وردت به وحينها يحق لكل فرد العودة إلى حالته الأولى قبل العقد،ويعتبر الملك في هذه الحالة غاصبا وإذا استمر في الحكم وممارسة السلطة فيصبح مجردا من كل سند شرعي ولا يتوجب على الشعب إطاعته بل يحق مقاومته والإطاحة

به وهذا ما يفسر مساندته لثورة عام (1668) في إنكلترا والتي عزل فيها الملك (شارل الثاني) عن طريق البرلمان ونصب الملك (وليم اورانج) على عرش إنكلترا.
3- العقد الاجتماعي عند جان جاك روسو (1712- 1778).
لاشك أن الفقيه السياسي الشهير (ج. ج. روسو) هو خير من عرض نظرية العقد الاجتماعي بوضوح وعبر عن آراءه وأراء من سبقوه بأسلوب ثوري رائع في كتابه الشهير "العقد الاجتماعي" والذي مهد للثورة الفرنسية واثر في رجالها تأثيرا بالغا حتى أنهم وصفوه بأنه "انجيل الثورة" وهذا ما يفسر اقتران نظرية العقد الاجتماعي باسمه مع أننا نعرف انه ليس أول القائلين بها - كما تقدم ذكره- فقد سبقه إلى ذلك العديد من رجال الفكر والدين. ===

=== لقد تصور هذا الكاتب أن الإنسان كان سعيدا في حالته الأولى السابقة على العقد، لأنه كان يتمتع بحرية كاملة واستقلال تام وانه كان سعيدا في حياته، لكنه اضطر في النهاية إلى ترك هذه الحياة والانضمام إلى غيره من الأفراد لإقامة نظام اجتماعي جديد يكفل لهم الأمن ويحقق العدالة بينهم، أما بالنسبة للأسباب التي كانت وراء هذا التحول وإقامة العقد الاجتماعي، هو تعدد المصالح الفردية وتعارضها مع ازدياد حدة المنافسة بين الأفراد وظهور ميول شريرة لديهم ولدتها الرغبة في الثراء والنزعة إلى السيطرة وظهور الملكية الخاصة وتطور الصناعة وما ترتب عليها من إخلال بالمساواة وتقييد الحريات، لهذا تعاقد الأفراد على إبرام عقد اجتماعي يتضمن تنازل كل فرد من الأفراد عن كامل حقوقه الطبيعية لمجموع الأفراد المتمثلة بالإرادة العامة, وهي إرادة مستقلة عن إرادة الأفراد، لذا فان أطراف العقد هنا المجموع كوحدة واحدة والأفراد بصفتهم الفردية، وبذلك وجدت الدولة مستندة إلى العقد الاجتماعي، وكان هذا العقد مصدر الدولة والسلطة العامة فيها.
أما بالنسبة للنتائج المترتبة على إبرام العقد الاجتماعي فانه يرى أن العقد الذي تم بين الأفراد تتولد عنه إرادة عامة والتي هي إرادة المجموع أو إرادة الأمة صاحبة السلطة على الأفراد جميعا, أما بالنسبة للحاكم فانه طبقا لتصورات (روسو) لم يكن طرفا في العقد وإنما هو وكيل عن الأمة يحكم طبقا لأرادتها - وليس أرادته هو- ولذلك فان للأمة(الجماعة) حق عزلة متى أرادت أن الأفراد قد تنازلوا عن حريتهم الطبيعية للجماعة مقابل الحصول على حريات مدنية جديدة يضمنها لهم المجتمع مع كفالة المساواة بين الأفراد فيما يتعلق بتقرير هذه الحريات.
انظر في كل ذلك د.محمد كامل ليلة – المصدر السابق – ص (78 – 79، 82 – 84)، د.نعمان احمد الخطيب – المصدر السابق – ص(67 – 69).

هذا وقد تعرضت نظرية العقد الاجتماعي إلى انتقادات مهمة، منها أنها فكرة خيالية وغير صحيحة من الناحية التاريخية، فلم يقدم لنا التاريخ أمثلة على دول نشأت عن طريق العقد. وكذلك استنادها على افتراض خاطئ وهو أن الفرد كان يحيى حياة عزلة قبل قيام الدولة، وهذا الافتراض لايمكن قبوله، ذلك أن المجتمع كان قائما قبل قيام الدولة بفترة طويلة جدا. وعلى الرغم من وجاهة هذه الانتقادات فلا يخفى أن نظرية العقد الاجتماعي قد لعبت دورا مهما في نشأت المذهب الفردي،

واليها يرجع نظام الاستفتاء الشعبي، وان لها الفضل الكبير في ترويج المبادئ الديمقراطية، وتقرير حقوق الأفراد وحرياتهم[1].

ثالثا: نظرية القوة:

يرى أنصار هذه النظرية أن الدولة نشأت عن طريق القوة والعنف والصراع بين الجماعات البدائية، لذا فان الدولة استنادا إلى هذا المنظور ما هي إلا نظام اجتماعي فرضه شخص أو جماعة على الآخرين بالقوة والعنف على باقي الأفراد لحملهم على الخضوع له وإطاعته[2].

وعلى الرغم من أن للقوة والحروب أثرا كبيرا في قيام بعض الدول حتى عصرنا الحديث[3]، فهذه النظرية قد تكون صالحة لتفسير قيام بعض الدول وليس جميعها، فالملاحظ أن العديد من الدول الحديثة في آسيا وأفريقيا وأمريكا الشمالية قد نشأت نتيجة لاستقلال المستعمرات وليس بناء على نظرية القوة[4].

وحتى الدول التي قامت على أساس القوة لابد وان يضاف إلى عامل القوة فيها وفي مرحلة لاحقة عامل رضا المحكومين وقبولهم للحاكم حتى يمكن القول أن

---

[1] د.محمد كامل ليلة - المصدر السابق - ص(85 - 87).

[2] د. نعمان احمد الخطيب - المصدر السابق - ص60، د. محمد كامل ليله - المصدر السابق - ص87. ويرى (د. منذر الشاوي) أن المقصود بالقوة هنا لا يقف عند مفهوم القوة العسكرية فقط، بل قد تكون قوة بدنية، أو قوة مستمدة من الهيبة، أو ربما القوة الاقتصادية، د. منذر الشاوي - نظرية الدولة - المصدر السابق - ص55- 62.

[3] مثال ذلك قيام دولة بنغلاديش على اثر هزيمة باكستان في حربها ضد الهند عام 1971، د. حميد الساعدي - مبادئ القانون الدستوري وتطور النظام السياسي في العراق - مطابع دار الحكمة - 1990- ص 24، هامش رقم(8).

[4] د. نعمان احمد الخطيب - المصدر السابق - ص61.

سلطته تتمتع بالشرعية[1]، ذلك أن القوة وان كانت عنصر أساسي من اجل وحدة الدولة وأمنها وبدونها تصبح الدولة فريسة للعوامل الهدامة، إلا أنها لا تكفي لان تكون وحدها مصدرا أو أصلا منشأ للدولة والسلطة السياسية فيها[2].

ومن مؤيدي هذه النظرية الفقيه الفرنسي(ديجي) إذ انه يرى "أن الدولة ماهي إلا حدث اجتماعي، ليس له أي سند قانوني، ففي جميع البلاد، وفي مختلف العصور كان أكثر أفراد الجماعة قوة سواء من الناحية المادية أو الدينية أو الاقتصادية الذين يفرضون إرادتهم على بقية أفراد الجماعة, ولابد أن يكون الحال كذلك دائما"[3].

رابعا: نظرية الأسرة:

تقوم هذه النظرية إلى إرجاع اصل الدولة إلى الأسرة، وأساس سلطة الحاكم إلى السلطة الأبوية المتمثلة في رب الأسرة، لذلك فهي تعتبر الدولة عبارة عن أسرة متطورة، والتي تعتبر الخلية الأولى للدولة، هذه الأسرة بدورها تطورت فكونت العشيرة، ثم اتسعت العشيرة وزاد عددها فاحتلت بقعة معينة من الأرض لتسكنها، فتحولت إلى قبيلة، ومن مجموع القبائل تكونت القرية، وبتجمع القرى ظهرت المدينة، ومن انضمامها إلى مدن أخرى تكونت الدولة[4].

وقد تبدو هذه النظرية للوهلة الأولى منطقية ومقبولة لحد الآن عند عدد من علماء الاجتماع، وفي هذا السياق نشير إلى أن كل الديانات السماوية أجمعت على أن اصل الجنس البشري هو من (آدم وحواء)، ووجود تشابه بين الأسرة والجماعة السياسية في بعض الوجوه فرابطة الدم والروح العائلية التي تشد أفراد الأسرة يمكن

---

[1] د. حميد الساعدي - المصدر السابق - ص25.
[2] د. نعمان احمد الخطيب - المصدر السابق - ص61.
[3] د. حميد الساعدي - المصدر السابق - ص25.
[4] د. نعمان احمد الخطيب - المصدر السابق - ص61.

مقارنتها بالتضامن الجماعي والروح القومية اللذين يربطان بين أفراد الجماعية السياسية، إلا أنها تعرضت لانتقادات مهمة[1].

فقد أوخذ على هذه النظرية إنها قامت على افتراض خاطئ وغير صحيح وهو اعتبار الأسرة الخلية الأولى في المجتمع، لان الجماعة البشرية وجدت قبل أن توجد الأسرة، وكذلك تقريرها أن الدولة ما هي إلا أسرة متطورة، فهذه القاعدة لايمكن تعميمها لتبرير نشأة كل الدول، إذ توجد العديد من الدول التي قامت وتكونت دون أن تمر بنظام المدينة السياسية، كالدولة المصرية القديمة وكذلك دولة الولايات المتحدة الأمريكية - والتي تكونت نتيجة لعوامل وأسباب مختلفة - هذا بالإضافة إلى أن أهداف الدولة وطبيعة وضيفتها تختلف عن أهداف الأسرة، إذ أن مهمة الأسرة تنتهي عند بلوغ الأطفال السن التي تمكنهم من الاعتماد على أنفسهم واستقلالهم عن الأسرة، بينما مهمة الجماعة السياسية تبقى قائمة ولا تتعلق مهامها بمجرد إشباع حاجات جيل معين، وإنما تستمر على الرغم من تغير الأشخاص الذين يمثلونها، وأخيرا فقد اخذ على هذه النظرية أيضا أنها شبهت السلطة السياسية في الدولة بالسلطة الأبوية في الأسرة، وهذا التشبيه ليس صحيحا، ذلك لان سلطة رب الأسرة من طبيعة شخصية، إي أنها ترتبط به، بينما السلطة السياسية في الدولة سلطة مجردة عن الأشخاص الذين يباشرونها، وأنها دائمة لا تزول بزوال الأشخاص الذين يباشرونها، كما أن رب الأسرة ملزم برعاية أسرته، ولا يستطيع أن يتنازل عن ذلك، في حين أن للحكام أن يتنازلوا عن مباشرة السلطة متى شأو ذلك[2].

---

[1] د. نوري لطيف - المصدر السابق - ص61-62.

[2] لمزيد من التفصيل انظر المصادر التالية: د. محمد كامل ليلة - المصدر السابق - ص93-97 ، د. نوري لطيف - المصدر السابق - ص62- ، د. نعمان احمد الخطيب - المصدر السابق - ص61-62.

خامسا: نظرية التطور التاريخي:

يرى أنصار هذه النظرية إلى أن الدولة لايمكن تفسيرها على أساس نظرية واحدة من النظريات السابقة، وإنما هي وليدة تفاعل عوامل عدة مختلفة ومتباينة من بلد إلى أخر، حسب الظروف الطبيعية والتاريخية والاقتصادية والاجتماعية وحتى العوامل المناخية... الخ، والتي تفاعلت على مر التاريخ حتى تطورت وظهرت الجماعة السياسية، وساعد على بلوغ هذا التطور الرغبة في بلوغ غايات مشتركة وإحساس عام بضرورة العيش سوية للدفاع عن أرواحهم ومصالحهم، ثم تطورت الجماعة حتى أصبحت دولة على النحو الحالي[1].

هذا وان تفاعل هذه العوامل الاقتصادية والفكرية والمادية لم يحدث فجأة وفي مجتمع واحد، وإنما حدث في فترات زمنية طويلة وضمن نطاقات مكانية متباعدة، الأمر الذي أدى إلى إمكانية تغلب أحد هذه العوامل على الأخرى وبنسب متفاوتة، وان هذا الاختلاف في التأثير أدى في نهاية الأمر إلى اختلاف في الأنظمة السياسية وأشكال الحكومات تبعا لذلك[2].

هذا وتعتبر النظرية الماركسية من ابرز الاتجاهات التاريخية الحديثة في تفسير نشأة الدولة وأساسها، فقد كان (كارل ماركس) يرى أن الدولة لم تنشا منذ الأزل فقد وجدت مجتمعات كثيرة كانت في غنى عنها، فهي عنده عبارة عن حدث تاريخي عارض جاء نتيجة لانقسام الجماعة إلى طبقات متصارعة واحتكار البعض منها ملكية

---

(1) د. محمد كامل ليلة - المصدر السابق - ص97، د. نوري لطيف - المصدر السابق - ص70.

(2) د. نعمان احمد الخطيب - المصدر السابق - ص71. ويرى الفقيه الفرنسي (بار تملي) أن هذه النظرية تؤدي إلى تقرير مبدأ هام وهو أن أفضل نظام لحكم شعب من الشعوب هو ذلك النظام الذي يبدو أكثر ملائمة لدرجة تطور الشعب ومستواه من المدينة في زمن من الأزمنة، ويعد أفضل نظام لحكم فرنسا مثلا في أخر القرن السابع عشر هو النظام الملكي، د. عبد الحميد متولي - القانون الدستوري - المصدر السابق- ص43.

الإنتاج، والتي استطاعت بواسطتها استغلال سائر الطبقات في المجتمع وتسخيرها لخدمتها، لذا فان ظهور الدولة ووجودها مرتبط بظاهرة الصراع الطبقي والتي نشأت تحت إلحاح الحاجة إلى لجم صراع الطبقات، التي تكونت نتيجة التطور الاقتصادي-الاجتماعي وبلوغه درجة من التطور فرض معها انقسام المجتمع إلى تلك الطبقات[1].

هذا وقد لاقت هذه النظرية قبولا واستحسانا واسعا لدى الفقه، لأنها لا ترد نشأة الدولة والسلطة السياسية فيها إلى عامل واحد بذاته، وكذلك لقربها من المنطق الذي يصعب بمقتضاه وضع نظرية عامة محددة لبيان اصل نشأة الدول وسلطتها السياسية، وذلك لاختلاف طبيعة ظروف التاريخية والأحوال الاجتماعية والاقتصادية التي تساهم في نشأة الدولة. فهي بحق - كما يقول اغلب الفقهاء - قد جمعت بين معظم النظريات السابقة، وبذلك فهي قد سلمت من النقد الموجه إلى أي من النظريات السابقة[2].

الفرع الثالث

حدود السلطة

لاشك أن الاتجاه السائد حاليا في الفقه الدستوري ينادي بتقييد سلطة الدولة ووضع الحدود اللازمة عليها لضمان عدم تعسفها أو لمنعها من التعدي والمساس بحقوق الأفراد وحرياتهم. وان مفهوم السيادة لا يعني - كما كان يصورها الفقه التقليدي - أن تكون السلطة مجردة من كل قيد، إذ أن إطلاق السيادة هو إطلاق نسبي[3]. وقد برز في هذا الاتجاه أربع نظريات تحاول كل منها أن تقف على الأساليب الواجبة الإتباع لفرض القيود على السلطة. والتي سنوردها تباعا:

---

(1) د. رعد الجدة وآخرون - المصدر السابق - ص23.

(2) ومن أنصار هذه النظرية في فرنسا (العميد ديجي وبار تملي ومودو)، ويشير د. محمد كامل ليلة إلى أن الفقه المصري يؤيد هذه النظرية أيضا، د. محمد كامل ليلة-المصدر السابق - ص98- 101.

(3) د. ماهر عبد الهادي - المصدر السابق - ص67 - 70.

أولا: نظرية الحقوق الفردية:

يستند أنصار هذه النظرية في تقييد السلطة إلى فكرة مماثلة لتلك التي نادى بها فلاسفة العقد الاجتماعي، وذلك بالاستناد إلى أن الإنسان كان يتمتع في حياته الفطرية السابقة لنشوء الدولة بطائفة من الحقوق الأساسية، اللصيقة به والمولودة معه، فهي حقوق طبيعية سابقة لنشوء الدولة، ولايمكن التنازل عنها أو سقوطها بمرور الزمان، وان انتقاله إلى الحياة الجماعية المنظمة، من جهة ونشوء سلطة الدولة ووجودها في فترة لاحقة على وجود الحقوق والحريات، من جهة أخرى، لذا فانه لا يسوغ لهذه السلطة أن تتخذ كل ما من شانه أن ينتهك أو يمس أو ينتقص من هذه الحقوق. لذا فان السلطة تظل دائما مقيدة وملزمة باحترام هذه الحقوق وعدم انتهاكها أو المساس بها، لان هذه الحقوق والحريات هي سبب نشوء الدولة وسلطتها.

وقد تعرضت هذه النظرية إلى جملة من الانتقادات ومن أبرزها، أنها تقوم على أساس خيالي لا يؤيده العلم، فالإنسان لم يعش منفردا منعزلا وإنما عاش دائما على شكل مجموعات. كما أنها لم تضع حلا إيجابيا لمسالة تحديد سلطة الدولة ووضع القيود عليها، فهي وان قررت وجود حقوق للإفراد سابقة للدولة، إلا أنها قد تركت أمر تحديدها للدولة ذاتها، وبذلك فأنها تتمتع بكامل الحرية في وضع ما تسمح به من القيود على سلطاتها وبإرادتها المنفردة.أما الانتقاد الأخر فيتمثل في أن التسليم بهذه النظرية لا يتفق مع الهدف الذي تسعى إليه في تقييد سلطة الدولة، وذلك لأنها تقيم نوعا من التنافس والصراع بين حقوق الأفراد والدولة، فإذا كانت الغلبة لحقوق الأفراد سادت الفوضى واختل النظام والضبط في المجتمع، وإذا كانت الغلبة للسلطة فان النتيجة الحتمية هي إطلاق السلطة من قيودها واستبدادها[1].

---

[1] د. محمد علي آل ياسن - القانون الدستوري والنظم السياسية - الطبعة الأولى - مطبعة المعارف - بغداد - 1964 - ص225 - 227، د. مصطفى محمود عفيفي - في النظم السياسية=== ===وتنظيماتها الأساسية - مطبعة حكومة الكويت - 1981- ص121، 122، د.حسين عثمان محمد عثمان - النظم السياسية والقانون الدستوري - دار المطبوعات الجامعية - 2001 - ص162 - 165.

ثانيا: نظرية القانون الطبيعي:

يذهب أنصار هذه النظرية، وعلى رأسهم (جروسـيوس وبوفنـدوروف) إلى أن تقييـد السـلطة الحاكمة يتم من خلال القيود المستمدة من القانون الطبيعي، والذي يقيد الدولة ويعتبر نموذجا لها يجب أن لا تخالفه وان تستهدي به في ما تضعه مـن قـوانين، وغـير ذلك مـن أفكـار ومبادئ الحـق والعدالة والمساواة في صورها المجردة، والتي هي بحـق ضـوابط لازمـة لتحقيـق التـوازن والاستقرار في ممارستها لوظائفها في المجتمع. وقد انتقدت هذه النظرية من حيث استنادها إلى قـانون غـامض وغـير محدد ليس له تعريف منضبط لحد الآن، ذلك بالإضافة إلى أن القيـود التي توجبها هـي عبـارة عـن ضـوابط معنويـة أو أدبيـة أو سياسـية غـير محـددة لا ترتب الإلـزام القـانوني الكـافي لسـلطة الدولـة وتقييدها[1].

ثالثا: نظرية التحديد الذاتي:

يذهب أنصار هذه النظرية إلى أن القانون الوضعي هو مصدر القيود التي تفرض على سلطة الدولة، وان الدولة التي تضع القانون تكون ملزمة بما ورد فيه من قيود إلى أن يـتم إلغائـه أو تعديلـه صراحة أو ضمنا، ومن هنا يلاحظ أن مصدر القيود على وفق هذه النظرية هو مـا يطلـق عليـه اليـوم مبدأ سيادة القانون، أي خضوع الجميع، حكاما ومحكومين، لحكم القانون. وقد كان الفقه الألمـاني هـو من نادى بهذه النظرية للتوفيق والموازنة بين اتجاهين فقهيين متعارضين، الأول ينادي بإطلاق سلطة

---

[1] د. محمد علي آل ياسين – المصدر السابق– ص228، 229، د. مصطفى محمود عفيفي – المصدر السابق – ص121، 122, د.حسين عثمان محمد عثمان – المصدر السابق - 158 – 161.

الدولة وعدم خضوعها لآي قيد حفاظا على سيادتها الكاملة، والثاني يؤكد على إيراد المزيد من القيود على سلطة الدولة للحفاظ على حقوق الأفراد وحرياتهم الأساسية وحمايتها من التعسف والانتهاك[1].

وقد انتقدت هذه النظرية من قبل الفقه الفرنسي، من حيث أن القيود التي تعول عليها هذه النظرية والمستمدة من القانون الوضعي الذي تسنه الدولة ذاتها، ومن ثم فأنها لا ترقى إلى مصاف القيود الحقيقية الفاعلة، طالما كان في مقدور الدولة التي وضعتها وخضعت لها باختيارها أن تتحلل منها بإلغائها في أي وقت تشاء، وفي هذا الصدد يقول العلامة (ديجي) أن الخضوع الاختياري لا يعد خضوعا كما أن السجن الذي يترك مفتاحه بيد السجين لا يعد سجنا[2].

رابعا: نظرية التضامن الاجتماعي:

وهي النظرية التي نادى بها الفقيه الفرنسي (العميد ليون ديجي) التي تبدو نقطة البدء فيها محاولة إخضاع الحكام والمحكومين، على السواء، لقاعدة التضامن الاجتماعي والتي تعد أساس القانون، على وفق وجهة نظر (ديجي)، استنادا لحقيقة أن الإنسان كائن اجتماعي بفطرته لا يستطيع العيش إلا في كنف جماعة تتعاون وتتكافل فيما بينها لإشباع حاجاتها المتماثلة والمشتركة. وهذا التضامن يفرض على السلطة الحاكمة قيودا مستمدة من ضمير الجماعة ذاتها ويلزمها بالقيام بكل ما من شانه تحقيق هذا التضامن والمحافظة عليه.

---

(1) ابتدع هذه النظرية الفقيه الالماني (اهرنج) واخذ بها الفقيه النمساوي (جلينيك) وفي فرنسا اخذ بها الفقيه (كاريه دي ملبيرك) و الأستاذ (فالين)، د.محمد علي آل يايسن – المصدر السابق – ص227.

(2) د.محمد علي آل ياسين – المصدر السابق – ص 228, د. مصطفى محمود عفيفي – المصدر السابق – ص122، 123، د.حسين عثمان محمد عثمان – المصدر السابق – ص167 - 169.

إلا أن هذه النظرية قد تعرضت لانتقادات شديدة أدت إلى هدمها من أساسها، من أبرزهـا، أن التضامن الاجتماعي ليس هو الحقيقة العملية الوحيدة في المجتمع، إذ أن التنافس والصراع مـن اجـل البقاء، هما من الغرائز المتأصلة في النفس البشرية. كما أن التقييد الذي ترتبـه هـذه النظريـة لا يقـوم على أساس قانوني سابق التحديد، وإنما يقـوم عـلى مجـرد الشـعور أو الإحسـاس الجماعـي ورد الفعـل الانعكاسي الناتج عنه وهو أمر معنوي لا يمكن تحديده قانونا أو إفراغه في نصوص محددة[1].

وفي النهاية يمكننا القول أن أي من النظريات السابقة لا تصلح لوحـدها لتقييـد سـلطة الدولـة وعدم إطلاقها، وان كل منها يمس طرفا من الحقيقـة، ومـن ثـم فانـه يتعـين قبولهـا مجتمعـة لتحقيـق التقييد المطلوب للسلطة[2].

المطلب الثاني
مفهوم الحرية

من أجل الوقوف على مفهوم الحرية وتحديده، يجب علينا أولا أن نلقي الضوء في الفرع الأول على حقيقة اختلاف هذا المفهوم باختلاف الزمان والمكان، وهو ما يطلق عليه نسـبية مفهـوم الحريـة، واستنادا إلى هذه الحقيقة نحاول أن نقف في الفرع الثاني، على التعاريف المختلفة للحريـة ، ومـن ثـم نبين في الفرع الثالث والأخير حدود الحرية.

---

[1] انظر في هذه النظرية تفصيلا د.حسين عثمان محمد عثمان – المصدر السابق –ص170 - 176، وكـذلك د. مصـطفى محمود عفيفي – المصدر السابق – ص124. د.محمد علي آل ياسين – المصدر السابق – ص229- 230.

[2] د. مصطفى محمود عفيفي – المصدر السابق – ص125.

الفرع الأول

نسبية مفهوم الحرية

لاشك أن مفهوم الحرية مفهوم نسبي، يختلف باختلاف الزمان والمكان، فمفهوم الحرية في النظام اليوناني القديم يختلف عن مفهومها لدى مفكري الثورة الفرنسية، وهذا الأخير يختلف بدوره عن مفهومها في القرن العشرين، وفي هذا الصدد فقد كانت الولايات الشمالية في أمريكا كانت تحارب الولايات الجنوبية إبان الحرب الأهلية الأمريكية، وكل منهما يحارب من اجل مفهوم معين للحرية، يختلف عن مفهوم الطرف الأخر[1]. ونظرا لأهمية هذا الموضوع سوف نلقي الضوء عليه في الفقرات آلاتية:

أولا: مفهوم الحرية في النظام اليوناني القديم:

لم يكن مفهوم الحرية في الديمقراطيات اليونانية القديمة يعني وضع قيود على سلطة الحكام لضمان احترام الحريات، فقد كان الفرد - كما يقرر الأستاذ (كوليار) - خاضعا للدولة في كل شي دونما شروط أو قيود[2]. وكانت سلطة الدولة إزاء حقوق الأفراد، سلطة استبدادية مطلقة لا يحدها حد أو قيد. ومع ذلك فقد كان

---

(1) د.عبد الحميد متولي - الحريات العامة، نظرات في تطورها وضماناتها ومستقبلها - منشاة المعارف بالإسكندرية - 1974 - ص9، 10, ويشير الدكتور عبد الحميد متولي إلى أن الحرية كثيرا ما كانت شعارا أو وسيلة للوصول إلى السلطة، ويورد في هذا الموضع مقولة مدام رولان الشهيرة والتي قالتها وهي أمام المقصلة لتنفيذ حكم الثورة بإعدامها عام (1793) "أيتها الحرية كم من الجرائم ترتكب باسمك" المصدر السابق - ص18.

(2) Claude Albert Colliard - Libertes pupliques - 5eme - edition - Précis -Dalloz -1975 - pp.26-27

مشار إليه في د.سعاد الشرقاوي - نسبية الحريات العامة وانعكاساتها على التنظيم القانوني - موسوعة القضاء والفقه - الجزء 76 - ص15، 16.

اليوناني يعد نفسه حرا في ذلك الوقت، لا لشي إلا لان مفهوم الحرية كان يعني في ذلك الوقت أن الفرد يتمتع بالحرية إذا كان تصرف الدولة لا يميز بين الأفراد بصدد تطبيق أو تنفيذ قاعدة عامة وضعت لجميع الأفراد على السواء. فقد كان هذا التعريف الحرية - كما يقرر العميد (ديجي) - مشتق من المساواة [1].

ثانيا: مفهوم الحرية إبان الثورة الفرنسية:

ونقف على هذا المفهوم من خلال تعريف إعلان حقوق الإنسان والمواطن الصادر عن الثورة الفرنسية عام (1789) للحرية بأنها (حق الفرد في أن يفعل كل ما لا يضر بالآخرين ولا يمكن إخضاع ممارسة الحريات الطبيعية لقيود إلا من اجل تمكين أعضاء الجماعة الآخرين من التمتع بحقوقهم وهذه القيود لا يجوز فرضها إلا بقانون).

ومنذ الثورة الفرنسية وطيلة القرن التاسع عشر كان ينظر إلى الحرية على أنها تورد قيود وحدود على سلطة الدولة، وأنها وسيلة لمقاومة سلطان الحكام، وانطلاقا من هذا المفهوم للحرية تقررت للإفراد حريات مختلفة في الديمقراطيات الغربية ، وفي مقدمتها الحرية الشخصية واهم عناصرها حق الأمن وحرية الملكية وحرية الرأي وحرية العقيدة.... التي تسمى أيضا الحريات المدنية، والتي تختلف بدورها عن الحريات السياسية والتي تخول الفرد أن يشترك في شؤون الحكم - سواء أكان بطريق مباشر أم غير مباشر - والتي تشمل حق الانتخاب والتصويت في الاستفتاء والترشيح لعضوية الهيئات النيابية كالبرلمان والمجالس المحلية[2].

(1) د.عبد الحميد متولي - الحريات العامة - المصدر السابق - ص15.

(2) د.سعاد الشرقاوي - نسبية الحريات العامة - المصدر السابق - ص17، 18.

ثالثا: مفهوم الحرية في الحرب الأهلية الأمريكية:

لقد اندلعت الحرب الأهلية الأمريكية عام (1860) وكان السبب الأساس لها هو مشكلة العبيد أو الرقيق، حيث كانت الولايات الشمالية تحارب من اجل إلغاء نظام الرق، بينما كانت الولايات الجنوبية تحارب من اجل الحفاظ عليه، وكل فريق منهما يدعي انه يحارب من اجل الحرية.

وهذا متأت من اختلاف مفهوم الحرية لدى الفريقين، فقد كانت الولايات الشمالية ترى أن الحرية تعني تحرير زنوج الولايات الأمريكية الجنوبية أسوة بالولايات الشمالية و بينما كانت الحرية تعني في الولايات الجنوبية استقلال حكومتها وحريتها في التصرف في شؤونها الداخلية ومنها مسالة الرق، وذلك دون تدخل من جانب حكومات الولايات الشمالية[1]. وقد عبر الرئيس الأمريكي (لنكولن) عن هذه المفارقة والتضاد في مفهوم الحرية حينما قال (لم يكن لدى العالم على الإطلاق تعريف جيد لكلمة الحرية، وان الشعب الأمريكي ألان في حاجة ماسة إلى هذا التعريف، فنحن نعلن جميعا عن تأييدنا للحرية، ولكن عند استخدامنا للكلمة ذاتها فإننا لا نعني جميعا الشيء ذاته، أن الشمال كان يحارب من اجل حرية كل إنسان في أن يصنع بشخصه وبثمرة أعماله ما يريد، أما الحرية في نظر حكومات ولايات الجنوب فقد كانت تعني حرية بعض الرجال في أن يصنعوا ما يحلوا لهم بالآخرين وبثمرة أعمالهم)[2].

---

[1] د.سعاد الشرقاوي - نسبية الحريات العامة - المصدر السابق - ص19.

[2] جيمس م. ماكفيرسون - أبراهام لينكولن والثورة الأمريكية الثانية - ترجمة فايزة حكيم، احمد منيب - الدار الدولية للاستثمارات الثقافية - الطبعة الأولى - 2001 - ص63، 64.

رابعا: مفهوم الحرية في القرن العشرين:

لقد لحق مفهوم الحرية في القرن العشرين تطورا كبيرا، فلم يعد ينظر إليها على أنها مجرد وسيلة لمقاومة سلطان الدولة ووضع القيود عليها استنادا إلى الاعتقاد الذي كان سائدا فيما سبق، في أن مصدر الظلم والاضطهاد هم الحكام وان سلطة الدولة شر لابد منه، وإنما أصبح تدخل الدولة في مختلف الميادين وخاصة ميادين النشاط الاقتصادي والاجتماعي، أمر مقبولا وضروريا حتى في أكثر الدول الليبرالية، وذلك لمعالجة ومواجهة الأزمات كالتضخم والبطالة والقيام بالإعمال التي يتطلبها الصالح العام، بل أصبح التقدم الاقتصادي في العصر الحديث مستحيل التحقيق عن طريق الأفراد وحدهم دون تدخل الدولة[1].

الفرع الثاني

تعريف الحرية

لما كنا قد انتهينا، فيما سبق، إلى أن مفهوم الحرية هو مفهوم نسبي يختلف باختلاف الزمان والمكان الحرية، لذا لم يكن لها تعريف ثابت ومحدد، فقد نحى الكتاب والفقهاء إلى اتجاهات مختلفة في تحديده، على الرغم من اتفاقهم على عناصر معينة فيها، وهذا ما يزيد في صعوبة البحث عن نقطة التوازن بين السلطة والحرية[2]، ويمكن التمييز بين اتجاهين مختلفين في هذا الصدد:

---

(1) د.عبد الحميد متولي – الحريات العامة – المصدر السابق – ص13 - 14.

(2) فقد اخذ مفهوم الحرية من الجانب النظري مدلولات كثيرة ومتباينة، وهذا ما أشار إليه (مونتسكيو) حينما قرر أن فكرة الحرية تعد من أكثر الأفكار غموضا وبعدا عن الوضوح، فهي لم تأخذ معنى واحدا لدى كل الناس، فقد فهمها البعض على أنها تعني حرية الحاكم صاحب السلطان المطلق، ونظر إليها آخرون على أنها حرية الناس في اختيار من تجب له الطاعة، بينما

الاتجاه الأول يذهب إلى أن الحرية التي يتمتع بها الفرد في ظل نظام معين هي تلك الحريات التي يعترف بها ويحددها هذا النظام. من هذا الاتجاه تعريف الفيلسوف (جون لوك) للحرية، بأنها (الحق في فعل أي شي تسمح به القوانين). كذلك تعريف الفيلسوف (جان جاك روسو) للحرية بأنها (عبارة عن طاعة لإرادة عامة) ويضيف إلى ذلك بالقول (أن أحد المهام التي تقع على عاتق النظرية السياسية هي أن تحسم الأمر بين مطالب الحرية والسلطة، وان تعين الحدود المناسبة. ومن ثم فان الإكراه القانوني هو ثمن يدفع مقابل الحريات الايجابية التي من هذا النوع لأننا نتنازل عن القليل فقط لنستعيد المزيد). وكذلك تعريف الفقيه (مونتسكيو) للحرية، بأنها (الحق فيما يسمح به القانون، والمواطن الذي يبيح لنفسه مالا يبيحه القانون لن يتمتع بحريته، لان باقي المواطنين سيكون لهم القوة نفسها). لذا تبدو الحرية وفقا لوجهة نظر أصحاب هذا الاتجاه وكأنها منحة من قبل السلطة، لهذا يختلف ويتغير مفهومها باختلاف الأنظمة السياسية السائدة[1].

أما الاتجاه الثاني فيرى أن الحرية تستمد من الطبيعة الإنسانية، سواء اعترفت بها الأنظمة الوضعية أم لم تعترف. ومن هذا القبيل تعريف الأستاذ (أندريه هوريو) للحرية (بأنها سلطة، ولكن قبل أن تكون سلطة على الآخرين، أنها سلطة على الذات. أن الإنسان حر لأنه بفضل عقله سيد نفسه)[2]. من هذا الاتجاه أيضا تعريف

=== يراها فريق ثالث على أنها حق الناس في أن يحكمهم شخص منهم بقوانين من صنعهم، وجرى ربطها بشكل معين من الحكم، فهي في النظام الملكي تعني حرية الملك، وفي النظام الجمهوري تعني حرية الجمهور، د.طعيمه الجرف-نظرية الدولة-المصدر السابق-ص470 ,471.

[1] د.كريم يوسف كشاكش - الحريات العامة في الأنظمة السياسية المعاصرة - دار المعارف في الإسكندرية - 1987- ص24 - 25، د. عبد الوهاب محمد عبده خليل - الصراع بين السلطة والحرية - رسالة دكتوراه كلية الحقوق جامعة القاهرة - 2004- ص46، 47.

[2] أندريه هوريو - المصدر السابق - ص173.

الدكتور ماجد راغب الحلو للحرية بأنها (إمكانيات يتمتع بها الفرد بسبب طبيعته البشرية أو نظرا لعضويته في المجتمع)[1]. وكذلك تعريف الدكتور زكريا إبراهيم للحرية بأنها (الملكة الخاصة التي تميز الإنسان من حيث هو موجود عاقل يصدر في أفعاله عن أرادته هو، لا عن أية إرادة أخرى. فالحرية تعني انعدام القيد الخارجي)[2].

ونشير أخيرا إلى اختلاف الفقه في مسالة التمييز بين اصطلاحي الحق والحرية، فقد ذهب البعض إلى أن الحق ما هو إلا حرية اعترف بها القانون، أي أن الحرية أوسع مدلولا من الحق، وذهب آخرون إلى العكس من ذلك وانتهوا إلى أن الحق أوسع مدلولا من الحرية. إلا أن الاتجاه الغالب في الفقه يتجه إلى استخدام اصطلاحي الحق والحرية كمترادفين، تأسيسا على أن كلاهما يرد إلى طبيعة واحدة، وان التفرقة بينهما هي تفرقة شكلية بحته، لأن تمتع الفرد بحرية معينة يعني أن له الحق في ممارستها أو عدم ممارستها[3]. ونحن بدورنا نشايع هذا الاتجاه الغالب.

الفرع الثالث
حدود الحرية

لاشك أن التأكيد على الحرية والحرص على احترامها وضمان ممارستها، لا يعني بحال من الأحوال أن تكون مطلقة من كل قيد أو تنظيم، فلا وجود للحرية المطلقة في ظل المجتمع المنظم بالدولة، لان وجودها – على فرض حصوله – يعني

---

[1] د. ماجد راغب الحلو – القانون الدستوري – دار المطبوعات الجامعية –الإسكندرية – 1986 – ص 385.
[2] د. زكريا إبراهيم – مشكلة الحرية – مكتبة مصر بالقاهرة – 1971 – ص18، أورده د.كريم يوسف كشاكش – المصدر السابق – ص 28، 29.
[3] د. عبد الوهاب محمد عبده خليل – المصدر السابق – ص48، 49.

انهيار الدولة وانتشار الفوضى، ذلك أن مجال ممارسة الحرية هو المجتمع والذي يقتضي فرض قيود وشروط لممارستها، حفاظا لحريات الآخرين والنظام العام للجماعة، وفي هذا الصدد يقول الاستاذ (الآن Alain) أن "الحرية لا تسير دون نظام كما أن النظام لا قيمة له دون حرية"[1].

لذا ينتهي البعض إلى أن تحقيق التوازن بين السلطة والحرية يتأتى من خلال التوفيق بين أمرين: أولهما يتمثل في التسليم بضرورة السلطة وضرورة تدعيمها وتقويتها إلى الحد الكافي لتحقيق الأمن والسلام الجماعيين، والثاني يتمثل في عدم المغالاة في دعمها وتقويتها، حتى لا ينتهي بها الأمر إلى أن تصبح قوة مادية استبدادية لا ترعى حرمة ولا تحترم حقا لأحد، لذا ينتهي إلى ضرورة الاعتراف بمبدأ تحديد السلطة العامة وإخضاعها لبعض القيود، وذلك للحيلولة بينها وبين التحكم والاستبداد[2].

هذا وان تنظيم ممارسة الحرية ووضع القيود عليها لا يعني الافتئات عليها وانتهاكها أو إهدارها، وإنما يعني العمل على أن لا يضر الشخص الذي يمارس حريته بحقوق الآخرين وحرياتهم وان لا يضر بالنظام العام للمجتمع. و يشترط في هذا التنظيم أو التقييد للحرية أن لا يكون إلا بقانون صادر عن سلطة تشريعية منتخبة، ولا يجوز لسلطة أخرى وضع القيود على الحرية إلا إذا كانت تحمل تفويضا بذلك، وان لا يصل مدى هذا التنظيم والتقييد إلى حد المصادرة الكلية للحق والحرية، وان يكون هذا التقييد والتنظيم ضمن الحدود المعقولة، وان يقرر من اجل مصلحة عامة ولأسباب ومبررات قوية تستدعي هذا الإجراء[3]. وهذا ما قرره نص المادة (44)

---

(1) د. عبد الوهاب محمد عبده خليل - المصدر السابق - ص269.

(2) د. طعيمة الجرف - نظرية الدولة - المصدر السابق - ص472،471.

(3) د.عاصم احمد عجيلة و د. محمد رفعت عبد الوهاب - النظم السياسية - نهضة مصر للطباعة والنشر والتوزيع - الطبعة الخامسة - 1992 - ص123، 125.

من الدستور الدائم لجمهورية العراق لعام (2005) بنصه على أن "لا يكون تقييد ممارسة أي من الحقوق والحريات الواردة في هذا الدستور أو تحديدها إلا بقانون أو بناء عليه، على ألا يمس ذلك التحديد والتقييد جوهر الحق أو الحرية".

هذا وان الأنماط والأساليب المختلفة التي يتم بها تنظيم ممارسة الحريات، هي أسلوب إباحة النشاط، وأسلوب الإخطار، وأسلوب الترخيص، وأسلوب حظر النشاط ، وأسلوب الأمر، وأخيرا أسلوب إيقاع الجزاءات القمعية[1].

---

[1] وهذه الأساليب بشكل موجز هي:

1- أسلوب إباحة النشاط.

ويمثل هذا الأسلوب القاعدة العامة في ممارسة كافة الحريات، والذي يأتي تطبيقا للقاعدة العامة، في أن كل ما لا يحظره القانون أو يستلزم بشأنه أجراء معين فهو جائز ، وإننا نرى من جهتنا أن هذا الأسلوب يأتي تطبيقا لمبدأ الاستصحاب المعروف في الفقه الإسلامي كأحد مصادر القاعدة الشرعية، والذي يقضي- أن الأصل في الأشياء الإباحة.

2- أسلوب الإخطار.

والذي يكون من مقتضاه عدم جواز ممارسة نشاط معين إلا بعد أخطار الإدارة سلفا بالعزم على ممارسته، وتكمن الحكمة من هذا الأسلوب في إتاحة الفرصة للإدارة لاتخاذ الإجراءات الكفيلة بالحفاظ على ممارسته دون المساس بالنظام العام، والمثال على ذلك هو ممارسة حرية الاجتماع.

3- أسلوب الترخيص المسبق.

بموجب هذا الأسلوب لا يجوز ممارسة بعض الحقوق والحريات إلا بعد الحصول على ترخيص مسبق من الجهة الإدارية المختصة، وفق شروط وإجراءات خاصة، ومثاله ضرورة الحصول على ترخيص بالبناء قبل الشروع في إقامته.

4- أسلوب حظر النشاط.

والذي يعني حظر ممارسة الأفراد لبعض حقوقهم وحرياتهم في أماكن معينة أو أوقات معينة، وقد يكون هذا الحظر بصورة مطلقة كحظر ممارسة حق الإضراب، أو يكون جزئيا كحظر حرية الانتقال في أماكن معينة أو أوقات محددة.

5- أسلوب الأمر.===

المبحث الثاني
تنظيم العلاقة بين السلطة والحرية في القانون الدستوري

لما كان القانون الدستوري يحدد العلاقـة بـين الفرد و المجتمـع، بـين الحاكم و المحكـوم، بـين الحرية و السلطة، أي بين الحرية التي يجب أن يتمتع بها الفرد و السلطة التي يمارسها الحاكم باسم المجتمع . وبتعبير آخر فإن القانون الدستوري يشكل تنظيما للتعايش السلمي بين السلطة و الحرية في إطار مؤسسة المؤسسات وهي الدولة. لذا أصبحت "مشكلة التوفيق بين مقتضيات الحياة الفردية التي توجب تمتـع الأفراد بقدر كـاف مـن الحرية، وبـين ضرورات الحيـاة الاجتماعيـة التـي تسـتلزم تزويـد الحكومة بقدر لازم من السلطة، بهدف تنظيم شؤون الجماعة وضمان حقـوق الأفـراد، هـي المشـكلة الأساسية التي تحاول كل أنظمة الحكم في العالم أن تضع لها الحلول المناسبة"[1].

=== والذي يأخذ طابع الإنذار بالكف عن الاستمرار في وضع ضار بالنظام العام، ومثاله الأمر الصادر بهـدم عقار آيل للسقوط حفاظا على أرواح ساكنيه.

6- أسلوب الجزاء القمعي.

ويأخذ شكل الجزاء الذي توقعه الإدارة على بعض نشاطات الأفراد التـي لايمكـن التهـاون معهـا، كسحب رخصة قيادة السيارة إذا كان السائق يسير بشكل ينذر بالخطر، أو سحب رخصة مزاولة نشاط تجاري معين إذا كان فيه ما يهدد الصحة العامة.

انظـر في هـذه الأسـاليـب، د. عبد الوهاب محمد عبـده خليـل – المصـدر السابـق – ص(269 – 275)، د.عاصم احمد عجيلة و د. محمد رفعت عبد الوهاب – المصدر السابق – ص123، 124.

[1] د.ماجد راغب الحلو – الدولة في ميزان الشريعة – دار المطبوعات الجامعية – 1996 –ص2.

ذلك أن من الأمور المهمة التي تشكل هاجسا كبيرا لواضعي الدساتير في العالم هو تحديد حجم السلطة التـي سوف تمتلكها الحكومة، فالشيوعيين مثلا كان الجواب بالنسبة لهم بسيطا وهـو أن الحكومـة يجب أن تمتلـك السلطة المطلقة. أما بالنسبة لواضعي الدستور الأمريكي فقد كان ===

و في إطار هذا المفهوم المحدد للقانون الدستوري فقد نشأ تساؤل، إن لم نقل نشأ خلاف، في الفقه التقليدي للقانون الدستوري حول ما إذا كان القانون الدستوري أداة لضمان الحرية، أم أنه وسيلة لتنظيم السلطة. و قد ظهر في الفقه الدستوري الحديث اتجاه يحاول التوفيق بين الرأيين السابقين، وينتهي إلى أن القانون الدستوري هو وسيلة للتوفيق والتوازن بين السلطة و الحرية.

لذا سوف نقسم هذا المبحث إلى ثلاثة مطالب، الأول لبيان موقف الفقه الذي يرى أن الدساتير يجب أن تحقق الأولوية والارجحية للحرية على السلطة. والمطلب الثاني لبيان موقف الفقه الذي ينتهي إلى أن الدساتير ما هي إلا وسيلة أو أداة لتنظيم السلطة. والمطلب الثالث يبين موقف الفقه الحديث والذي يرى أن الدساتير ما هي إلا وسيلة أو أداة لتحقيق التوازن بين السلطة والحرية.

=== الجواب مختلفا تماما حينما قرروا أن الدولة ما وجدت إلا لمصلحة الشعب، وليس أن الشعب وجد لمصلحة الدولة، لذا انتهوا إلى أن الحكومة يجب أن تمتلك من السلطة ما يمكنها من الحفاظ على حرية الناس وملكيتهم، وهذا ما يبرر موقف واضعي الدستور الأمريكي في عدم إدراج وثيقة للحقوق في الدستور الأصلي عام (1787)، وذلك لقناعتهم بأنهم قد حققوا هذا الهدف فعلا، من خلال تقييد السلطة. وهذا يفسر ما قاله القائد السياسي الأمريكي (الكسندر هاملتون) في فترة المصادقة على هذا الدستور، بان إضافة وثيقة للحقوق هي من قبيل الزيادة غير المبررة، طالما كانت الحكومة من طبيعة معتدلة لا تجعلها تشكل أي تهديد للحريات الفردية، بيرنارد سيغان - مشروع دستور لبلد حديث التحرر - المعهد الجمهوري الدولي - بغداد - 2005 - ص 12.

المطلب الأول
القانون الدستوري أداة لضمان الحرية

لقد انتهى بعض الفقه التقليدي إلى هذه النتيجة من خلال الـربط بـين القـانون الدسـتوري و بين النظام الديمقراطي الحر. وقد تبنى هذا الفقه اعتقادا مفاده أن الدستور يـرتبط بمضـمونه، وانه لا يكفي للقول بوجود الدستور في الدولة أن يتضمن القواعد المنظمة للسلطة السياسـية فحسـب، وإنمـا يجب أن يتضمن، فضلا عن ذلك، القواعد التي تكفل حريات الأفراد وتضـمن حقـوقهم، وان الدستور يجب أن يعمل على إقامة نظام خاص للحكم هـو النظام الحـر الـذي يقـوم عـلى مبـدأ الفصـل بـين السلطات ومبدأ سيادة الشعب وحقوق الإنسان. لذا فان أنصار هذا الاتجـاه ينتهـون إلى عـدم الإقـرار بوجود الدستور إلا في النظم الديمقراطية التي تكفل الحقوق و الحريات الفردية[1].

وأن موقف الفقه التقليدي هذا في الـربط بـين ضـمان الحقـوق و الحريـات الفرديـة و وجـود الدستور لم يأت من فراغ، و إنما كان يستند في أساسه إلى موجة الحركات الدسـتورية التـي انتشرت في بدايات القرن الثامن عشر والتي كانت تقـوم عـلى أسـس فلسـفية تمجـد حقـوق الإنسـان و حرياتـه، وخاصة منها نظريتا العقد الاجتماعي و القانون الطبيعي. كما اسـتند هـذا الفقـه أيضـا إلى الدسـتور الأمريكـي الصـادر سنة (1787)، والقائم على فلسفة مفادها أن أفضل ضمان للحريات الفردية يـتم من خلال تقييد السلطة، وأن الأسباب التي جعلت واضعي الدستور الأمريكي يتبنون نظامـا سياسـيا يعطي الأولوية والقدر الأكبر للحرية، مـن خـلال التشـديد عـلى الأخـذ بمبـدأ الفصـل بـين السـلطات والموازنات التي أقامها بين أقسام الحكومة والحماية

---

[1] Georges Burdeau - Droit Constitutionnel et Institutions Politiques -13éd . - Paris - 1968- P.54.

القضائية للحرية، هي ظروف الطغيان والاستبداد التي مر بها المجتمع الأمريكي قبل وضع الدستور، وانتشار الأفكار التي تنادي بالحقوق الطبيعية والحكومة المقيدة في أوساط المثقفين والنخب السياسية والفكرية في المجتمع الأمريكي في فترة كتابة الدستور، وكان لكتابات المفكر الإنكليزي (جون لوك) والكاتبين (ادوارد كوك ووليام بلاكستون) الأثر الكبير في هذا المجال. واستند كذلك على ما جاء في إعلان حقوق الإنسان و المواطن الصادر عن الثورة الفرنسية في (26 آب 1789)، و خاصة المادة السادسة عشرة منه والتي كانت تنص على أن " كل مجتمع لا يكفل ضمانات الحقوق، و لا يسود فيه مبدأ الفصل بين السلطات، هو مجتمع ليس له دستور"[1].

وهذا ما يفسر لنا كيف تأثر (جيزو) في تحديده لموضوعات القانون الدستوري بأحكام الوثيقة الدستورية التي صدرت عام (1830) نظرا لما تضمنته من مبادئ متعلقة بسيادة الشعب واحترام حقوق الأفراد. وبمعنى أخر انه عمل على تحديد

---

[1] Georges Burdeau - op.cit - **P**.54.

فالفيلسوف الإنكليزي (جون لوك) - (1552 – 1634) – يرى أن المجتمع المنظم يرتكز على اتفاقية اجتماعية تتحدد بموجبها حجم السلطات الممنوحة للحكومة ومدى سيادتها على الأفراد، وذلك لاعتبارين أساسيين: هما أن الاتفاقية الاجتماعية لا تمنح الحكومة مثل هذه السلطة، والثاني هو أن غاية الحكومة هي أن تلعب دورا اسناديا في ضمان وتعزيز حقوق الأفراد، كما لا يصح الافتراض أن الأفراد يمكن أن يمنحوا الحكام السلطة المطلقة ويضعون بين يديه قوة معينة لينفذ رغباته العشوائية غير المحددة على رؤوسهم. أما بالنسبة للكاتب (ادوارد كوك) فهو يعتقد أن القوانين الوضعية تخضع للقوانين الأعلى المستمدة من (الحق العام والمنطق) والتي يفترض بها أن توفر أساسا لخلق حكومة محددة تستطيع المحاكم من أن تحافظ على جوهر الاتفاقية الاجتماعية وشخصيتها الأساسية. أما الكاتب (وليام بلاكستون) فهو يعد القوانين في (إنكلترا) تحافظ على الاستقلالية الفردية، وقد انتهى إلى أن الحق في الحياة والحرية والملكية إلى أنها حقوق مطلقة، كما انه يقرر أن الغاية من المجتمع هي حماية التمتع بهذه الحقوق المطلقة والتي لا يرى أمكان تقييدها إلا بقيود معتدلة ورقيقة، انظر في ذلك بيرنارد سيغان - المصدر السابق – ص12 – 14.

موضوعات دراسة القانون الدستوري تحديدا مناطه تدعيم الفلسفة السياسية الحرة، والربط بين هذه الفلسفات والقانون الدستوري[1]. فقد كان دستور عام (1830)، الصادر في عهد الملك (لوي فيليب)، يتبنى النظام الديمقراطي الحر، وحينما كان (جيزو) وزيرا للمعارف آنذاك، عمل على إنشاء كرسي القانون الدستوري بجامعة باريس، وفعلا صدر الأمر بذلك في عام (1834) محددا الغرض من تدريس هذه المادة بأنه شرح أحكام وثيقة الدستور، والنظام السياسي الذي جاء به - وهو النظام النيابي - وحقوق الأفراد وحرياتهم والضمانات المقررة لحمايتها وضمان حسن نفاذها. وهذه الاعتبارات قد تركت آثارها المهمة على الكثير من الفقهاء ورسخت في عقيدتهم حقيقة مفادها، أن القانون الدستوري ما هو إلا مجموعة من القواعد القانونية التي تحدد السلطات العامة وحقوق الأفراد في ظل نظام ديمقراطي نيابي، وان القانون الدستوري ما هو إلا ميزة من مزايا الديمقراطية[2].

ويعد الأستاذ (بوريس مركين- غتزفيتش)، من ابرز الذين تبنوا هذا الاتجاه الفقهي، ففي كتاب له ظهر بين الحربين العالميتين بعنوان "الاتجاهات الحديثة في القانون الدستوري" يلفت النظر فيه إلى أن الحركة الدستورية القوية التي أعقبت انتصار الحلفاء سنة (1918) توافقت مع التيار التحرري للشعوب المضطهدة سابقا مثل (تشيكوسلوفاكيا، يوغسلافيا، فنلندا، استونيا، لتوانيا الخ..) كما أن الحركة الدستورية التي جرت في أواخر القرن الثامن عشر قد عبرت في العالم الجديد كما في أوروبا عن نزعة عميقة نحو الحرية. ويستخلص من كل ذلك أن القانون الدستوري

---

(1) د. إبراهيم عبد العزيز شيحا - القانون الدستوري - الدار الجامعية للطباعة والنشر - بيروت لبنان - 1983 - ص36.

(2) د. محمد علي ال ياسين - القانون الدستوري، المبادئ الدستورية العامة - مطبعة الديواني - بغداد - الطبعة الثانية - 2005 - ص20.

هو بصورة أساسية أداة أو "تقنية الحرية" لذا فهو ينتهي إلى أن القانون الدستوري هو فن أو آلية تنظيم الحرية.

وينتهي (هوريو) إلى أن هذا التعريف مهما بدا محببا لأول وهلة، إلا انه لايمكن أن يعتبر حريا بالقبول،"إذ أن الحرية إذا لم تمارس ضمن حدود النظام أي في إطار مجتمع توجهه سلطة منظمة، تتحول بالضرورة إلى فوضى، هذا إذا لم تتحول تحت ضربات الأقوياء، وتستبق بفضل تجاوزاتها، الأنظمة الظالمة"[(1)].

وقد ساد هذا المفهوم للقانون الدستوري طوال القرن التاسع عشر و أوائل القرن العشرين. و يظهر هذا الأمر جليا في تعريف الفقيه (موريس هوريو) للدستور عام (1929) حين قال بأن الدستور لا يكون جديرا بهذا الاسم إلا إذا كان صادرا باسم الأمة، و معبرا عن سيادتها، و ذلك عن طريق سلطة تأسيسية منتخبة وفقا لإجراءات خاصة[(2)].

ويشير الدكتور محمد عصفور إلى أن الفلسفة الديمقراطية تقرر أن العلاقة بين السلطة والحرية هي علاقة تبعية كاملة، لذا فأنها تفرض على السلطة أن تحترم الحرية في كل الأحوال والظروف، باعتبارها أسمى من القواعد القانونية، وإذا حدث أن تعارضت السلطة الديمقراطية مع الحرية، فانه يجب أن تغلب الحرية بلا تردد. كما انه يرى أن مذهب الموازنة بين السلطة والحرية، يجعل بالنتيجة من ممارسة الحرية رهين بالمناسبات والظروف، إذ أن إنكار طبيعتها كحقوق نافذة وغير مشروطة، ووضعها على قدم المساواة مع اعتبارات نسبية وغير ثابتة كحماية النظام السياسي أو الاجتماعي، وينتهي بصدد هذا الوضع إلى انه يأتي على خلاف أسس وأصول الفكر

---

(1) أندريه هوريو – المصدر السابق - ص42، 43.

Maurice Hauriou - Précis de Droit Constitutionnel-Paris-Sirey- 2éd,1929-3 réédition,1965 - P.249.-

الديمقراطي التي تجعل الحرية تعلو على اعتبارات الأمن والنظام، لذا فهو ينتقد الاتجاه السائد في النظم الديمقراطية الذي يضع السلطة في مرتبة أعلى من الحرية، ويرى انه بمثابة تغليب للوسائل على الغايات، وقلب كامل لكل قيم الديمقراطية وأسسها وفلسفتها وغايتها، باعتبارها أداة مسخرة لحماية الحرية وتأكيد ممارستها وضمان حسن نفاذها واحترامها[1].

ذلك أن التعارض بين السلطة والحرية، أمر محتوم - كما يرى الأستاذ (دويز) - حتى وان كانت هذه السلطة في دولة ديمقراطية، فطالما اعتبرنا حقوق الأفراد وحرياتهم ومطالبهم هي غاية الحكم، واعتبرنا السلطة الشعبية هي الوسيلة الشرعية الوحيدة للحكم، فانه من المؤكد أن يقع التصادم بين الغاية الفردية والوسيلة الجماعية[2].

ومن هذا القبيل ما يذهب إليه الدكتور مصطفى أبو زيد فهمي في أن حل مشكلة التناقض والصراع بين السلطة والحرية يجب أن يقوم دائما على تغليب الحرية، وذلك تأسيسا على أن الفرد هو الغاية من وجود السلطة وان المحافظة على حقوقه الطبيعية هو أهم واجب لها، كما يذهب إلى أن الحرية المنظمة بالقانون تمثل ضمانا ضد تدخل الدولة، فهي قيد يرد على السلطة ويحد من تدخلها في نشاط الأفراد[3].

---

(1) د. محمد عصفور - الحرية في الفكرين الديمقراطي والاشتراكي - المطبعة العالمية - القاهرة - الطبعة الأولى - 1961 - ص41, ص341.

(2) د.كريم يوسف كشاكش - المصدر السابق - ص41.

(3) د. مصطفى أبو زيد فهمي - في الحرية والاشتراكية والوحدة - دار المعارف القاهرة - 1966 - ص36، 37. أورده د.كريم يوسف كشاكش - المصدر السابق - ص43.

أما الكاتب جاد الكريم الجباعي، فيرى أن السلطة والحرية كانا دائما على طرفي نقيض، وان الدولة الدستورية الحديثة، الدولة الوطنية، باعتبارها تجريد لعمومية المجتمع والتعبير الحقوقي والأخلاقي عن عنصر العمومية في كل فرد من أفراده، فهي مملكة الحرية، لأنها مملكة العقل بتعبير (هيغل)، ولأنها التجسيد الواقعي للإرادة العامة، والتجسيد الواقعي للأخلاق، أي لأنها مملكة القانون الذي يتساوى أمامه جميع مواطني الدولة. هذا الفارق العقلي، الواقعي، بين الدولة وسلطاتها الضرورية الثلاث: التشريعية والتنفيذية والقضائية، هو ذاته الفارق العقلي، الواقعي، بين الحرية والضرورة، وبين الحرية الذاتية التي تصير موضوعية والحرية الموضوعية التي تغدو ضرورة يجب أن توعى. وما ذلك إلا لأن "روح القوانين" هي روح الشعب الذي يضع القوانين لنفسه، عن طريق المؤسسة التشريعية المنتخبة انتخابا حرا، وكلما اغتنت روح الشعب، أو اغتنى بثروة التطور، تغتني القوانين فتتطور أو تتغير بمقدار نمو الحرية وضمور السلطة في المجتمع المعني[1].

المطلب الثاني
القانون الدستوري أداة لتنظيم السلطة

على خلاف الاتجاه الأول الذي لا يقيم حسابا في تحديده لمدلول القانون الدستوري إلا لعنصر الحرية، ظهر اتجاه مقابل في الفقه لا يقيم حسابا إلا لعنصر السلطة في تحديده لمدلول القانون الدستوري. وذلك لان الاتجاه التقليدي قد تعرض إلى الاهتزاز والانحسار، نتيجة لرسوخ الاعتقاد بخطأ الربط بين وجود الدستور والنظام الديمقراطي الحر، والذي كان وليد اعتبارات وظروف سياسية واجتماعية

---

[1] جاد الكريم الجباعي – الكتابة على هامش النص – موقع الاختلاف ثروة – شبكة المعلومات الدولية.

محددة صاحبت ظهور الدساتير المكتوبة وأسهمت بشكل ملحوظ في تحديد المدلول الديمقراطي للدساتير. إلا انه بدا واضحا في وقت لاحق انه يضيق إلى حد كبير من فكرة الدستور حينما يقصر وجوده على الدول ذات الأنظمة الديمقراطية[1].

وقد تزعم هذا الاتجاه الأستاذ (مرسيل بريلو) الذي عرف القانون الدستوري بأنه "أداة أو تقنية السلطة ". ذلك أن موضوع القانون الدستوري، في رأي (بريلو)، يجب أن يكون ظاهرة السلطة العامة بذاتها في مظاهرها القانونية وليس من المهم وجود دساتير استبدادية تسلطية أو معتدلة ليبرالية أو ديمقراطية الخ.... وأن هذه الدساتير كلها أنماط مختلفة في دستور نموذج يشمل التنظيم الحكومي لمجموع الدول، لذا فهو ينتهي استنادا إلى ذلك أن القانون الدستوري يجب أن يعرف على (انه علم القواعد القانونية التي بموجبها تستقر السلطة السياسية وتعمل وتنتقل)[2].

ويرى الفقيه (أندريه هوريو) إلى أن هذا الاتجاه وان بدا انه صحيح جزئيا من حيث انه لا توجد مجتمعات سياسية لا تقوم على رأسها سلطة منظمة وان معرفة القواعد المتعلقة بإقامة وممارسة وانتقال السلطة ضرورية لفهم النظام السياسي في بلد معين. إلا انه مشوب بعيبين أساسيين هما:

انه لا يعمل على ترسيخ وتأكيد الاعتقاد بان ممارسة السلطة يمكن أن تفهم على أنها غاية بذاتها تجد تبريرها فقط في مصلحة الحكام في حين يبدو واضحا بأنه يجب، تحت طائلة غفران أسوا التجاوزات سلفا، وضع القاعدة القائلة بان ممارسة السلطة لا تجد تبريرها إلا في مصلحة المحكومين.

كما انه لا يحسب حسابا للظروف التاريخية التي نما فيها القانون الدستوري، إذ أن الواقع يشير إلى أن موضوع القانون الدستوري لم يبحث إلا في العصور التي

---

[1] د. إبراهيم عبد العزيز شيحا – المصدر السابق – ص37.

[2] Marcel Prelo - Institutions politiques et droit constitutionnel- 4éd. - Paris, Dalloz- 1969, P.32.

ارتضى فيها أصحاب السلطة - والذين كانوا في الغالب ملوكا مستبدين - ببعض التوازن بين سلطتهم وحريات المواطنين، وذلك تحت ضغط المواطنين الراغبين بالحصول على الحريات الفردية وحتى المشاركة في ممارسة الحكم.

وفي وآخر القرن الثامن العشر، أبان الثورتين الأمريكية والفرنسية رأت كلمة (دستوري) النور بمعناها المعاصر، وقد أطلقت على نظم معتدلة، متوازنة، كانت السلطة والحرية فيها تحد كل منها الأخرى. وعبارة (ملكية دستورية) تعني خصوصا عكس عبارة (ملكية مطلقة) وهو النظام الذي تحدد فيه سلطة الملك بموجب الحريات الفردية للمواطنين ومساهمتهم في الحكم عن طريق الجمعيات التشريعية[1].

وينتهي هذا الفقه إلى أن موضوع القانون الدستوري هو ظاهرة السلطة العامة بذاتها في مظاهرها القانونية. ومن ذلك ما يذهب إليه الفقيه (جورج بيردو) إلى أن كل دولة لها دستور يحدد نظام الحكم فيها يرتبط وجوده بوجودها و بتحقق أركانها, آيا كانت طبيعة النظام السياسي السائد فيها، دون أن يقترن وجوده في دول تدين بفلسفات معينة. و بهذا يوجد الدستور في دول النظام الديمقراطي الحر، و دول الحكم المطلق على حد سواء[2]. فالبرتغال وقت أن كان يسودها نظام حكم دكتاتوري كان لها دستور هو دستور عام (1963)، وإمبراطورية إثيوبيا كانت دولة ملكية مطلقة وكان لها دستور هو دستور عام (1955)، كما أن التاريخ الدستوري مليء بشواهد دساتير كثيرة أقامت نظما سياسية معادية للديمقراطية، كدستور النمسا لعام (1934) ودستور بولونيا لعام (1935)[3].

(1) أندريه هوريو – المصدر السابق – ص41، 42.

(2) Georges Burdeau - op.cit - P.54.

(3) د.إبراهيم عبد العزيز شيحا – المصدر السابق – ص38.

وقد سلك مسلك (بريلو) هذا العديد من الفقهاء والكتاب، كالفقيه (لافير) الذي يعرف القانون الدستوري بأنه القانون الذي يكون موضوعه تكوين الدولة وتنظيمها من الناحية السياسية. وكذلك يذهب الفقيه (ديفرجيه) في نفس الاتجاه حينما يعرف القانون الدستوري بأنه فرع من فروع القانون العام الذي يحدد تكوين الهيئات السياسية وينظم نشاطها في الدولة. وينتهي الفقهيه (سلموند) إلى أن القانون الدستوري هو مجموعة إلا حكام القانونية التي تحدد تكوين الدولة. أما الفقيه (دايسي) فيقرر أن القانون الدستوري يشمل جميع القواعد التي تحدد، سواء بطريقة مباشرة أو غير مباشرة، توزيع السلطة العليا ومزاولتها في الدولة، ومن ثم يشمل القواعد التي تحدد الهيئات المتمتعة بالسلطة العليا، وتنظم هذه الهيئات فيما بينها، وتبين الكيفية التي تمارس بها سلطتها[1].

المطلب الثالث

القانون الدستوري أداة لتحقيق التوازن بين السلطة و الحرية

بين هذين الاتجاهين المختلفين في تحديد مدلول القانون الدستوري، ظهر اتجاه ثالث يرى أنّ القانون الدستوري في جوهره هو فن التوفيق بين السلطة والحرية. تزعمه الأستاذ (أندريه هوريو) الذي رفض ما توصل إليه أصحاب الاتجاهين السابقين: فهو لا يسلم بأن مهمة القانون الدستوري هي تنظيم الحرية فقط، أو هي تنظيم للسلطة فقط. فالحرية عنده ليست مطلقة بدون حدود، بل لا بد من ضوابط لها تتحقق بواسطة سلطة، حتى لا تنقلب الحرية إلى فوضى. و ممارسة السلطة ليست غاية في حد ذاتها، بل هي وسيلة لتحقيق المصلحة العامة، و بالتالي مصلحة جميع المحكومين، لذلك فإن مهمة القانون الدستوري هي إيجاد الحل التوافقي بين ضرورة

[1] د. شمس مرغني علي - المصدر السابق - ص30، 31.

ضمان الحريات الفردية، و ضرورة وجود السلطة. فالقانون الدستوري كما يقيد السلطة، فهو يقيد الحرية أيضا، لذا فهو يرى أن القانون الدستوري بصورة أساسية أداة للتوفيق بين السلطة والحرية في إطار الدولة، و يقرر الأستاذ (أندريه هوريو) انه "يجب توضيح معنى التعبير في إطار الدولة وبصورة أدق أيضا في إطار (الدولة - الأمة), إذ أن التناقض النسبي بين السلطة والحرية، يتوضح تماما في إطار (الدولة الأمة) فقط، بحيث يتجسد ثم يحل بشكل دائم نوعا ما، عن طريق الدساتير، غالبا ما تكون مكتوبة"[1].

فقد طرأت على الحركة الدستورية الكلاسيكية العديد من المفاهيم والتي ساهمت في تطورها، وعلى وجه الخصوص ما يتعلق منها بانشغال الدولة القومية الحديثة منذ بداية تشكلها في القرن السادس عشر، بكيفية إعادة تأسيس نظام الحكم على قدر من التوازن يجعل التعايش بين السلطة والحرية ممكنا. ذلك أن السلطة التي أضحت ملازمة للدولة، وضرورة لتنظيمها وضمانة لفرض الاحترام بداخلها، فهل يستطيع الساهرون عليها التوفيق بين ممارستهم إياها واستمرار تمتع الأفراد بحقوقهم وحرياتهم الطبيعية؟[2].

هذا وقد شغلت فكرة التوازن هذه مجمل تيارات الفكر السياسي الأوروبي خلال القرون الفاصلة بين القرن السابع عشر والتاسع عشر، وشكلت محور اهتمام النخب السياسية التي أطرت الحركة الدستورية الكلاسيكية وقادت تطورها. وأصبح التوازن يعني، خلال الحقبة أعلاه، بناء المجتمع على قدر من التوافق، يضمن لمكوناته،

---

[1] أندريه هوريو - المصدر السابق - ص 43،44.

[2] وهو تساؤل قديم طرحه فلاسفة وكتاب وبلوروا نظرياتهم في شأنه. من ذلك فلسفة (كونفوشيوس ومانيشيوس) في الصين القديمة، و(هيرودوت وسقراط وأفلاطون وأرسطو) في اليونان و(بوليب وشيشرون) في العصر الروماني، د.محمد مالكي - الدستور الديمقراطي والدساتير في الدولة العربية - موقع التجديد العربي - شبكة المعلومات الدولية.

على اختلاف مصالحها، درجة من الانسجام والتماسك، الشيء الذي افتقدته مجتمعات سابقة عن تشكل الدولة القومية الحديثة، كما يقضي بان تحكم الحياة السياسية وتؤطر ممارسة فاعليتها بمبدأ يسمح بإمكانيات "تعاقب الأكثرية والمعارضة على الحكم"، ويتطلب التوازن، في مستوى ثالث، توزيع الاختصاصات بين "السلطة المركزية والسلطات المحلية" وداخل السلطة المركزية بين الحكومة والبرلمان[1].

ذلك أن تعايش حرية الفرد وضرورة السلطة أصبحا متلازمين وأقرا أساسا للعمل السياسي في المجتمع، وقد تولدت عن هذا الحال جملة من النتائج والمسلمات التي فرضت نفسها على الدساتير، وعلى العمل السياسي أيضا[2].

ومن هذا الرأي الدكتور ماجد راغب الحلو فهو ينتهي إلى أن القانون الدستوري يحاول في كل دولة أن يقيم التوازن بين سلطة الحكام التي لا غنى عنها لانتظام الحياة في المجتمع، والحرية التي يجب أن يتمتع بها المواطنون في كنف الدولة.

---

(1) لم تشغل فكرة التوازن بال المهتمين بموضوع السلطة وآليات ممارستها في الداخل فحسب، بل حظيت باهتمام الباحثين في المجال الدولي، د.محمد مالكي - المصدر السابق - المصدر السابق.

(2) هذه النتائج والمسلمات هي:

1. أصبح النظام السياسي نظاما تمثيليا، وجرى هجر أسلوب الحكم المباشر الذي كان سائدا في دول المدن الرومانية.
2. أصبح لممثلي الشعب - أي نوابه في المجالس التمثيلية - الحق في رقابة السلطة الحاكمة.
3. ضرورة العمل ومنطقه فرضت أن يكون للسلطة وممثلي الشعب، النيابة عن الشعب والتحدث باسمه.
4. ضرورة كفالة الحرية أوجبت تحديد مدة وكالة عمل ممثلي الشعب والسلطة كذلك.
5. لما كانت الحرية بحد ذاتها تعني بالضرورة الاختلاف في الآراء والتوجهات، وهذا ما فرض أن يعترف أسلوب الانتخاب بتعدد الاختيار عند الاختيار.
6. أخيرا فان العمل السياسي وقراراته تجلت عن الأخذ بتوافر الأكثرية وليس بالإجماع.

انظر في ذلك د.حسان محمد شفيق العاني-الدستور-مطبعة جامعة بغداد -1981 -ص25.

وذلك لتحقيق النظام والعدل والخير العام في المجتمع، وهي بلا شك الأهداف نفسها التي يرمي القانون، بشكل عام، إلى تحقيقها وإدراكها، باعتباره مجموعة من قواعد السلوك الاجتماعي الملزمة[1].

وترى الدكتورة سعاد الشرقاوي أن العلاقة بين الحرية والقانون هي علاقة تكامل وليست علاقة تضاد أو تعارض، إذ "أن الحرية نسبية وان النظام نسبي ويتعين على القانون تحديد نسبة كل منهما، بحيث يحفظ توازنا مقبولا في العلاقة بينهما يسمح بالقول بان كل منهما له وجود محترم ومعقول"[2].

أما الدكتور محمد انس قاسم جعفر، فينتهي - تأسيسا على رأي الدكتورة سعاد الشرقاوي سالف الذكر - إلى أن التناقض بين السلطة والحرية هو أمر ظاهري بحت، لأنهما وان كانا متناقضين إلا أنهما مرتبطان ببعض ويجري التوفيق بينهما عن طريق الدستور والقانون[3].

أما الدكتور كريم يوسف كشاكش فانه يرى أن هناك ارتباطا وثيقا بين الديمقراطية وبين السلطة والحرية، تأسيسا على أن "أي نظام ديمقراطي لا يقوم إلا في ظل الحريات، وعلى ذلك، فالحرية بالنسبة للسلطة هي بمثابة الروح للجسد وانه لايمكن تجريد السلطة من عدوانها المحتمل على الحرية"، وبناءا على ذلك، يرى انه من الضروري إيجاد معادلة متوازنة بين السلطة والحرية، أي يجب أن تتسق متطلبات السلطة مع مقتضيات الحرية، وان ترجيح السلطة على الحرية سيؤدي حتما أما إلى الفوضى أو إلى العبودية[4].

---

(1) د. ماجد راغب الحلو – الدولة في ميزان الشريعة - المصدر السابق – ص3.

(2) د. سعاد الشرقاوي – نسبية الحريات - المصدر السابق – ص32، 33.

(3) د. محمد انس قاسم جعفر – النظم السياسية والقانون الدستوري –دار النهضة العربية–1999 – ص53.

(4) د. كريم يوسف كشاكش – المصدر السابق – ص43، 44.

أما الدكتور عبد الوهاب محمد عبده خليل فينتهي من دراسته للصراع بين السلطة والحرية، إلى أن هذا الصراع وان كان يمثل صراعا أزليا، فلم يخل منه أي عصر من العصور، إلا انه في حقيقته ما هو إلا سمة من سمات النظم غير الديمقراطية، وذلك نظرا لاختلال مقومات التوازن بين السلطة والحرية، وما ينجم عن ذلك من عدم الاستقرار في كافة المستويات. ويقرر جازما، أن النظم الديمقراطية وهي في سبيل سعيها للوصول إلى تحقيق الاستقرار السياسي والأمني قد فرضت مقومات التوازن بين السلطة والحرية وأوجدت أسس التعايش السلمي بينهما، وكانت بحق المناخ الملائم للحرية[1].

ونحن بدورنا نميل إلى ترجيح التصور القائل بان الدستور ما هو إلا أداة لتحقيق التوازن بين السلطة والحرية، وذلك تأسيسا على حقيقة أن سلطة الدولة ضرورة لابد منها، إذ تمثل الجانب التنظيمي في المجتمع المنظم بالدولة، في جوانبه وميادينه المختلفة، وان الحرية هي الغاية أو الهدف النهائي الذي نشأت الدولة وسلطتها السياسية من اجل الوصول إليه وتحقيقه وضمان استمراره وازدهاره، ذلك أن الصراع الأزلي بين السلطة والحرية في التاريخ السياسي للشعوب المختلفة، لا يعني بالضرورة أن يكون هناك تعارض أو تضاد بينهما يقتضي ترجيح أحدهما على الأخر، اللهم إلا في الحدود والمديات التي تصل إليها كل من السلطة والحرية، وذلك أمر تكاملت بشأنه الحلول المتعددة في الأنظمة الدستورية المختلفة، كل حسب فكرته وتصوراته عن كل من مفهومي السلطة والحرية، حتى وصل السجال بين ضرورات السلطة وقدسية الحرية إلى منطقة وسطى يتوازن فيها قطبا المسألة الدستورية، السلطة والحرية.

---

(1) د.عبد الوهاب محمد عبده خليل - المصدر السابق - ص612.

الفصل الأول

واقع التوازن بين السلطة والحرية

واقع التوازن بين السلطة والحرية

لما كانت ظاهرة السلطة هي حالة واقعية أكثر منها حالة معنوية، يأتي الحل الملائم لها متناغما مع ما يكون عليه واقع الحياة الجماعية وما يتفاعل فيه من مؤثرات سياسية واجتماعية واقتصادية وفكرية، لذا كان البحث عن نقطة التوازن بين السلطة والحرية أمر من الصعوبة بمكان، فمن الطبيعي أذن أن يتغير معنى التوازن ومداه بين السلطة والحرية بتغيرات الزمان والمكان[1]. والذي ربما ينتهي في صالح دعم الحرية وتعزيزها وصولا إلى تحقيق التوازن المطلوب بينها وبين السلطة، أو يؤدي إلى غلبة وتفوق السلطة على الحرية.

وتأسيساً على ذلك سوف نقسم هذا الفصل إلى ثلاثة مباحث، المبحث الأول لبيان الصراع بين السلطة والحرية، والمبحث الثاني لبيان تفوق السلطة على الحرية، والمبحث الثالث لبيان اختلال التوازن بين السلطة والحرية في الدول الدكتاتورية.

---

[1] د. طعيمه الجرف – نظرية الدولة والأسس العامة للتنظيم السياسي – مكتبة القاهرة الحديثة – القاهرة – 1964 – ص470.

المبحث الأول

الصراع بين السلطة والحرية

أن الصراع أو التعارض بين الضرورات الاجتماعية والنوازع الفردية، بين السلطة والحرية، محسوس ومبثوث في فروع القانون المختلفة[1]، إلا أن هذا الصراع يبدو أكثر شدة وحدة، و يغدو أكثر أهمية في القانون الدستوري. ذلك أن الأمر في القانون الدستوري يتصل بمسالة مبدئية، حيث يتوجب فيه تنظيم المجتمع بكاملة، وإرساء العلاقات الأساسية بين الأفراد و المجتمع، وضرورة تحديد المجالات المختلفة لكل من سلطة الدولة (أو الذين يعملون باسمها)، والحرية الذاتية للإفراد[2].

---

[1] ففي القانون المدني مثلا يعد نظام الأسرة نوعا من الحقل المغلق الذي تتصارع فيه النوازع الفردية نحو الحرية مع حاجة المجتمع إلى السلطة والاستقرار والانتظام والتسلسلية، وبين التعارض بين مبدأ عدم انحلال الزواج، الذي يتطلبه المجتمع، والنوازع الفردية نحو التحرر في العلاقات العاطفية، التعارض بين السلطة الزوجية ورغبة المرأة في الاستقلال، أو بين السلطة الأبوية ورغبة الأولاد في الاستقلال.

وكذلك هو الحال في القانون الجنائي، إذ أن التعارض يبدو فيه بين مصلحة المجتمع الذي يتطلب سلطة مباشرة على المتهم، من اجل ممارسة قمع صارم للجرائم، ومصلحة المتهم بالذات والتي تقتضي اكبر قدر من الحرية من اجل الدفاع عنه.

وفي قانون العمل يبدو التعارض بين المصالح الشخصية لأصحاب العمل ومصالح العمال الذين ينزحوا جميعا نحو أن تكون لهم الحرية القصوى داخل المشروع للوصول إلى مصالحهم الفردية، والتي تتعارض مع المصلحة العليا للمشروع، والتي هي مصلحة جماعية بطبيعة الحال، متميزة عن مصلحة أصحاب العمل وعن مصلحة العمال، انظر في ذلك أندريه هوريو - المصدر السابق - ص40.

[2] أندريه هوريو - المصدر السابق - ص40، 41.

وهذا الصراع الأزلي بين السلطة والحرية في إطار القانون الدستوري، قـد مـر بمراحـل تاريخيـة مختلفة ومتباينة تدرجت فيها سطوة السلطة على الحرية وهذه الأخـيرة لم تعـدم الوسـيلة في صراعهـا ضد طغيان السلطة وتعسفها وصولا إلى تحقيق التوازن المطلوب بينهما، وقد تمخض عـن هـذا الصراع بدرجاته المختلفة والمتباينة مظاهر متعددة ومتباينة.

لذا سوف نقسم هذا المبحث إلى مطلبـين، الأول لبيـان تطور الصراع بـين السـلطة والحريـة، والثاني لبيان المظاهر التي تتمخض عن الصراع بين السلطة والحرية.

المطلب الأول
تطور الصراع بين السلطة والحرية وأثره في الفكر السياسي

لاشك أن تطور المجتمعات السياسية منذ القدم حتى وقتنا الحاضر هو انعكاس لواقع الصراع بين السلطة والحرية، وما قد يفضي إليه هذا الصراع من نتائج مختلفة، لذا فان دراسـة تطور الفكـر السياسي ودراسة تطور المجتمعات السياسية ما هو إلا دراسة لهذا الصراع بين السلطة والحرية[1].

---

[1] ذلك أن عجلة الحياة كانت ذات اثر واضح ملموس في وجود الحريات وتطورها ففي العصور الأولى لا يتمتع الفرد بأية حرية، فقد كانت الدولة هي كل شي ويجري ذلك كله تحت لواء نظم إلهية، ثم تغير هـذا الحـال في مراحـل مختلفة، ولأسباب ومؤثرات مختلفة، كظهور الأديان السماوية كالمسيحية والإسلام وبروز التيارات الفكرية ومن ثم قيام الثورات التحررية كالثورة الإنكليزية عام (1688) الثورة الأمريكية عـام (1787) والثورة الفرنسية عـام (1789) وغير ذلك مـن المـؤثرات التـي تـجدها تفصيـلا في، د. عبـد الوهـاب محمد عبـده خليـل - المصـدر السابق - ص223-237.

لذا سوف نقسم هذا المطلب إلى فرعين، الأول منها لبيان التطور التاريخي للصراع بين السلطة والحرية، والثاني لبيان اثر الصراع بين السلطة والحرية على الفكر السياسي.

الفرع الأول
تطور الصراع بين السلطة والحرية

لا يخفى أن العلاقة بين السلطة والحرية لها جذورها التاريخية الممتدة في التاريخ الإنساني، ولا يخفى كذلك الصراع الطويل بينهما فقد أخذت هذه العلاقة دائما شكل مد جزر و وتأثير وتأثر [1].

ومنذ فجر التاريخ والجدل والنقاش محتدم في الأفكار والنظم السياسية حول تحديد أفضل الوسائل والحلول للتوفيق بين السلطة والحرية، تحقيقا للصالح العام ، هذا من جانب، و صيانة حقوق وحريات الأفراد وحمايتها من تعسف السلطة واستبدادها، من جانب أخر، ومن هنا فقد تبدى واضحا أن الحلول النهائية لنظرية الحقوق والحريات العامة تتوقف إلى حد كبير على نتيجة هذا الصراع وعلى ما يفضي عنه التنظيم السياسي من حلول، ذلك أن مشكلة السلطة هي ذاتها مشكلة الحرية، ذلك لأن الحرية معنى لا يتحدد وتتضح معالمه إلا في إطار السلطة، فإذا لم تكن السلطة الفلك الذي تدور فيه الحرية، فأنها على اقل الفروض القوة التي تواجه الحرية والتي تحدد اتجاهاتها وأهدافها [2].

---

[1] ذلك أن مد السلطة يؤدي إلى جـزر الحرية، والعكس صـحيح أيضـا، فـإذا انطلقـت أحـداهما تقلصت الأخـرى، د. صبحي عبـده سـعيد – السـلطة والحرية في النظام الإسلامي – دار الفكر العربي – 1982 – ص3. لمزيد من التفصيل في هذا الموضوع منذ نشأة نظام الأسر حتى عهد الإمبراطوريات الواسعة واثر ظهور المسيحية وأثرها في توجيه الصراع بين السلطة والحرية والنكسة التي تعرضت هذه الجهـود في العصـور الوسطى وصـولا إلى عصـر النهضة انظر د. طعيمة الجرف – نظرية الدولة – المصدر السابق – ص472-477.

[2] د. طعيمة الجرف – نظرية الدولة – المصدر السابق – ص470.

وانطلاقا من حقيقة أن السلطة السياسية في إطار الدولة هي ضرورة اجتماعية لجأ إليها الإنسان في مراحل تطوره وارتقائه الحضاري لتنظيم حياته بشكل أفضل وإقامة المجتمع المنظم، ومن خلال استقراء التاريخ ودراسته، لذا يصدق القول- كما قال بحق (الجنرال شارل ديغول) - أن تطور المجتمعات الإنسانية منذ بداية الإنسانية حتى عصرنا الحاضر هو تطور للصراع بين السلطة والحرية، السلطة التي يعتقد الإنسان بضرورتها لإقامة حياة أفضل وبين الحرية التي ينشدها الإنسان بطبيعته[1].

ذلك أن المتتبع للأفكار والنظم السياسية التي ظهرت منذ عهد الإغريق وحتى يومنا هذا يجدها تتمحور كلها حول مسالة الصراع بين السلطة والحرية، فطالما كان الفلاسفة الإغريق عاكفين على البحث عن أفضل النظم السياسية التي تضمن للإنسان التمتع بحريته مع بقائه خاضعا للسلطة السياسية، فقد خرج أفلاطون بجمهوريته الفاضلة وعرضها على الملأ كأحسن نظام يضمن تعايش السلطة والحرية، هذا بالإضافة إلى أن النظم السياسية في المدن الإغريقية كانت تجد أساسها في فكرة الصراع بين السلطة والحرية[2].

---

[1] د. ماهر عبد الهادي – المصدر السابق – ص3.

[2] مع ملاحظة أن المجتمع في تلك المدن كان مقسما إلى فئة المواطنين الأحرار الذين كان لهم أن يتمتعوا بالحرية (السياسية) وطبقة العبيد الذين كانوا التصوير الإنساني للخضوع ولفقدان الحرية انظر د. ماهر عبد الهادي – المصدر السابق – ص420. فقد مر بنا في الفصل السابق، أن الحرية مفهوم نسبي خاضع لاعتبارات الزمان والمكان، لذ نجد أن الحرية في النظام اليوناني القديم تختلف عن الحرية لدى منظري الثورة الفرنسية، والأخيرة بدورها تختلف عن الحرية في القرن العشرين، ولقد كانت الولايات الشمالية في أمريكا تحارب الولايات الجنوبية أبان الحرب الأهلية الأمريكية وكان كل فريق يحارب من اجل مفهوم معين للحرية يختلف عن مفهوم الفريق الأخر، د. سعاد الشرقاوي – نسبية الحريات العامة – المصدر السابق - ص14.

هذا وقد كانت المطالبة بالحرية عبر العصور الشغل الشاغل للشعوب المختلفة، وقد اختلفت الشعوب في قدر ما حصلت علية من الحرية وتوقيت حصولها عليها وذلك نتيجة لاختلاف ظروفها وأوضاعها الخاصة.

فقد شعرت الشعوب الأوربية بحصولها على الحرية في القرون الأولى بعد الميلاد نتيجة لانتشار المسيحية وتعاليمها، ثم تبين لهذه الشعوب فيما بعد أن هذه الحرية قد أصبحت في العصور الوسطى مجرد حرية زائفة، نتيجة لاستبداد الملوك وطغيانهم وجرى كل ذلك بالاستناد على نظرية الحق الإلهي ذات المصدر الديني، لذا فقد نشطت الدعوات والمطالبة بتقييد السلطة والحد منها لحماية الحرية، لذا قامت الثورات ضد الإقطاع والنبلاء في أوربا، فقد قام الشعب الإنكليزي بفرض شروط مهمة على الملك (جان سانتير) تتعلق بتقييد سلطته ومشاركة ممثلي بعض قطاعات الشعب للملك في بعض الأمور بموجب العهد الأعظم (الماكنا كارتا)، وأطاح الفرنسيين بالسلطة الملكية وأصدروا إعلانهم لحقوق الإنسان والمواطن الصادر بعد نجاح الثورة الفرنسية لعام (1789)، وهو ما فعله الأمريكيون أيضا تجاه السلطة البريطانية وإعلانهم الاستقلال وقيام الاتحاد الفدرالي الأمريكي بموجب الدستور الأمريكي (1787)، وتلا ذلك قيام الدساتير هنا وهناك في الدول الأوربية كلها تنادي بوضع حدود للسلطة لضمان الحرية، أما بالنسبة للشعوب الشرقية فقد شعرت بالحرية نتيجة لظهور الإسلام وتعاليمه السمحاء التي حررت الإنسان من الوثنية والعبودية، وما تاريخ الإسلام وانتشاره إلا تاريخ الصراع بين السلطة والحرية، الحرية التي أتى بها الإسلام لتحرر الفرد من الجاهلية وتداعياتها وقسوة أعرافها وتقاليدها الظالمة[1]، فالإسلام حينما أنزله الله سبحانه وتعالى إلى الأرض كان بحق ثورة شاملة على جميع الأوضاع الفاسدة والمزرية والتي كانت تتخبط الإنسانية في دياجيرها المظلمة التي

---

[1] د. ماهر عبد الهادي – المصدر السابق – ص422, 423.

أهدرت فيها الحقوق وامتهنت فيها الكرامة الإنسانية، وقد أوجد الدين الإسلامي بهذه المبادئ المتعلقة بالحريات العامة منزلة لم يصل إليها أي نظام أو فكر أخر[1].

فقد أظهرت السلطة السياسية مساؤها في استغلال الأفراد واضطهاد وإهدار للحقوق الحريات، منذ نشأت الدولة في العصور القديمة. لذلك انقسم الفقهاء منذ القدم حول ضرورة السلطة فقد ذهب فريق منهم إلى أن السلطة شر في ذاتها، ومن ثم يجب القضاء عليها وإقامة مجتمعات لا مكان فيها للسلطة السياسية ومن هؤلاء الخياليين واضعوا "الايتوبيا " والفوضويون والسندكاليون، ويمكن أن نضيف إلى هؤلاء الماركسيين أيضا، بينما ذهب آخرون إلى أن السلطة شر لابد منه، لذا يجب أن نعرف طبيعتها، والتي هي كما يقول (بيرتراند دي جوفينيل) الأنانية والاستغلال، سواء كانت سلطة مفروضة من الخارج نتيجة الغزو المسلح أم السلطة النابعة من المجتمع[2].

الفرع الثاني

اثر الصراع بين السلطة والحرية في الفكر السياسي

لقد خضعت البشرية أحقابا طويلة ومظلمة لأنماط حكم استبدادية وتسلطية أنكرت على الأفراد حقوقهم وحرياتهم سياسية كانت أم مدنية، ولما قام عصر النهضة في أوربا وبدأت الاكتشافات العلمية تظهر، بدأت تظهر في الوقت ذاته حركات

---

(1) د. كريم يوسف احمد كشاكش - المصدر السابق - ص11, 12. ويضيف د. صبحي عبده سعيد أن الإسلام جاء بنظام جامع بين أمور الدين والدنيا معا قاضيا بدلك على جذور المشكلة من جذورها ويورد مجموعة من الأسباب، لمزيد من التفصيل انظر د. صبحي عبده سعيد - المصدر السابق - ص27-30.

(2) د. عبد الله إبراهيم ناصف - مدى توازن السلطة السياسية مع المسؤولية في الدولة الحديثة - دار النهضة العربية -1981 - 8- 9.

فكريـة أخـذت عـلى عاتقهـا إعـادة النظـر في تـراث المـاضي بكافـة جوانبـه السياسـية والاقتصـادية والاجتماعية[1]. وقد كان الصراع بين السلطة والحرية والمدى الذي وصل إليه هو المحور الرئيسي ـ لهـذه الحركات والمذاهب السياسية، وسنعرض في الفروع الثلاثة الآتية لكل من المـذهب الفـردي والمـذهب الماركسي وأخيرا المذهب الاشتراكي:

أولاً: المذهب الفردي:

وهو المذهب الذي استلهم فلسفته من مصادر فكريـه متعـددة كانـت بمثابـة الـدعائم التـي استند إليها، ويمكن القول أن هـذه الفلسـفة قـد اسـتمدت مضـمونها مـن مجموعـة مـن الاتجاهـات والمدارس الفكرية، فكان لكل مـن الفكـر المسـيحي ونظريـات العقـد الاجتماعـي ومدرسـة الطبيعيـين وإعلانات الحقوق اثر مباشر في تحديد معالمها[2].

وكان هذا المذهب يأخذ الحرية كنقطة البداية في التحليـل السـياسي والسـعي نحـو الحـد مـن السلطة. فقام المذهب الفردي على القول بان للأفراد حقوقا فرديـة اسـتمدوها مـن الطبيعـة لا يجـوز للسلطة أن تمسها أو تتعرض لها، بل عليها أن تحافظ عليها لأنها في الواقع هي أساس السلطة و سـبب وجودها واستمرارها. وان السـلطة إذا مـا قامـت بالاعتـداء عـلى الحريـة فأنهـا تكـون خـارج نطـاق شرعيتها[3].

فالإنسان الفرد هو وحده الحقيقة الاجتماعية والطبيعية الثابتة، وان الجماعة في مقابل الفرد مجرد ظاهرة صناعية خلقها الإنسان لتكون في خدمتـه، وانـه دخـل إلى الجماعـة يحمـل معـه كامـل حقوقه وحرياته وكان الغرض من ذلك هو حماية هذه

---

[1] د. عدنان حمودي الجليل – نظرية الحقوق والحريات العامة في تطبيقاتها المعاصرة – القاهرة – 1975 – ص4.

[2] د. كريم يوسف احمد كشاكش – المصدر السابق – ص45-50.

[3] د. ماهر عبد الهادي – المصدر السابق – ص420.

الحقوق وصيانتها، لذلك فالفرد في ظل الجماعة له مطلق القدرة و الحرية، وان سلطة الدولة أو الجماعة هي بمثابة استثناء لابد منه ولكنه محصور ومحدد في أضيق الحدود، لذا يصدق القول أن حقوق وحريات الأفراد في أدبيات هذا المذهب هي منطقة محظورة لا يجوز للسلطة أن تتعرض لها أو تتدخل فيها، وهذا هو الأساس الفكري لنظرية الدولة الحارسة والتي سادت أوربا الغربية منذ نهاية القرن الثامن عشر والتي مهدت الطريق للنظام الرأسمالي القائم على النشاط الحر والمنافسة الحرة[1].

هذا وقد أخذت قوة هذا المذهب في التعاظم في أوربا في القرنين السابع عشر والثامن عشر ثم ما لبث أن ساد الفكر السياسي وانتشرت أفكاره وآراؤه في مختلف أوساط الرأي العام في أوربا وأمريكا، بحيث باتت أنظمة الحكم الاستبدادية إمام خيارين، أحلاهما مر، فإما أن تنزل على مقتضى تلك الأفكار والمبادئ الجديدة أو أن تمتنع وتكابر فتعرض وجودها لخطر الزوال والانهيار، ولم يلبث هذا المذهب أن أصبح يمثل الفلسفة السائدة في نظم الحكم الديمقراطية الليبرالية والتي قامت في أوروبا منذ قيام الثورة الفرنسية في عام (1789) حيث صدر الإعلان الفرنسي للحقوق وانبثقت بالتالي النظرية التقليدية في الحقوق والحريات العامة[2].

هذا وقد تعرض المذهب الفردي فيما بعد إلى النقد، فقد هوجمت الأسس الفلسفية للنظرية التقليدية و بالتالي أصول المذهب الفردي وقواعده سياسية كانت أم اقتصادية أم اجتماعية أم أخلاقية، كما أن تطبيق هذه النظرية قد أفضى إلى سيطرة الطبقة البرجوازية على مقاليد الحياة الاقتصادية ومن ثم مقاليد الحياة السياسية، بطبيعة الحال، واستتبع ذلك أن طغى سلطان الفرد على سلطة الجماعة وانتشرت

---

[1] د. صبحي عبده سعيد – المصدر السابق – ص25.
[2] د. عدنان حمودي الجليل – المصدر السابق – ص4، 25، 26.

وتعززت الأثرة والأنانية والاستغلال، لذا انعدم الانسجام والتوازن وبات المجتمع في كينونته اضعف من أن يحمي كينونة الفرد وذاتيته وإرادته[1].

ثانياً: المذهب الماركسي:

ظهرت الماركسية واحدة من أقوى الحركات المضادة للفلسفة الفردية الليبرالية في منتصف القرن التاسع عشر[2]، هذا و قد كان صراع السلطة والحرية هو نقطة البداية في الفكر الماركسي ـ ذلك لأن المادية التاريخية الماركسية التي تقوم على تحليل التاريخ الإنساني تحليلا ماديا جوهرة الصراع الأزلي بين السلطة والحرية، والفكر الماركسي في جوهره هو محاولة للوصول إلى الحرية، لا بل أن الفكر الماركسي ذهب ابعد مما ذهب إليه الفكر الفردي في تقييم الصراع بين السلطة والحرية، فبينما كان المذهب الفردي يقوم على أساس الاقتناع بضرورة السلطة والاكتفاء بوضع القيود القانونية للحد منها، جاء الفكر الماركسي ساعيا إلى إلغاء السلطة تماما وإقامة مجتمع جديد تنعدم فيه السلطة وتزداد فيه الحرية[3].

لذلك كان المفهوم الذي تبنته الماركسية للحرية يقوم على أساس انه لا يمكن أن يكون لها وجود إلا في مجتمع لا يكون للدولة فيه وجود، وترى الماركسية أن هذه هي مهمة الطبقة العاملة التي ينبغي عليها أن تأخذ بيدها زمام السلطة في المجتمع ولو

---

(1) د. عدنان حمودي الجليل – المصدر السابق – ص5، د. صبحي عبده سعيد – المصدر السابق – ص25، وقد تعرض هذا المذهب لأشد الهجمات في العصر الحديث من جميع المذاهب ذات النزعة الاشتراكية ومن قبل غالبية رجال الفكر من الناحيتين النظرية والعملية، انظر هذه الانتقادات تفصيلا في د. كريم يوسف كشاكش – المصدر السابق – ص51-53، وانظر ايضا د. طعيمه الجرف – نظرية الدولة - المصدر السابق – ص500- 502.

(2) انظر تفصيلا الانتقادات التي وجهتها النظرية الماركسية إلى المذهب الفردي في، د. عدنان حمودي الجليل – المصدر السابق – ص5، 6.

(3) د. ماهر عبد الهادي – المصدر السابق – ص421.

بالقوة، ثم تبدأ الدولة في بسط سيطرتها على وسائل الإنتاج والقضاء على الملكية الخاصة والوصول إلى المساواة المادية الكاملة وهذا ما يمهد السبيل لزوال الطبقات وتلاشيها وهذا ما يستتبع ضرورة زوال الدولة باعتبارها الأداة التي قامت بقيامها ونشأت نتيجة لنشأتها، وحتى الوصول إلى تلك المرحلة ينبغي أن تسود في المجتمع فترة انتقال يتقرر خلالها حقوق وحريات ذات طبيعة مرحلية تتناسب والمهام التي تتولى الطبقة العاملة إنجازها وصولا إلى تحقيق هذا الهدف[1].

هذا وقد قام أول نظام شيوعي يتبنى المبادئ الماركسية وقواعدها في روسيا عام 1917 ولم يلبث هذا النظام حتى تبنى نظرية في الحقوق والحريات العامة بهذا المعنى، ولم تلبث النظم الشيوعية التي قامت فيما بعد في أنحاء متفرقة من العالم حتى تبنت نظريات في الحقوق والحريات مماثلة في صفاتها وسماتها لتلك التي قامت في الاتحاد السوفيتي سابقاً[2].

ثالثاً: المذهب الاشتراكي:

لقد تبين لنا أن مسالة الصراع بين السلطة والحرية كانت جوهر الخلاف بين الفكر الفردي والفكر الماركسي، من حيث تحديد طبيعة السلطة ودورها وضماناتها، فبينما ينتهي الفكر الفردي إلى أن الحرية هي حرية سياسية أساسا وتعني الإفلات من قبضة السلطة والتي تترجم إلى الواقع في امتناع السلطة من التدخل في مجالات أو أنشطة معينة للإفراد. لذا ينتهي الفقه إلى القول بان الحرية في مفهوم الفكر الفردي هي حرية سلبية، بينما يرى الفكر الماركسي أن الحرية أساسا حرية اقتصادية واجتماعية تقتضي تدخل السلطة لضمانها، لذا يصدق القول أن الحرية في الفكر

(1) انظر في هذا الموضوع تفصيلا د. عدنان حمودي الجليل – المصدر السابق – ص257-320.

(2) انظر تفصيلا تطبيق النظرية الماركسية في روسيا وكل ما يتعلق بها د. عدنان حمودي الجليل – المصدر السابق – ص323-333.

الماركسي- هي ذات مضمون إيجابي، يقتضي- تدخل السلطة لتوفير الخدمات الاقتصادية والاجتماعية، وليس سلبي بمعنى وضع قيود على سلطة الدولة يحظر عليها أن تتعداها حتى لا تتعدى على حرية الأفراد.

لذا ظهر الفكر الاشتراكي حل وسط بين المذهبين الفردي والماركسي ليحاول أن يجد حلا للصراع بين السلطة والحرية وذلك عن طريق إقامة تئالف بين السلطة والحرية له حدود تختلف عما وصل إليه مفكرو الفكر الفردي والماركسي، ذلك أن الفكر الاشتراكي يعطي للسلطة إمكانية التدخل أكثر في شئون الأفراد لتحد من حريتهم أكثر مما عليه الحال في المذهب الفردي، وذلك سعيا نحو تحقيق مصلحة الجماعة، ويرى المذهب الاشتراكي أن الحرية يجب إلا يفهم بأنها حرية سياسية، بل أن لها جانبان، جانب سياسي وجانب اقتصادي واجتماعي، وان السلطة بموجب الفكر الاشتراكي تتركز مهمتها الصعبة في محاولة التوفيق بين الحرية السياسية والحرية الاقتصادية والاجتماعية وأنها يجب أن تضمن كليهما وان تحاول التوفيق بينهما[1].

المطلب الثاني
مظاهر الصراع بين السلطة والحرية

إذا كنا قد انتهينا إلى أن تاريخ المجتمعات السياسية هو انعكاس لواقع الصراع بين السلطة والحرية والذي يختلف حجمه ومداه، بحسب اعتبارات متعددة ومتباينة، أما المظاهر التي تترتب على هذا الصراع، فهي الانحراف بالسلطة، وانهيار نظام الحرية، والتخلف الاقتصادي والاجتماعي والثقافي والسياسي، والعنف والإرهاب، وأخيرا الثورة والانقلاب, وسوف يكون كل من هذه المظاهر موضوعا لفرع مستقل من الفروع آلاتية:

---

[1] د. ماهر عبد الهادي - المصدر السابق - ص421، 422.

الفرع الأول

الانحراف بالسلطة

إذا كنا نعلم أن الديمقراطيات الغربية تقوم على الأيمان بأقل قدر ممكن من تدخل الدولة في حياة الأفراد، وإذا كانت السلطة ضرورة فان الضرورة يجب أن تقدر بقدرها، إلا أن الأنظمة الشمولية لا تؤمن بذلك، إذ أنها تذهب إلى أن سلطان الدولة يمتد ليشمل كافة جوانب الحياة الإنسانية[1]، وليس بدعا من القول أن الأنظمة الدكتاتورية هي أسوأ أنواع الأنظمة الشمولية التي عرفتها البشرية، إذ أنها تهدر حقوق الأفراد والحريات العامة وتنفرد بالسلطة" وتورد البلاد موارد الوهن والتهلكة"، وتعني الدكتاتورية، فيما تعني، "انفراد بعض الأفراد بسلطات الحكم في الدولة دون الرجوع إلى الشعب، وغالبا ما يتركز هذا البعض في فرد واحد يستحوذ على السلطة في قبضته، سواء كان ملكا أم إمبراطورا أم رئيسا للجمهورية أم رئيسا للوزراء، وقد تتمثل في عدد من الأفراد تأخذ شكل لجنة أو مجلس كمجلس ثورة أو انقلاب، كما هو الحال في لجنة السلام العام في عصر الثورة الفرنسية فان اتخاذ القرار يكون في الغالب في يد احدهم وحده، أن لم يكن منذ البداية، ففي المال والنهاية، وبعد فترة عادة مالا تطول"[2].

وقد يستحوذ الدكتاتور على سلطة الدولة عن طريق القوة والعنف كالثورة والانقلاب، كما هو شائع الحدوث في الكثير من دول العالم الثالث, وقد يصل الدكتاتور إلى السلطة بالطرق الديمقراطية، كما حصل مع (هتلر) فقد تولى رئاسة

---

[1] د. يحيى الجمل – الأنظمة السياسية المعاصرة – دار النهضة العربية – بيروت – بلا سنة طبع – ص227.

[2] د. ماجد راغب الحلو – الدولة في ميزان الشريعة – المصدر السابق - ص324-325، وكذلك د. عبد الحميد متولي – القانون الدستوري والأنظمة السياسية – المصدر السابق – ص510.

الوزارة في ألمانيا في عام 1933 بطريق ديمقراطي وهو الانتخاب وقد تحالف مع حـزب أخـر في سبيل تشكيل الوزارة، ولكن سرعان ما عمل على تركيز السلطة في يديه وجنح شـيئا فشـيئا نحـو نظـام دكتاتوري واضح المعالم[1].

والانحراف بالسلطة يكون واقعا في الأنظمة الدكتاتورية، سواء كان الحكـم استبداديا لا يتقيد فيه الحاكم بأي قانون أو أية قاعدة أيا كان مصدرها فلا راد لإرادته ولا معقب لحكمه ولا رادع لهواه، أو يكون الحكم مطلقا يجمع فيه الحاكم سلطات الدولة في يده، إلا انه يضع القواعد والقوانين بإرادته هو ويحكم بمقتضاها ويتقيد بها، ذلك أن الـدكتاتور يسـتولي عـلى الحكـم دون أن يسـتند إلى حـق أو شرعية تستند على إرادة شعبية حقيقية، وهو في هذا السبيل يقوم بجمع كل السلطات في الدولة، مـن تنفيذية وتشريعية وقضائية، بين يديه، فيكون مبدأ الفصل بـين السـلطات، أن وجـد، صـوريا بحتـا إذ يكون البرلمان في حقيقته مجرد مظاهرة سياسية أو مجرد واجهة يسـيره الـدكتاتور حسـب أهوائـه ورغباته ويحركه بأصابعه كالدمية، وكذلك يكون حال السـلطة القضائية إذ يسـيرها الـدكتاتور حسـب أهوائه ونزواته، وغني عن البيان إحكام سيطرته وسطوته على السلطة التنفيذية في الدولة، ونسـتطيع القول أن الدكتاتور يستأثر بجميع سلطات الحكم في الدولة رسميا أو فعليا[2].

وفي الدول النامية يكون رئيس الدولة في الغالبية العظمى منهـا هـو مركـز القـوة والسـلطان وتكون سلطاته شبه مطلقة، يترافق ذلك مع غياب الرقابة الجدية الفاعلة من أيـة جهة أو هيئه سـواء كانت هذه الهيئة هي هيئة نيابية أم كانت من معارضة قوية، وفي غالب الأحوال لا يسمح بوجـود أي معارضة، ويتحقق للرئيس، في هذه الدول، هذا الموقع المتميز عن طريق الكفاح ضـد دولـة الاسـتعمار لتحرير بلادة في فترة ما قبل

---

[1] د. عبد الحميد متولي – القانون الدستوري - المصدر السابق – ص511-512.

[2] د. ماجد راغب الحلو – الدولة في ميزان الشريعة - المصدر السابق – ص325- 327.

الاستقلال، أو عن طريق قيامه بانقلاب ناجح سيطر فيه على مقاليد الدولة والحكم، وفيما يتعلق بالسلطة الواسعة التي يتمتع بها الرئيس في الدول النامية فيتحصل له ذلك عن طريق جمعه لاختصاصات متعددة، فضلا عن اختصاصاته كرئيس للدولة والتي هي اختصاصات واسعة ومهمة بطبيعة الحال، كتوليه منصب رئيس الوزراء أيضا، وسلطته وتأثيره كرئيس للحزب الواحد أو الحزب المسيطر في حالة وجود تعدد للأحزاب، هذا فيما يتعلق بالسلطات المقررة في النصوص الدستورية والقانونية، والأمر أدهى من ذلك وأمر في الواقع السياسي في هذه الدول إذ يكون رئيس الدولة هو القابض الحقيقي على كل سلطات الدولة وهو المتحكم الوحيد في كافة شؤونها، فيحدث في الواقع أن تجد دولة نامية يبدو من خلال النصوص الدستورية المقررة فيها أنها تطبق نظاما حرا وديموقراطيا، إلا أن دراسة الواقع الحقيقي لممارسة السلطة السياسية فيها يدل بشكل لا يدعو إلى الشك أن النظام المطبق فعلا هو نظام دكتاتوري فردي استبدادي[1].

الفرع الثاني

انهيار نظام الحرية

ويبرز هذا المظهر من مظاهر الصراع بين السلطة والحرية في الأنظمة الدكتاتورية ، ذلك أن الاستئثار بالسلطة وتركيزها، الشائع في هذه الأنظمة، يؤدي بالضرورة إلى إيقاف العمل بمعظم الحقوق والحريات المعترف بها وتعطيلها، ويجري تبرير ذلك من خلال الاستناد إلى حالة الضرورة وعمومية الخطر المحدق بالمجتمع الذي يراد القضاء عليه[2].

---

(1) د. عبد الحميد متولي - نظرات في أنظمة الحكم في الدول النامية - دار المعارف بالإسكندرية - 1985 - ص18 - 19.

(2) د. مصطفى محمود عفيفي - في النظم السياسية - المصدر السابق - ص252.

ويجد مظهر الانهيار في نظام الحرية سنده في الأنظمة الدكتاتورية من خلال الأيمان في أن الفرد فيها لا يستطيع أن يحتج بحق له في مواجهة السلطة، التي تتميز بأنها سلطة شاملة جامعة لا حدود لها ولا تقيدها قيود، ويترتب على ذلك إلغاء كافة الحريات السياسية كحرية الرأي والاجتماع وغيرها، ولا تبقى إلا حرية واحدة مفروضة إلا وهي الأيمان بالزعيم وترديد ما يؤمن به أو يتفوه به، ويصاحب ذلك، في غالب الأحوال، إشاعة جو من التوتر والرعب بين الشعب يجعلهم في خوف دائم "لا يأمنون معه على أرواحهم ولا حرياتهم ولا يعرفون من أين يأتيهم الخطر وهم لا يشعرون" وقد كانت هذه الحال على أشدها في ألمانيا النازية في زمن (هتلر)، وعلى الرغم من أن النظام الفاشي الدكتاتوري في ايطاليا كان مطبوعا بهذا الطابع من الرعب وما يتبعه من اعتقالات جماعية ومحاكمات صورية وإجراءات تعذيب بالغة القسوة، لكنها لم تبلغ المدى الذي وصلته النازية في هذا المجال[1].

الفرع الثالث
التخلف الاجتماعي والاقتصادي والثقافي والسياسي

لقد كانت مشكلة التخلف، بإشكالها المتقدمة، محلا للعديد من الدراسات والبحوث وبشكل واسع وكبير، منذ الحرب العالمية الثانية، وقد قيل الكثير في أسباب هذه المشكلة وجذورها - والتي تعتبر أحد المشاكل الأساسية التي تواجهها دول العالم الثالث أو الدول النامية، على وجه الخصوص - كان يقال أن التخلف هو انعكاس لعوامل وتناقضات داخلية، أو انه نتيجة للتوسع الاستعماري والرأسمالي العالمي أو انه ربما يكون لعنة أبدية موروثة[2].

---

[1] د. يحيى الجمل – الأنظمة السياسية - المصدر السابق – ص237 – 238.
[2] د. رياض عزيز هادي – المشكلات السياسية في العالم الثالث – الطبعة الثانية – مطابع دار الحكمة - بغداد – 1989 – ص41، ويشير الدكتور رياض عزيز وبشكل مفصل إلى صعوبة وضع تعريف محدد جامع ومانع لاصطلاح التخلف والاتجاهات المختلفة في هذا الصدد، انظر المصدر نفسه – ص45- 58، وفي جذور التخلف وأسبابه انظر ص82-99.

لذا يجب أن تكون مجهودات التنمية في هذه الدول شاملة للتنمية السياسية- إضافة إلى التنمية الاجتماعية والاقتصادية والثقافية - والتي يقصد بها تشييد نظام سياسي قادر على فتح آفاق جديدة وإتاحة الفرص لتنمية النواحي الاقتصادية والاجتماعية والثقافية، ومن هنا تبرز خطورة قيام الدول النامية بنقل واستنساخ النظم السياسية لدول أخرى، لها ثقافتها وعقليتها وتحدياتها، والتي تختلف، بطبيعة الحال، عن ثقافة وعقليات وتحديات شعوبها وأبرزها صور التخلف التي تقدم ذكرها، وان حدث ذلك فسيكون مصير هذه التجربة هو الفشل وسينتج عنها، بطبيعة الحال، اختلالا في التوازن يوفر بيئة مناسبة لظهور أنظمة دكتاتورية[1].

دلك أن الغالب في دول العالم الثالث هو تدني المستوى الاقتصادي وانتشار المرض والأمية وان توزيع الثروة فيها يميل في الغالب إلى تركيز الثروة في أيدي فئة قليلة، في حين يشيع الفقر المدقع بين غالبية السكان، ويأتي هذا الحال انسجاما مع النظم الدكتاتورية الفردية، و التي هي الصفة الغالبة في هذه الدول، وما تؤدي إليه من تسلط وطغيان ينتهي بالنتيجة إلى" نوع من الحجر على مجتمعاتها حجرا لا يسمح لها بالنمو والانطلاق ويكرس فيها التخلف والقصور"[2].

وفيما يتعلق بأشكال التخلف نشير إلى مشكلة زيادة السكان في بلدان العالم الثالث والتي لا تتناسب مع وتيرة الإنتاج الوطني ولا يرافقها في الضرورة زيادة في متوسط دخل الفرد، فالأفواه الجديدة تتقاسم مع من سبقها الدخل المتواضع أساسا، "وتعاظم اللا توازن هذا بين النمو الديموغرافي (السكان) ووسائل الحياة يورث تناقضات في كل بلد متخلف".

---

(1) د. ماهر جبر نضر – مدى التوازن بين السلطات في النظام الدستوري المصري – دار النهضة العربية – القاهرة – 2002 – ص6-7.

(2) د. يحيى الجمل – الأنظمة السياسية – المصدر السابق – ص292-293.

أما فيما يتعلق بأشكال التخلف الاقتصادي فإننا نجد في مقدمة ذلك، مشكلة انخفاض متوسط دخل الفرد وسوء توزيعه، فحصة الفقراء من السكان الذين يشكلون الغالبية العظمى، لا تتناسب في غالب الأحوال مع حجمها السكاني.

أما فيما يتعلق بالجانب الثقافي فان التحدي الذي تواجهه هذه الدول، يتجسد في ظاهرة ارتفاع نسبة الأمية، ويعود السبب وراء تفاقم هذه الظاهرة إلى قلة حجم النفقات التي تخصصها هذه الدول لبرامج التعليم والقضاء على الأمية، ذلك بالمقارنة مع حجمه في الدول المتقدمة، وفي هذا الصدد يؤشر أيضا عدم التوازن في فرص التعليم بين الشرائح الاجتماعية المختلفة كان يكون دلك بين الرجل والمرآة أو بين أبناء الريف والمدينة.

وتبدو أشكال التخلف السياسي صعبة التحديد والرصد، ولكن يمكن القول أن ظاهرة التبعية السياسية، التي مازالت تعاني منها بعض دول العالم الثالث، من أهم صور التخلف السياسي، فضلا عن ضعف الوعي السياسي وعدم الاستقرار السياسي والتغيرات السياسية العنيفة ذات الطابع الارتجالي والانفعالي التي تعصف بين الحين والأخر بهذه الدولة أو تلك، والاهم في هذا المجال هو ظاهرة القلق الأيدلوجي والتي تعكسها حالة التذبذب بين النماذج الأيدلوجية والسياسية المطروحة أمامها وتبني احدها، وأخيرا يمكن أن نعد ظاهرة ضعف دور الأيدلوجية والتنظيم السياسي والنزعات الدكتاتورية والشفاهية السياسية، ضمن صور التخلف السياسي[1].

---

[1] انظر في كل ما تقدم وبشكل تفصيلي في صور التخلف المتقدمة والآثار التي تترتب عليها، د. رياض عزيز هادي – المشكلات السياسية - المصدر السابق – ص59-81.

الفرع الرابع

العنف والإرهاب

فيما يتعلق بوضع تعريف للعنف فقد ذهب جانب من الفقه إلى أنه "الاستخدام الفعلي للقوة أو التهديد باستخدامها لإلحاق الأذى والضرر بالأشخاص وإتلاف الممتلكات"[1].

أما فيما يتعلق بتعريف الإرهاب فيمكن تعريفه بأنه استخدام غير شرعي للقوة والعنف أو التهديد بها، بقصد تحقيق أهداف سياسية[2], يكون دائما مصحوبا بإرادة أحداث الخوف والفزع في نفس الخصم أو نفوس الأفراد غير المقصودين، والتي قد تترجم هذه الإرادة في صورة الاغتيال أو الاختطاف أو الاحتجاز أو الانفجار أو التدمير بنشر فضيحة معينة، فالإرهابيون يؤمنون اشد الإيمان بقاعدة "أن الغاية تبرر الوسيلة"، والإرهاب يلجا إلى اتخاذ الخوف وتأثيراته على الأفراد وسيلة إلى إظهار عجز النظام السياسي والحكومة عن توفير الأمن للإفراد، فضلا عن المساس بمكانة الدولة في الخارج، حينما يستهدف الإرهاب في عملياته إلى ضرب بعض الأنشطة والمصالح التي يؤدي الأضرار بها إلى انصراف عن مساهمتها في بناء المشروعات القومية وانسحاب المستثمرين بأموالهم إلى مناطق أخرى من العالم تتمتع بالهدوء

[1] د. عبد الوهاب محمد عبده خليل - المصدر السابق - ص307.

[2] شفيق المصري - الإرهاب - بحث منشور في كتاب "جريمة التعذيب والإفلات من العقاب في العراق" - إعداد فؤاد العطار- الناشر الجمعية العراقية لحقوق الإنسان - بغداد - الطبعة الأولى - 2004 - ص311، ونشير هنا إلى فشل كل المحاولات الرامية إلى وضع تعريف دولي محدد لاصطلاح الإرهاب، وذلك لأسباب مختلفة، لاشك أن أبرزها هو كيفية تمييزه عن المقاومة الوطنية المشروعة للاحتلال.

والاستقرار[1]. والإرهاب يكون حينها قد تجاوز العمل المخالف للقوانين الداخلية للدولة، ليتعداه إلى كونه جريمة مخالفة لمبادئ القانون الدولي وقواعده، وحينها يعرف بالإرهاب الدولي[2].

لقد جرى توظيف مصطلح الإرهاب في أول الأمر للدلالة على الإجراءات القمعية التي تمارسها النظم الاستبدادية على مواطنيها، ثم استخدم هذا المصطلح للتعبير عن أشكال مختلفة من العنف الذي يمارس من قبل الدول أو الأفراد على حد سواء، والتي سنوردها فيما يأتي:

أولاً: العنف والإرهاب من قبل النظام السياسي ضد الأفراد:

ويبدو استخدام أساليب العنف والإرهاب ضد الأفراد أكثر وضوحا في الأنظمة الدكتاتورية، التي لا تتورع في استخدام أساليب القمع والقهر ضد معارضي النظام وأيدلوجيته وسياساته مدفوعا في ذلك بمبدأ أن الغاية تبرر الوسيلة حتى ولو كانت هذه الوسيلة منافية لمبادئ الأخلاق كالقوة والقتل والكذب والتجسس[3].

---

[1] د. محمد عبد الطيف – جريمة الإرهاب – دار النهضة العربية – 1994 – ص4، 26.

[2] شفيق المصري – المصدر السابق – ص311 ، 213.
وتجدر الإشارة إلى أن مصطلح "الإرهاب الدولي" مصطلح قديم وليس كما يتبادر إلى الذهن للوهلة الأولى بأنه مصطلح حديث، إذ يرجع تاريخ ظهوره إلى عام 1939 حينما استخدمه المفكر الفرنسي " جروسيوس" خلال القرن الرابع عشر أثناء قيامه بترجمة كتاب بعنوان "التاريخ الروماني"، ثم استعمل في قاموس الأكاديمية الفرنسية عام 1964، د. رجب – عبد المنعم متولي – حرب الإرهاب الدولي والشرعية الدولية – دار النهضة العربية – القاهرة – الطبعة الأولى – 2003 – ص 6، ويميز هذا الكاتب بين مصطلح "الإرهاب الدولي" و"إرهاب الدولة" والذي يعرفه على انه " مجموعة من الأعمال أو الأفعال العدوانية الضارة أو الماسة بسيادة الدولة واستقلالها السياسي وسلامة أراضيها وسلامة الأفراد المقيمين فيها " ويصنف هذا الكاتب ما قامت به إسرائيل ومازالت تقوم به ضد الفلسطينيين، وما قامت به أمريكا من احتلالها لأفغانستان والعراق من قبيل إرهاب الدولة، المصدر نفسه – ص1، 2.

[3] د. كريم يوسف كشاكش – المصدر السابق – ص231-232.

ففي فرنسا مثلا كان يوظف اصطلاح الإرهاب للدلالة على أسلوب كان معمولا به في إدارة الحكم من خلال إشاعة الخوف، وكان يعبر بدقة عن الإجراءات البوليسية التي كانت تتخذها الأنظمة الشمولية ضد رعاياها، فقد شهدت فرنسا من (1792/8/10- إلى 1794/7/27) سيادة حكم الإرهاب في عهد (روبسبير) وهي الفترة التي شهدت تبرير الإرهاب للقضاء على خصوم الثورة السياسيين وتوطيد دعائم الجمهورية، حيث يقدر عدد الذين اعدموا بالمقصلة خلال الأسابيع الستة الأخيرة من تلك الفترة بـ(1366) مواطنا فرنسيا من الجنسين وفي مدينة باريس وحدها[1].

وجرى الأمر نفسه في بناء أول دولة شيوعية على يد لينين وبتوجيهه، على يد ما كان يعرف بجماعة (الفيشكا)، وتكرر الحال نفسه في ظل الحكم الستاليني إبان تنفيذ سياسة التشييع الزراعي والتي لقيت مقاومة عنيفة من قبل الشعب الروسي منذ بداية تطبيقها عام (1929)، فقد كانت إجراءات فرض هذه السياسة اقل ما يقال عنها بأنها سياسة إرهابية.

ولا يغيب عن البال ما قام به الحكم الدكتاتوري النازي في المانيا بزعامة (هتلر) فقد كانت أحد المقومات الرئيسية للدولة في هذا النظام قد تمثلت في معسكرات الابادة الجماعية والتي حاز بعضها شهرة كبيرة بسبب ملايين الضحايا الذين راحوا ضحيتها[2].

---

(1) د. محمد لطيف - المصدر السابق - ص20.

(2) (الفيشكا) جهاز امني أنشئ في روسيا السوفيتية عام (1917) للقضاء على خصوم الثورة البلشفية، وخلال الثلاثة اشهر الأولى لقيامه اعدم رميا بالرصاص (1385) شخصا وقيل أن عددهم بلغ (3456) كما قالت صحيفة السيف الأحمر الناطقة بلسان هذا الجهاز، د. محمد لطيف - المصدر السابق - ص21.

ويبدو هذا الأمر أكثر وضوحا في الكثير من دول العالم الثالث، ذات النظم الدكتاتورية، حيث تستخدم أبشع وسائل التعذيب والتصفية الجسدية الفورية للمعارضين في الداخل والخارج أو الأحزاب التي كانت تعارض توجهات تلك النظم وتطلعاتها التسلطية، ويجرى كل ذلك عن طريق البوليس السري لقمع المعارضة وتمكين السلطة الحاكمة من تشديد قبضتها على الشعب[1].

ثانياً: العنف و الإرهاب من قبل الأفراد و الجماعات ضد النظام السياسي:

العنف والإرهاب من قبل الأفراد والجماعات، يأخذ أشكالا متعددة كالمظاهرات والتمرد والإضراب والاغتيال أو محاولات الاغتيال لزعماء الدول والسياسيين وأعضاء السلك الدبلوماسي وجرائم القرصنة الجوية واحتجاز الرهائن والقتل والسرقة وتدمير الأموال العامة والخاصة وإتلافها[2].

ومن الأمثلة على أعمال العنف والإرهاب الصادرة من قبل الأفراد والجماعات ما قام به أنصار المذهب العدمي أو الفوضوي في روسيا (أواخر القرن التاسع عشر) فقد كانوا يدعون إلى مبادئ هدامة تدعوا إلى التحرر من كل سلطة وهم في خضم صراعهم مع السلطة قد سمحوا لأنفسهم بارتكاب كل أنواع الجرائم التي تنطوي على نشر الرعب والفزع ولم تسلم عاصمة واحدة في أوربا من هجماتهم[3].

وكرد فعل من الأنظمة السياسية المختلفة التي تعاني من العنف والإرهاب فأنها عادة ما تلجا إلى الإخلال بالتوازن المفروض قيامه بين السلطة والحرية، وذلك بحجة أن مواجهة الإرهاب - باعتباره ظاهرة خطيرة ذات أثار كارثية على سلامة الدولة

---

(1) د. عبد الوهاب محمد عبده خليل - المصدر السابق - ص309.

(2) د. عبد الوهاب محمد عبده خليل - المصدر السابق - ص309-310 مع الهامش، و انظر كذلك د. محمد لطيف - المصدر السابق - ص24.

(3) د. محمد لطيف - المصدر السابق - ص24.

وأمنها ومصالحها الدولية- تحتاج إلى فرض القيود والتوسع في السلطة وتضييق أبواب الحرية وإهدار الكثير من ضماناتها، وبذلك يمكن القول إلى أن وضعا كهذا يخلق نوعا من الدكتاتورية المؤقتة والتي يختل فيها التوازن بين السلطة والحرية[1].

الفرع الخامس

الثورة والانقلاب[2]

أن استقراء التاريخ وتطور المجتمعات السياسية في مختلف العصور يدل بشكل لا يدعو إلى الشك أن ظاهرة الثورة لطالما كانت ملازمة لفكرة المجتمع السياسي

---

(1) د. عبد الوهاب محمد عبده خليل - المصدر السابق - ص312.
ففي بريطانيا مثلا وهي دولة رائدة في مجال الحرية وحقوق الإنسان، نرى أن مواجهة الإرهاب قد حدت بها إلى إصدار قانون امني عاجل في (ديسمبر/ كانون الأول/2003) يفتح الباب إمام انتهاك حقوق الإنسان، إذ يسمح قانون الأمن ومكافحة الإرهاب والجريمة باعتقال المواطنين من غير البريطانيين دون تهمة أو محاكمة لفترة غير محددة. هذا وقد أبدت منظمة العفو الدولية اعتراضها على هذا القانون لأنه يخلق نظاما جنائيا موازيا يفتقر إلى الضمانات الضرورية التي يوفرها النظام الرسمي، انظر في ذلك رياض العطار - المصدر السابق - ص347-348. وانظر في الوسائل المتبعة في الدول المختلفة لمكافحة الإرهاب وبشكل أكثر تفصيلا د. رجب عبد المنعم متولي - المصدر السابق - ص119- 150.

(2) لقد وضع الفقه الدستوري معيارين للتميز بين الثورة والانقلاب، الأول يعد الحركة بمثابة الثورة إذا كان الذي قام بها هو الشعب، ويعدها انقلابا إذا كان من قام بها هو أحد هيئات الدولة صاحبة الحكم والسلطان، رئيس الدولة مثلا أو رئيس الوزراء أو وزير الدفاع أو قائد الجيش. والمعيار الثاني - وهو الأقرب للصواب، والذي قال به أساتذة الفقه الدستوري الفرنسي- والذي يرى أن معيار التفرقة بين الثورة والانقلاب يكمن في الأهداف التي ترمي إليها تلك الحركة الثورية، فإذا كان الهدف هو تغيير النظام السياسي، أي نظام الحكم، مثلا تغيير النظام الملكي إلى النظام الجمهوري أو تغيير النظام الرئاسي إلى النظام البرلماني، أو ربما يكون النظام التي ترمي الحركة تغييره هو النظام الاجتماعي، أي استبدال النظام الرأسمالي بنظام اشتراكي أو شيوعي أو العمل على إعادة تنظيم العلاقات بين مختلف الطبقات الاجتماعية وتغييرها تغييرا خطيرا وذلك بتقريب الفوارق بين الطبقات. انظر لمزيد من التفصيل د. عبد الحميد متولي - القانون الدستوري والأنظمة السياسية - المصدر السابق - ص 73، وانظر الأمثلة التي ذكرها في نفس المصدر.

وتطوره، وذلك لأنه متى ما وجدت الحياة السياسية، كان طبيعيا أن يحدث الصراع بين الحكام والمحكومين من اجل الوصول إلى أفضل الوسائل للتوفيق بين السلطة من جهة وحقوق الأفراد وحرياتهم العامة من جهة أخرى،" لذا نجد أن السلطة السياسية لم تتخذ شكلا واحدا على طول التطور الحضاري للإنسان، بل تعددت إشكالها وأهدافها مع تتابع حلقات هذا التطور، ولم يكن هذا التتابع في إشكال السلطة من فعل الصدفة وحدها، ولكنه كان نتيجة منطقية لتطور الحياة نفسها ولتغير إدراك الإنسان وتغير مفاهيمه من عصر إلى أخر"[1].

ليس بدعا من القول أن مفهوم الثورة لدى الجماهير مرتبط بالعنف والقوة ورفض طاعة الحكام لأسباب مختلفة ومحاولة إبعاد هؤلاء الحكام عن سدة الحكم بالقوة والإكراه، أما مفهوم الثورة من الناحية الاصطلاحية فهو يشير إلى التغييرات الكبرى والمفاجئة في النظم السياسية والاقتصادية والاجتماعية في مجتمع معين، إذ أن"الثورة ما هي إلا حركة شعب بأسره لإزالة العوائق والموانع التي تعترض طريق حياته لكي يصل إلى آماله وتطلعاته، فهي تصدر عن الشعب وتنبع من صميمه فليست الثورة بعمل فردي، وألا كانت انفعالا شخصيا لا قيمة له، كما أنها ليست عمل فئة واحدة وألا تصادمت مع الأغلبية"[2].

---

[1] د. طعيمه الجرف – النظرية العامة للقانون الدستوري وتطور النظام السياسي والدستوري في مصر المعاصرة – الطبعة الثالثة – دار النهضة العربية – القاهرة – 2001 – ص187.

[2] د. محمد انس قاسم جعفر – المصدر السابق – ص405، 406، ويشير هذا الكاتب إلى أن علماء السياسة وفقهاء القانون العام يفرقون عادة بين نوعين من الثورات، الثورة السياسية والثورة الاجتماعية، على الرغم من أن الصلة جد وثيقة بين الثورة بمعناها السياسي والثورة بمعناها الاجتماعي، اذ انه لايمكن تحقيق تغيير جذري شامل في أي مجتمع إلا إذا تمت السيطرة على مقاليد الحكم لتحقيق التغيير المنشود، لذا فانه في الغالب الأعم تعتبر الثورة السياسية مجرد خطوة لتحقيق الثورة بالمعنى الاجتماعي، ومن أوضح الأمثلة على ذلك الثورة الفرنسية في 14 يوليو 1789 والثورة المصرية 23 يوليو 1952.

وعلى الرغم من أن الأصل في التغييرات إلا تحدث فجأة وإنما تجري عن طريق التطور الهادئ البطيء، كالدور الذي يلعبه العرف الدستوري في هذا المجال في أكمال النصوص القانونية وتفسيرها أو حتى تعديلها، في بعض الأحيان، وهذه ابسط مراحل التناقض وأخفها حدة على النظام، وقد لا يفي العرف في بعض الأحيان، فيظهر دور التفسير في توضيح الغموض والتعارض في النصوص عن طريق اللجوء إلى روح العدالة أو القانون الطبيعي[1].

غير أن هذا الأمر لا يمكن ضمان حصوله في كل الأحوال، فقد يحدث أن تتغير أفكار الجماهير وتتعدل مفاهيمهم عن العدالة والقانون تعديلا جوهريا وبشكل يتعارض تعارضا كبيرا مع الدستور والنظام القانوني القائم، وفي هذا الحال يغدو أمر تحقيق التطور بالطريق الهادئ البطيء أمرا مستحيلا، فحينها تكون"قد تولدت في ضمير الجماعة فكرة قانونية جديدة تسعى للانقضاض على الفكرة القانونية المقررة في الدستور لتأخذ مكانها وتصعد إلى السلطة لتنظيم حياة الناس بصفة رسمية، عندئذ لن يكون مفر من وقوع الاصطدام العنيف بين هذه الفكرة الجديدة والفكرة الرسمية النافذة، بقصد تحقيق التطور بالطريق الثوري"[2].

---

[1] ويختلف طريق الثورة عن طريق العرف والتفسير في عدة وجوه، منها أن الثورة طريق غير اعتيادي لتغيير الدستور أما الطرق الأخرى فهي دستورية، كما أن الثورة تعبر عن مصالح اقتصادية جديدة لا يعترف النظام القانوني السابق بمشروعيتها بينما الوسائل الأخرى فهي محاولة لحل التناقض من اجل الإبقاء على الوضع الاقتصادي كما عبر عنه النظام القانوني، وأخيرا أن الثورة تعبر عن تبدل كيفي بينما تعبر الأساليب الأخرى عن تبدل شكلي قد يتبعه تبدل كمي، انظر لمزيد من التفصيل د. طلعت الشيباني - القوى المؤثرة في الدساتير وتفسير الدستور العراقي - بغداد - 1954 - ص5- 8.

[2] د. طعيمه الجرف - النظرية العامة للقانون الدستوري - المصدر السابق - ص187- 188.

وأخيرا وبصدد أمر حدوث الثورة والانقلاب نتيجة للصراع بين السلطة والحرية"حيث تتبلور مخاطره في حدوث أمور لم تكن من المسار الصحيح في شيء، ذلك أن الثورة والانقلاب بقـدر مـا هـما نتيجة طبيعية لانحراف السلطة انحرافا خارقا قد تعجز عن مقاومته الوسائل الشرعية الأخرى فينفجر الشعب في ثورة مدوية حتى يعظم من أنفاسه فأما أن يستشهد في سـبيل ذلك وقـد يكون الانقـلاب لنفس السبب وقد يكون لغير ذلك، ولكن الحقيقة أن تلك أمور يفجرها انعدام التوازن داخل المجتمـع فتحدث انعداما أخر أولى ضحاياه هي الحرية"[1].

_____

[1] د. عبد الوهاب محمد عبده خليل – المصدر السابق – ص319.

المبحث الثاني
تفوق السلطة على الحرية

مما لاشك فيه أن الصراع بين السلطة والحرية يؤدي إلى حدوث اختلال في العلاقة بينهما، والذي ربما ينتهي في صالح دعم الحرية وتعزيزها وصولا إلى تحقيق التوازن المطلوب بينها وبين السلطة، وقد يؤدي إلى غلبة وتفوق السلطة على الحرية، التي يشير الكثير من الفقهاء إلى أن هذه الظاهرة، أي غلبة السلطة على الحرية، باتت سمة غالبة في بعض النظم السياسية المعاصرة، والتي يشير إليها هؤلاء على أنها أزمة حقيقية للحرية.

لذا ولدراسة موضوع تفوق السلطة على الحرية نقسم هذا المبحث إلى مطلبين، الأول منها لبيان الأسباب الحقيقية التي أدت إلى تفوق السلطة على الحرية، والثاني لبيان المظاهر التي قد تتمخض عن هذا التفوق.

المطلب الأول
أسباب تفوق السلطة على الحرية

لاشك أن ابرز الأسباب التي أدت إلى غلبة وتفوق السلطة على الحرية في العصر ـ الحديث، يمكن حصرها في بروز وتفشي ظاهرة تركيز السلطة (الفرع الأول)، وظاهرة عدم اكتمال فكرة المؤسسة (الفرع الثاني)، وضعف الوعي وانحسار الرأي العام (الفرع الثالث)، وأخيرا الآثار السلبية التي افرزها التقدم التكنولوجي على حقوق وحريات الأفراد (الفرع الرابع).

الفرع الأول
تركيز السلطة

قد يحدث في الواقع أن تتركز السلطة بيد شخص واحد تعود إليه مختلف أوجه ممارستها (التشريع، التنفيذ، القضاء)، وربما تتركز السلطة بيد لجنه مكونه من عدد قليل من الأفراد يمارسون السلطة على قدم المساواة بحيث لا يملك أي منهم سلطة خاصة به وإنما تتخذ جميع القرارات بالأكثرية وليس بالإجماع، وأخيرا يحدث أن تتركز السلطة بيد مجلس أو جمعية منتخبة [1].

هذا وقد ساد مبدأ تركيز السلطة قاعدة أساس لنظم الحكم الإقطاعية والملكية, منذ نشأة نظام الإقطاع، والظروف المختلفة التي صاحبت ظهوره، مرورا بالعصور الوسطى وأواخر القرن الخامس عشر وحتى تاريخ الثورات التحررية في أواخر القرن السابع عشر [2]، فقد سادت النظم السياسية ذات الطابع الفردي والتي كانت تقوم على مبدأ التركيز المطلق السلطة، في يد الملك أو الإمبراطور، والذي يطلق عليه نظام الملكية المطلقة [3]. وليس غريبا أن يكون مبدأ تركيز السلطة هو السائد في الحكومات الثورية، التي تتشكل بعد نجاح انقلاب أو ثورة وتتولى تسيير شؤون البلاد في الفترة الانتقالية، إذ تتركز في الغالب السلطتين التشريعية والتنفيذية في قبضتها [4].

---

[1] د.منذ ر الشاوي – نظرية الدولة – المصدر السابق – ص169- 173, وانظر الأمثلة التي ذكرها الدكتور الشاوي لكل صوره من هذه الصور لتركيز السلطة.

[2] د.عبد الوهاب محمد عبده خليل- المصدر السابق- ص398.

[3] د.إبراهيم الصغير إبراهيم – مبدأ الفصل بين السلطات بين النظرية والتطبيق – مجلة إدارة قضايا الحكومة –العدد الثالث – السنة الرابعة والعشرون – 1980 - ص238.

[4] د.محمد كاظم المشهداني – ظاهرة تركيز السلطة في المجتمعات النامية – رسالة دكتوراه – كلية القانون والسياسة – جامعة بغداد – 1985- ص9.

ومما عزز الاتجاه نحو تركيز السلطة التطور الذي لحق دور الدولة في الحياة الاقتصادية والاجتماعية الذي تبدى من خلال هجر نظرية الدولة الحارسة والاتجاه نحو نظرية الدولة المتدخلة، هذا وان إتباع سياسة التدخل لا تعني بحال من الأحوال أنها تأتي بالضد مع تعدد الهيئات الحاكمة، بل أنها تقضي بوجود هيئات متعددة تخضع كل منها للأخرى مع تفوق احدها والتي كانت سياسة التدخل ترمي إلى تقويتها، وهي بلا شك السلطة التنفيذية، حيث اتجهت النظم المعاصرة - الديمقراطية والدكتاتورية على حد سواء - إلى تركيز الاختصاصات الرئيسية في يدها أو يد شخص واحد، وهو بطبيعة الحال رئيسها، ولم تعد بقية الهيئات على قدم المساواة مع ذلك الحاكم أو تلك الهيئة وإنما أصبحت هيئات تابعة أو ثانوية[1].

وقد اثبت التاريخ أن تركيز السلطة ينطوي على خطر وضرر كبيرين على حقوق الأفراد وحرياتهم، ذلك أن الأنظمة الشمولية الدكتاتورية بقدر ما هي شر محض بمعظم أثارها، فأنها تنطوي دائما على انتهاك وامتهان لكرامة الفرد والجماعة وبالتالي ضياع الحقوق والحريات وانتهاكها[2].

وفي العصر الحديث وجد هذا المبدأ بيئته المناسبة في عصر الدكتاتوريات الحديثة في المانيا النازية وايطاليا الفاشية وأسبانيا في عهد فرانكو، فقد عمد كل هؤلاء إلى تركيز السلطة التنفيذية والتشريعية في أيديهم. وجرى ذلك كله مع وجود هيئات تشريعية وربما تكون منتخبه، إلا أنها في حقيقة الأمر, كانت ذات اختصاصات شكليه

---

[1] د.احمد عباس عبد البديع - تدخل الدولة ومدى اتساع مجالات السلطة العامة - 1971 - دار النهضة العربية - 282، ويرجع هذا الكاتب السبب في ذلك إلى أن النظام النيابي غير معد لمواجهة المشاكل الاقتصادية والاجتماعية والتي أصبحت شائعة في حياة الدول المعاصرة، والتي تتطلب علاجات سريعة وحاسمة وتحتاج إلى معرفة فنية متخصصة بشئون الاجتماع وهو ما يفتقر إليه - في الغالب - النواب في مجموعهم.

[2] د.عبد الوهاب محمد عبده خليل- المصدر السابق- ص398.

بصورة مطلقة، طالما تستطيع القيادة السياسية بزعامة الدكتاتور أن تفرض مشيئتها على هذه الهيئات وتخضعها لإرادتها وسلطانها، عندها ينتهي مبدأ الفصل بين السلطات في الواقع، و ما يستتبع ذلك من إهدار للحقوق والحريات وضماناتها القانونية والقضائية، سواء على مستوى النصوص أم على مستوى الواقع، حيث ستقوم جهة واحدة بتشريع قوانين ظالمة وتقوم بفرضها على الشعب بقوة القانون وسلطة الدولة، "فيعيش الشعب في ظلام حالك من الاستبداد والبطش والطغيان"[1].

ذلك أن السلطات العامة في الدولة جميعها- التنفيذية والتشريعية والقضائية- تتركز في يد الدكتاتور, فينعدم حينها مبدأ الفصل بين السلطات ويحل محله مبدأ وحدة السلطات وتركيزها، فيكون الدكتاتور هو المشرع الحقيقي وما البرلمان، أو أي مجلس نيابي أخر, إلا تابعا له ولطالما يفوض الدكتاتور سلطات التشريع الكاملة والدائمة، متى رغب بذلك، أما بالنسبة للسلطة التنفيذية فهي بالكامل في قبضته، فهو يشغل كل المناصب المفصلية فيها، أو أهمها، فهو رئيس الدولة ورئيس الحزب الواحد وهو القائد الأعلى للجيش وكذلك الحال بالنسبة للسلطة القضائية فهي حتما لا تتمتع بالاستقلال فهي أيضا تحت هيمنة الدكتاتور[2].

وفي دول العالم الثالث أو الدول النامية، فان ظاهرة تركيز السلطة تجد أساسها في الظروف الموضوعية لهذه البلدان، والتي تشير إلى التركيز الاقتصادي والاجتماعي والسياسي وما تؤدي إليه من انحرافات حقيقية في تجاربها السياسية وخاصة فيما يتعلق بتبني أحد أنواع النظم السياسية المعروفة كالنظام البرلماني أو الرئاسي مثلا والتي عانت من انحرافات حقيقية عند تبنيها في دساتير الدول النامية، عن مبادئها الراسخة المعروفة في تجارب الدول التي تعد المهد الأول لهذه الأنظمة، و هنا يشير البعض إلى

---

(1) د.كريم يوسف كشاكش - المصدر السابق - ص229.

(2) د.حسين عثمان محمد عثمان - المصدر السابق - ص 212.

أن تركيز السلطة في الدول النامية يتحقق في النظام البرلماني من الناحية الواقعية، ولكنه يصبح دستوريا في الدول النامية التي تأخذ بالنظام الرئاسي، ويرجح أن يكون السبب الرئيسي لهذا الفشل وهذا الانحراف هو تفشي ظاهرة تركيز السلطة في الهيئة التنفيذية أو بالاحرى هيمنة رئيسها على النظام برمته[1]. بحيث تكون شخصية الزعيم هي المصدر الرئيسي للشرعية وهنا تسمى(بالشرعية الكاريزمية أو الشخصية) والتي تكون فيها شخصية الزعيم هي "معقد الأمل و موطن الرجاء وهو المنقذ الذي على يديه الخلاص"[2]. إذ أن تركيز السلطة الاقتصادية والاجتماعية بين أيدي أقلية في هذه البلدان يجعل من المتعذر أن تعمل المؤسسات الديمقراطية - على النمط الغربي - بصورة صحيحة والذي يؤدي بالنتيجة إلى تركيز السلطة في يد السلطة الحاكمة[3].

ويشار هنا إلى أن النظم السياسية المسطرة في دساتير هذه الدول لا تشير صراحة إلى تبنيها لمبدأ تركيز السلطات، بل أنها تحرص اشد الحرص على أنها تأخذ

---

[1] د.محمد كاظم المشهداني - المصدر السابق - ص101، 116.
فالملاحظ على معظم دساتير العالم الثالث أنها تجعل مركز رئيس الدولة قويا وفعالا إلى حد كبير، بحيث تتركز كل السلطات بين يديه: "فهو رئيس الدولة ورئيس السلطة التنفيذية والحكم بين السلطات وهو الذي يدعو البرلمان إلى الانعقاد ويفض انعقاده ويملك حق حل البرلمان وله سلطة اقتراح القوانين والاعتراض عليها وإصدارها وإصدار اللوائح التنفيذية ولوائح الضبط واللوائح المستقلة وإعلان حالة الطوارئ واتخاذ الإجراءات السريعة لمواجهة الخطر وإعلان الحرب وإبرام المعاهدات وحق العفو واستفتاء الشعب في المسائل الهامة ووضع السياسة العامة للدولة، ثم انه القائد الأعلى للقوات المسلحة ورئيس المجلس الأعلى المهيمن على شؤون القضاء ورئيس الجهاز الأعلى المهيمن على شؤون الشرطة، فضلا عن سلطته المطلقة في الشؤون الخارجية" انظر د. عبد الله إبراهيم ناصف - مدى توازن السلطة السياسية - المصدر السابق - ص261.

[2] د.محمد ماهر أبو العينين - الانحراف التشريعي والرقابة على دستوريته - دار النهضة العربية - 1987 - ص649.

[3] محمد فريد حجاب - أزمة الديمقراطية الغربية وتحدياتها في العالم الثالث - بحث منشور في كتاب المسالة الديمقراطية في الوطن العربي - مركز دراسات الوحدة العربية - الطبعة الأولى - 2000 - ص99.

بمبدأ توزيع السلطات على هيئات متعددة، في حين أن واقعها السياسي الحقيقي في ظل هـذه الدساتير, يشير, بشكل لا يدعو إلى الشك، إلى أنها تأخذ بمبدأ تـدرج السـلطات، بحيث تكون السلطة الحقيقة بيد شخص واحد أو هيئة واحدة بينما تكون الهيئات الأخرى مجرد هيئات تابعة أو ثانوية[1].

وإذا كانت الدول الديمقراطية تستند فيها البرلمانات إلى إرادة شعبية حقيقية تعبر بصدق عـن رأي الشعب وإرادته لان الأغلبية القائمة بإصدار القانون، غالبـا مـا تعبر بصـدق عـن رأي الشـعب وإرادته، أو على الأقل تخشى الرأي العام وقوة تأثيره، لذلك يمكن القول بتعذر النيل من الحريـات عـن طريق التشريع المنظم للحريات، فلا يتصور في هذه الأنظمة أن ينحـرف المشرـع في ممارسـة الوظيفـة التشريعية عن طريق إصدار قوانين تقيد الحقوق والحريات أو تنتقص منها[2]. ولكـن الواقع السـياسي لأكثر الأنظمة ديمقراطية يشير بشكل لا يدعو إلى الشك إلى التأثير السلبي الذي افرزه ظهور الأحزاب السياسية والتداعيات الخطيرة التي خلفتها على الأسس التي تستند إليها فكرة الديمقراطيـة النيابيـة أساسا، فمن الملاحظ أن عضو البرلمان في الغالب يرجح المصالح الحزبية على الصالح العام، ويـأتي ذلك تأسيسا على حقيقة أن الأحزاب هي نفسها تميل إلى تغليب مصالحها الخاصة عـلى المصالح العامـة، فكثيرا ما يوافق عضو البرلمان على قانون ما دون دراسته، وقد يكون من اشد معارضيه في قرارة نفسـه، إرضاءً لحزبه أو كيدا لخصومه[3].

---

[1] د.محمد ماهر أبو العينين - المصدر السابق - ص646.
[2] د.عبد الوهاب محمد عبده خليل- المصدر السابق- ص402.
[3] إذ أن المسالة ليست مسالة مبادئ أو برامج بقدر ما هـي سطوة وسيطرة مؤسسـات وأجهـزة ضـخمة هـي الأحزاب السياسية على النواب الذين يمثلونها في البرلمان، والتي تكون أكثر شـدة وقسوة مـن سطوة الأحزاب عـلى الأعضاء الآخرين، فالحزب يفرض رأيه على النواب فرضا لا يترك لهم معها أي فسحه لحرية الاختيار، لذا يصدق القـول أن المناقشات والخطب التي تلقى في أروقة البرلمان لا طائل ولا فائدة ترجى منها، ذلك أن القوانين والقرارات قد بحثت سلفا في اجتماعات الحزب وقد اتخذت المواقف بشأنها في مكاتب الحزب، وقد عبر عن ذلك نائب بريطاني بالقول "لقد سمعت الكثير من الخطب التي غيرت رأيي ولكن لم اسمع خطبة واحدة غيرت صوتي"، انظر في كل مـا تقدم الدكتور عبد الحميد متولي - أزمة الأنظمة الديمقراطية - 1952- ص40.

فإذا كان هذا هو الحال في الأنظمة الديمقراطية التعددية، فان الحديث ذو شجون في الدول التي تأخذ بنظام الحزب الواحد أو الحزب المسيطر والذي يتمتع بأغلبية برلمانية ساحقة وغالبا ما يكون رئيس الحزب هو رئيس الدولة لذا يبقى الحزب في السلطة لفترات طويلة ترتبط ببقاء رئيس الدولة في السلطة، أما الأحزاب الأخرى - إن وجدت - فأنها تكون هزيلة ولا تأثير لها ولا تتمتع باستقلال فعلي وتلعب دور الواجهة للإيحاء فقط بان هناك تعدد أحزاب[(1)].

وفي هذا الصدد يشار إلى ما هو ملاحظ من أن قوانين الطوارئ في حالة انعقاد دائم في العديد من دول العالم الثالث والتي تنطوي على سلطات واسعة للسلطة التنفيذية وتفرض قيودا خطيرة على حقوق الإنسان وحرياته الأساسية[(2)], والتي

---

(1) د.عبد الله إبراهيم ناصف - مدى توازن السلطة - المصدر السابق - ص 259 ,260، وانظر الجداول التي أوردها هذا المصدر في بيان الدول التي يسود فيها نظام الحزب الواحد والتي يسود فيها نظام الحزب المسيطر في الصفحات (257- 259).

(2) د. كريم يوسف كشاكش - المصدر السابق - ص238.
وتتخذ هذه السلطات الواسعة الإشكال التالية:

1. تحويل السلطة أو انتقالها، إذ تحتل السلطة العسكرية مكان السلطة المدنية في ممارسة السلطات العامة للضبط.
2. توسيع سلطات الضبط الاعتيادية، فتباشر السلطة القيام بإجراءات تحد من الحريات العامة كالقيام بالتفتيش نهارا وليلا لبيوت المواطنين والتثبت من صحة الأوراق الثبوتية لحاملها وتبعد الأشخاص عن مكان سكناهم وتمنع القيام بالتجمهر أو عقد الاجتماعات العامة.
3. شمول اختصاص المحاكم العسكرية للإفراد المدنيين فتنظر المحاكم العسكرية في قضايا تخص نشاطات المدنيين. لذا فان الإجراءات تمتد لتشمل المدنيين في الملاحقة والمتابعة للتصرفات والأعمال الاعتيادية لها من خلال المراقبة، د. حسان محمد شفيق العاني - نظرية الحريات العامة تحليل ووثائق - كلية العلوم السياسية جامعة بغداد - 2004 - ص31.

يفترض بها أن لا تعلن إلا في حالات الضرورة القصوى ووفق شروط وأوضاع خاصة تتحدد فيما يعرف في الفقه الدستوري بنظرية الضرورة[1].

لذا يصدق القول أن نظم الحكم في الغالبية العظمى من دول العالم الثالث يطغى عليها طابع الحكم المطلق الذي تتركز فيه سلطة الحكم في يد رئيس الدولة، حيث تعاني هذه الدول من ضعف المؤسسات الدستورية والسياسية وتبعيتها للسلطة التنفيذية وموالاتها لها[2], فقد أضحت ظاهرة مركزية السلطة التنفيذية وتضخمها على حساب البرلمان من مسلمات هذا العصر[3], وفي مثل هذه الأحوال يصبح من المتوقع جدا أن تصدر تشريعات تتضمن مساسا بالحريات والحقوق وانتقاصا منها، وذلك استنادا إلى انحراف السلطة التشريعية وإساءة استخدام وظيفتها[4].

ونشير أخيرا إلى أن ظاهرة تركيز السلطة وإطلاقها إلى أقصى حد أضحت، كما يذهب بعض الفقهاء، ظاهرة مرشحة إلى الاستمرار منها إلى الزوال، وأنها – أي

[1] والتي سنأتي على بيانها في الفصل الثاني من هذه الرسالة.

[2] د. عبد الحميد متولي – نظرات في أنظمة الحكم في الدول النامية – المصدر السابق – ص13.

[3] د. صلاح الدين فوزي – واقع السلطة التنفيذية في دساتير العالم- دار النهضة العربية -2003 – المقدمة.

[4] وفي هذا المجال يقرر الدكتور احمد السنهوري أن الانحراف التشريعي ما هو إلا مرحلة تطور ثالثة تأتي تتويجا لمرحلتين سابقتين هما التعسف في استعمال الحق ونظرية الانحراف في استعمال السلطة الإدارية، فإذا كان بالا مكان تصور تعسف الشخص في استعمال حقه وانحراف الإدارة في استعمال سلطتها الإدارية، فما الذي يمنع البرلمان من الانحراف في استعمال سلطته التشريعية، انظر مقال د.احمد عبد الرزاق السنهوري – الانحراف في استعمال السلطة التشريعية – مجلة مجلس الدولة -1951- ص60. هذا وقد تعرض تصور الدكتور السنهوري حول فكرة الانحراف التشريعي إلى جملة من الانتقادات من الفقه المصري لا تتعلق بوجود أو عدم وجود الانحراف التشريعي، وإنما تتعلق بالأسس التي استند إليها الدكتور السنهوري في تحليل فكرة الانحراف، انظر تفصيلا في ذلك د. محمد ماهر أبو العينين – المصدر السابق – ص241- 291.

السلطة - قد تغيرت كثيرا، سواء أكان في مداها أم أهدافها أم طبيعتها، وان هذا التغيير الجوهري في طبيعة السلطة قد اثر تأثيرا حاسما في تحديد مدلول الحرية وطبيعتها وأبعادها التي تتواءم مع ظاهرة السلطة الجديدة[1].

الفرع الثاني

عدم اكتمال فكرة المؤسسة

لقد ترافق ظهور الدولة، مع تطور ونمو الإنتاج، وتطور مختلف أشكال العلاقة بين المجموعات البشرية فيما بينها، سواء أكانت علاقات التبادل، أم المجابهة، تلك العلاقات التي تطلبت وجود سلطة تنظمها، تلك السلطة التي تجسدت في مراحلها البدائية في فرد واحد، وهو شخص الزعيم. وبعد أن أثبتت عملية التطور هشاشة سلطة الفرد وزوالها بزواله، فرضت صيغة جديدة لسلطة تنظيم العلاقات في المجتمع، ومع المجتمعات المجاورة والتي هي الدولة[2].

فقد انتهى فقهاء القانون الدستوري إلى أن الدولة بمفهومها الحديث وجدت عندما انفصلت شخصية الدولة وسلطتها و ذمتها المالية عن أشخاص الممارسين للسلطة أو أصحاب حق التصرف فيها (الملك أو الحاكم أيا كان), وعندما أصبحت السلطة اختصاصا وليست ملكا أو ميزة شخصية[3].

---

(1) د.محمد عصفور – أزمة الحريات في المعسكرين الشرقي والغربي – الطبعة الأولى – 1961 – الفقرة (ر – غ) من المقدمة.

(2) جماعة الأخوان المسلمين في سوريا - الدولة القابلة للبقاء – موقع الأخوان المسلمين في سوريا - شبكة المعلومات الدولية.

(3) د.يحيى الجمل – أزمة الديمقراطية في الوطن العربي – بحوث ومناقشات الندوة الفكرية التي أقامها مركز دراسات الوحدة العربية – الطبعة الثانية – بيروت – 1987 – ص366.

وتميزت الدولة عن سلطة الفرد، بأنها ذات أثر معنوي، وليس شخصي، وبأن سلطة الدولة تبنى على أسس قانونية يتفق عليها أبناء المجتمع، التي تجعل من مسألة ممارسة الحكم وظيفة محددة، تتم على وفق آليات قانونية واضحة وثابتة، يقبل بها أبناء المجتمع ويرضون عنها. ولاستكمال عملية وجود سلطة الدولة، كقوة منظمة لعمل الجماعة، شكلت أجهزة متخصصة، على وفق قوانين تصاغ في المجتمع، ويديرها موظفون وسياسيون، يدعون رجال الدولة. بالتالي أصبحت أحد أهم الأسس التي تقام عليها الدولة، المتميزة عن سلطة الزعيم (الفرد)، تلك الأسس التي تستطيع الدولة بفضلها الاستمرار، وأهمها وجود مؤسسات تحوز على التوافق والقبول من قبل أبناء المجتمع، سواء أكانوا من الحاكمين أم المحكومين[1].

فلم تعد الدولة الحديثة مجرد شعب وإقليم وحكومة، وإنما أصبح معيار وجود المؤسسات المستمرة واعتبار الدولة هي مؤسسة المؤسسات وان الحكام ليسو ملاكا لسلطة الدولة وإنما هم يمارسون اختصاصات محددة سلفا، هو المعيار الأساسي في الدولة الحديثة. فضلا عن فكرة السيادة الشعبية وسيادة القانون، والتي تمثل أعمدة اللعبة السياسية التي يقوم عليها نظام الحكم والتي يزاول فيها الحكام اختصاصات حددها الدستور ولا ينقضون على السلطة انقضاضا ثم يمتلكونها وينفردون بها[2].

وذلك أن عدم وجود مؤسسات مستمرة ومستقرة وغياب القانون وسيادة الولاء العشائري يؤدي إلى ضمور فكرة الدولة بمفهومها الحديث، الأمر الذي يترك أثارا وخيمة على النظام السياسي إذ يتحول في الغالب إلى نظام عشائري لا يقوم على أساس وحدود دستورية واضحة، وإنما يقوم على نوع من العلاقات والروابط البدائية والتي تؤدي بالنتيجة إلى تركيز السلطة تركيزا شديدا في يد رئيس الدولة – باعتباره

---

[1] جماعة الأخوان المسلمين في سوريا - المصدر السابق - شبكة المعلومات الدولية.

[2] د.يحيى الجمل - أزمة الديمقراطية - المصدر السابق - ص365, 366، 368.

رب العائلة أو شيخ القبيلة أو العشيرة أو بديلا عن ذلك كله - وينتفي إلى حد كبير مبدأ الفصل بين السلطات أو استقلال السلطات عن بعضها البعض لكي تحد كل منها الأخرى وتراقبها، لذا يبدو جليا رجحان وتفوق السلطة التنفيذية، وعلى رأسها رئيس الدولة، بطبيعة الحال، على السلطة التشريعية والتي كان الأمل معقود عليها لمراقبة السلطة التنفيذية ومحاسبتها على كافة إعمالها وتصرفاتها، وهذا الأمر يشمل السلطة القضائية أيضا، إذ لا يمكن القول في ظل هذه الأحوال أن القضاء مستقل ومحايد وفعال وكونه أهم حصانه وضمانه ضد انتهاك السلطة التنفيذية وتعديها على حقوق الأفراد وحرياتهم[1].

ولما كانت السلطة في المجتمعات العربية لم تتأسس بعد على نحو كاف، ولم تستوعب بعد فكرة ماسسة السلطة - إن صح التعبير - أي قيام دولة المؤسسات، بالمعنى الحديث للمؤسسة، كالبرلمان والقضاء المستقل والأحزاب والنقابات والجمعيات... والتي يمارس الحكم فيها على أساس الأغلبية السياسية الحزبية وتحترم حقوق الإنسان السياسية والاجتماعية والاقتصادية والثقافية، في حدها الأدنى على الأقل[2], والذي ربما يعود إلى حداثة قيام الدولة نسبيا[3]، واستمرار المفاهيم القبلية

---

(1) د. يحيى الجمل - أزمة الديمقراطية - المصدر السابق - ص368.

(2) محمد عابد الجابري - إشكالية الديمقراطية والمجتمع المدني في الوطن العربي - بحث منشور في كتاب المسالة الديمقراطية في الوطن العربي - مركز دراسات الوحدة العربية - الطبعة الأولى - 2000 - ص184.

(3) ويشير البعض إلى أن القوى الاستعمارية قد فرضت نمط المؤسسات القانونية والسياسية الموجودة فيها على الدول المستعمرة، والتي جرى الاحتفاظ بها والتمسك بها حتى في عهد الاستقلال في كثير من الحالات، وبالتالي أصبحت الدولة في الدول العربية والعالم الثالث - في الغالب - لا تعبر عن خصوصية ثقافية ولاعن تطور تاريخي طبيعي ولاعن خصائص المجتمع وتكويناتة الاجتماعية والحضارية، والتي يحلو لبعض الباحثين أن يطلق على هذا النمط من الدول اسم "الدولة ما بعد الاستعمارية"، محمد فريد حجاب - المصدر السابق - ص93.

والأسرية في عدد من الدول العربية، وتعود كذلك إلى انتشار الحكم الفردي والذي تختلط فيه شخصية الحاكم بشخصية الدولة. لذا كان الحكام العرب، ومازالوا, يتمتعون بسلطات فعلية تفوق إلى حد كبير الحدود والقيود المرسومة في الأطر القانونية والنظامية التي تنظم سلطاتهم وقيودهم، والتي تبدو في الأعم الأغلب هي "قيود ذاتية يخلعونها عن أكتافهم كلما بدا لهم ذلك"، وهذا ما يفسر حقيقة أن شخص الحاكم متداخل، في وعي جهاز السلطة وفي وعي الجماهير, بشخصية الدولة، لذا فان الولاء السياسي يظل ولاء لشخص الحاكم، وان الخلاف مع شخص الحاكم يصنف على انه خلاف مع الدولة وتعدي على الولاء لها[1].

وتأسيساً على ذلك نستطيع القول أن الغالبية العظمى من الدول العربية لازال حكامها يؤمنون بما كان يؤمن به (لويس الرابع عشر) والذي كان يقول (أنا الدولة والدولة أنا)، والذي كان يعبر عن حقيقة كانت قائمة في عصره، والتي يطلق الفقه الدستوري عليها (شخصية سلطة الدولة)، أي التصاق سلطة الدولة بشخص الحاكم حتى تبدو وكأنها ملكا له وليست مجرد اختصاص يمارسه . ويمكن القول كذلك أن الغالبية العظمى من الشعوب العربية لازال ولائها الأساسي هو للعائلة أو للعشيرة أو للقبيلة وليس للدولة ككل، والذي يأتي - أن وجد - في مرتبة تاليه. فقد أخذت أما صورة حكم الفرد المستبد، أو صورة حكم الاستبداد العائلي حين تستأثر عائلة واحدة في إدارة الدولة، وقد يأخذ صورة العشيرة أو القبيلة المستبدة، ويسود في بعض المجتمعات نظام الاستبداد الحزبي إذ يحكم الدولة والمجتمع حزب واحد وتلغى بواسطته الأحزاب الأخرى المعارضة وتنظيمات المجتمع المدني كافة.

(1) د. احمد كمال أبو المجد - أزمة الديمقراطية في الوطن العربي - بحوث ومناقشات الندوة الفكرية التي أقامها مركز دراسات الوحدة العربية - الطبعة الثانية - بيروت -1987 -ص383, 386.

إذ أن حقيقية الحكم في دولة القانون في الوقت الحاضر أصبحت تتجلى في التقييد بالأحكام القانونية والخضوع للمؤسسات بدلاً من الخضوع والطاعة لأشخاص للحكام. فقد أصبح راسخا في المجتمعات المتقدمة في مجال الديمقراطية وحقوق الإنسان أن الطاعة للقانون وليس للحكام، وهذا هو مقصد دولة القانون[1].

الفرع الثالث

انحسار الوعي وضعف الرأي العام

أن الرأي العام أضحى ظاهرة لا يستطيع أي نظام سياسي مهما كان شكله أو طبيعته أن يتجاهلها، إلا أن دوره وتأثيره في الحياة العامة يتباين ويختلف من بلد لأخر وفقا لدرجة تطور البلدان وخلفياتها الحضارية والقيم السائدة فيها وطبيعة المؤسسات السياسية القائمة[2].

لذلك فان رقابة الرأي العام كضمانة للحقوق والحريات تعد من اعز الضمانات من حيث التحقيق، فهي لا تتحقق ألا في الدول التي تحظى شعوبها بفرص وافية للارتقاء وبغزارة تجارب الكفاح الدستوري، ويتمتع هذا الشعب بحرياته الأساسية اللازمة لتكون الرأي العام ومباشرة التأثير من الحرية الشخصية وحرية الرأي وحرية الاجتماع وحرية الصحافة ووسائل الإعلام[3].

(1) د.سام دله – دولة القانون الضرورة والمقدمة للشروع في التنمية – موقع لجان أحياء المجتمع المدني في سوريا – شبكة المعلومات الدولية.

(2) ذلك أن الرأي العام في المجتمعات الحديثة يختلف عنه في المجتمعات البدائية، ويختلف في الدول المتقدمة صناعيا عنه في الدول النامية، كما أن الرأي العام في النظام الرأسمالي يتكون ويؤثر بشكل يختلف عما إذا كان النظام اشتراكي، انظر د.صادق الأسود – الرأي العام - المصدر السابق – ص143.

(3) د.كريم يوسف كشاكش – المصدر السابق – ص512, أما إذا لم يستطع الشعب التعبير عن سخطه وعدم رضاه على وقائع معينة بشكل صريح وذاك بسبب غياب الحريات العامة المتصلة بالتعبير عن الرأي، فان الرأي العام في هذه الحالة يعد رأيا عاما باطنيا، انظر د.رمزي طه الشاعر – المصدر السابق – ص581.

فعندما لا يمتلك الشعب الوعي الكافي الذي يؤهله لإدراك حقيقة كونه صاحب السلطة الحقيقي وانه مصدر السلطة وشرعيتها - وانحسار الوعي هذا لدى الشعوب، يكون مرده، في الغالب، عدم وجود الرغبة الكافية لديها ولا الوسائل اللازمة لمراقبة الحكام والتأثير في قراراتهم، فإنه يبدو جليا وواضحا صعوبة تكوين رأي عام فعال ومؤثر أو ثقافة سياسية عامة - حينها تصبح الديمقراطية في هذه الحالة لا معنى لها ولا اثر[1]، وتغدو غير قابلة للتطبيق في مجتمع لا يتيسر فيه لمجموع المواطنين حد أدنى من الثقافة و لا يكون للوسائل الديمقراطية كالانتخاب أي أهمية إذا كانت الجماهير لا تفهم ماهية المسائل الأساسية المطروحة عليها[2].

ويعود السبب وراء ذلك إلى تفشي مشكلة الأمية من جهة، و سيطرة الحكومات و امتلاكها لوسائل الإعلام المختلفة، من جهة أخرى "هذا فضلا عن الخوف من الجوع في هذه المجتمعات الضعيفة يقضي في الكثير من الحالات على الحس الوطني"[3]. فالملاحظ في المجتمعات التقليدية التي لم تعرف التطور التقني بدرجة عالية، هو الانتشار الواسع للامية واستنفاذ ضرورات كسب العيش معظم أوقات الأفراد وطاقاتهم والتي لا يجري تكريسها لكسب حد أدنى من الثقافة السياسية والوعي المدني[4]. كما أن الوسائل الحديثة لنشر الأفكار، وأهمها الصحافة والإذاعة

---

(1) محمد فريد حجاب - المصدر السابق - ص96.

(2) د.صادق الأسود - علم الاجتماع السياسي، أسسه وأبعاده - دار الحكمة للطباعة والنشر - بغداد - 1991 - ص215.

(3) محمد فريد حجاب - المصدر السابق - ص96.

فقد مكنت الوسائل الحديثة لنشر الأفكار، وأهمها الصحافة والإذاعة والتلفزيون، الحائزين على مصادر القوة المالية أو السلطة السياسية من التأثير والسيطرة على الرأي العام.

(4) د.صادق الأسود - علم الاجتماع السياسي - المصدر السابق - ص215، 216.

والتلفزيون، مكنت الحائزين على مصادر القوة المالية أو السلطة السياسية من التأثير والسيطرة على الرأي العام وتوجيهه الوجهة التي تتفق و مصالحها وطموحاتها[1].

غير أن تعامل سلطة الدولة مع الرأي العام يختلف باختلاف طبيعتها وأهدافها وأشكال مؤسساتها، والتي قد تحاول السيطرة على الرأي العام أو تنظمه أو تحركه حسبما تقتضي ـ مصالحها وتوجهاتها أو ربما تضطر السلطة إلى تتبع الرأي العام وتنسق إجراءاتها مع اتجاهاته[2].

الفرع الرابع
التطور التكنولوجي

على خلاف ما كان يعتقد البعض من أن التقدم الصناعي والتكنولوجي الهائل سيؤدي إلى سعادة الإنسان الفرد وتعزيز حقوقه وحرياته، وبالتالي ازدهار ونمو الديمقراطية[3]، لأنه يقلل من حدة الصراعات السياسية بين القوى الاجتماعية، فهو يساعد على زيادة الإنتاج ويقضي على العوز الذي هو أهم مصادر النزاعات في المجتمع[4]، فان ما حدث نتيجة لهذا التقدم العالي النمو هو اضطراب الفرد وانحسار الديمقراطية الكلاسيكية وانكفائها وعجزها عن التأقلم مع ظروف المجتمعات الصناعية المتقدمة، والذي أدى إلى حدوث خلل كبير في أساليب وميكانيكيات التوازن التقليدية النظم السياسية التقليدية والتي باتت عاجزة عن إقامة التوازن السياسي في المجتمع[5].

---

[1] حيث أن هذه الوسائل الحديثة وإدارتها وتوجيهها يتطلب إمكانيات مالية هائلة لذا فان السيطرة عليها آلت أما إلى الحكام السياسيين أو إلى أصحاب رؤوس الأموال، د. عدنان حمودي الجليل – المصدر السابق – ص99 – 100.

[2] د.صادق الأسود – الرأي العام والإعلام – بغداد – 1990– ص142 وما بعدها.

[3] د. عبد الله إبراهيم ناصف – مدى توازن السلطة – المصدر السابق – ص215.

[4] د. صادق الأسود – علم الاجتماع السياسي – المصدر السابق – ص218.

[5] د. عبد الله إبراهيم ناصف – مدى توازن السلطة – المصدر السابق – ص215.

فقد انتهى البعض إلى أن التكنولوجيا أصبحت تمثل - بحق - "كابوس الحرية الذي قهر حقوق الإنسان بوسائله المعقدة التي أخضعت إنسان اليوم تحت قبضة الخوف والفزع والعجز عن حماية ذاته بفضل ثورة العلم والتكنولوجيا"[1].

حيث أن كل هذه الأساليب الحديثة في النشر والأعلام وغيرها، قد غيرت مدلول الحريات التقليدية وأصابتها بأزمة عنيفة، وقد تبدى ذلك واضحا، من أن احتكار تلك الأساليب في أيدي نخبة قليلة من الأفراد يجعلها قوة هائلة بلا شك، وييسر لها سبل السيطرة على الحكم والاستحواذ عليه والاستبداد بحقوق الأفراد وحرياتهم، وإخضاعهم لإرادتها وتوجيهها[2]. وأمام هذا الزحف التكنولوجي وما يحمله من أخطار كبيرة وجدية على كيان الفرد المادي والمعنوي، وأمام قصور النصوص التشريعية على المستويين الجنائي والمدني في القانون المقارن، بات لزاما على المشرع الحديث أن يتدخل لمجابهة هذا الخطر على نحو يكفل حماية الإنسان في حياته الخاصة، والتي أصبحت في خطر شديد"فأسرار الناس باتت شبه عارية، وغدا من الممكن التقاط الصور وتسجيل الأحاديث بيسر وسهولة ودون علم من المجني عليه". ذلك أن استخدام وسائل المراقبة الالكترونية الحديثة - سواء أكانت بطريق التصنت أو التسجيل - هي بالتأكيد قيد على حق الفرد في الخلوة وحريته في الحديث، التي كفلتها كافة الدساتير وإعلانات حقوق[3].

[1] صلاح الدين حافظ - أحزان حرية الصحافة - مركز الأهرام للترجمة والنشر - القاهرة - 1993 - ص96 - 97، ورد ذكره في د. عبد الوهاب محمد خليل - المصدر السابق - 415.

[2] د. كريم يوسف كشاكش - المصدر السابق - ص120.

[3] د. كريم يوسف كشاكش - المصدر السابق - ص100، 101.

من ناحية أخرى، فان الأقمار الصناعية وأجهزة التصوير والتجسس ومراقبة المواصلات السلكية واللاسلكية الحديثة قد زود السلطات الحاكمة بوسائل جديدة تستطيع من خلالها انتهاك حرمات المساكن وإهدار الحريات الشخصية للإفراد[1].

لذا يمكن القول أن التقدم التقني جعل التوازن - المسلم به في الأنظمة الديمقراطية التقليدية – بين السلطات المختلفة، وبشكل خاص بين السلطة التشريعية والتنفيذية، مختلا لصالح السلطة التنفيذية[2], فقد عزز التقدم التقني سلطة الدولة اتساعا وعمقا، وأمدها بوسائل ضغط ضد المواطنين يصعب مقاومتها. فهي تستطيع أن تتنبأ بردود الفعل التي قد تثيرها سياسة معينة أو قانون أو قرار أو حديث سياسي حتى قبل أن تقع، وذلك بفضل الأجهزة المختلفة التي تستخدمها. حتى إذا ما وقعت الإحداث كالثورات و الاضرابات والمظاهرات وغيرها، بادرت السلطة إلى تحريك أجهزة كاملة العدة والعدد لمقاومتها[3]."حيث أن التقدم الهائل في مجال السلاح قد وضع تحت تصرف الأجهزة الحكومية وسائل جديدة للقمع والبطش والإرهاب يعجز الأفراد عن مقاومتها أو التصدي لها مما مكن بعض الحكومات المستبدة من إهدار حقوق الأفراد وحرياتهم والبقاء في السلطة رغم أرادتهم"[4].

---

[1] د. عدنان حمودي الجليل - المصدر السابق - ص101.

[2] د. مصطفى محمود عفيفي - المصدر السابق - 338، 339.

[3] ففي العصر الحديث مثلا يصعب القيام بثورة في بلد متقدم يملك جيشه أسلحة قوية لايمكن مقارنتها بالأسلحة التي يمكن أن يستخدمها الثوار وقد شخص (تر وتسكي) هذه الناحية أفضل من غيره حينما قال (لم يعد بالامكان القيام بثورة ضد الجيش)، انظر د. صادق الأسود - علم الاجتماع السياسي - المصدر السابق - ص220 - 222.

[4] د. عدنان حمودي الجليل - المصدر السابق - ص101.

المطلب الثاني
مظاهر تفوق السلطة على الحرية

أن ابرز المظاهر التي تترتب على غلبة وتفوق السلطة على الحرية، هي انحسار دور البرلمان سواء أكان في الرقابة أو التشريع (الفرع الأول)، و ظاهرة ضعف الرقابة من قبل المعارضة (الفرع الثاني)، و ضعف الرقابة من قبل الأحزاب (الفرع الثالث)، وأخيرا تفشي ظاهرة العنف السياسي الشعبي (الفرع الرابع). التي سنوردها تباعا فيما يأتي:

الفرع الأول
انحسار دور البرلمان

لاشك أن الظروف الجديدة التي تمر بها المجتمعات الصناعية المتقدمة، بالإضافة إلى سلوك حكومات هذه المجتمعات إزاء البرلمان، هي التي أدت إلى انحسار دور البرلمان وتدهوره, إلى الحد الذي يدعو إلى القول إلى أن ضعف البرلمانات وانحسار دورها، أضحت ظاهرة عامة في جميع النظم السياسية، فلم تعد البرلمانات تمارس وظائفها التقليدية الأساسية في التشريع والرقابة[1].

وكان من نتيجة ذلك حدوث اختلال خطير في دور البرلمانات في إيجاد الحرية والدفاع عنها، بل أن الأمر وصل إلى أكثر من ذلك حينما أصبحت البرلمانات تدعم السلطة ولو على حساب الحرية، وهذا ما يفسر صدور العديد من القوانين المقيدة للحرية أو التي تقيد ممارستها ممارسة كاملة أو قد يصل الأمر إلى حد مصادرة الحرية وإهدارها بصورة كاملة أو على الأقل تجعل ممارستها أمرا صعبا إلى حد كبير، وهذا ما

[1] د. عبد الله إبراهيم ناصف – مدى توازن السلطة - المصدر السابق – ص220.

أدى إلى افراغ ضمانة الحرية المستمدة من انفراد المشرع بأمر تنظيمها عن طريق القوانين التي يصدرها، من محتواها الحقيقي وجردها من قيمتها الحقيقية، وهذا ما أدى إلى انقلاب القانون من كونه خير ضمانة للحرية إلى مصدرا للخطورة والتهديد الحقيقي لها[1].

فيما يتعلق بوظيفة التشريع فيشار إلى أن نشاط السلطة التنفيذية في عالم اليوم يتسم بطابع فني معقد يصعب معه، في كثير من الأحوال، على البرلمانيين التصدي له وفهم المشكلات الفنية التي قد يثيرها ووضع الحلول المناسبة لها، وذلك لعدم توافر الخبرة العلمية الكافية والتخصص الفني اللازم[2].

هذا فضلا عن أن سلطة التشريع قد أصبحت بين يدي الحكومة، وان البرلمان يقتصر دوره في التصويت على عجالة على نصوص قد حررتها سلفا لجان فنية متخصصة، كما أن مشروعات القوانين التي تقرها البرلمانات عادة ما يكون (90%)

---

(1) د. عبد الوهاب محمد عبده خليل - المصدر السابق - ص417 - 419.

(2) والأسباب التي أدت إلى هبوط مستوى الكفاءة والجدارة لدى أعضاء البرلمان، هي جهل الناخبين وقلة صلاحيتهم لأداء مهامهم في اختيار المرشحين ذوي المقدرة والخبرة والكفاءة اللازمة للقيام بأعباء النيابة، وفي ذلك يقرر الأستاذ (بار تملي) أن الناخبين أنما يختارون في الغالب بين المرشحين الشخص المتوسط بل والرديء وانه يندر أن يقع اختيار الناخبين على الشخص نظرا لكفاءته وقيمته الشخصية، ويعود كذلك إلى الأساليب والحيل غير الشريفة التي ينتهجها الكثير من المرشحين والأحزاب في سبيل الفوز في الانتخابات، هذا فضلا عن أن السياسة - كما يرى الأستاذ (ايوبير) - " إنما تجتذب إليها العناصر قليلة الكفاءة في المهن والأعمال المختلفة، ويندر جدا أن نجد بين المرشحين أنفسهم للنيابة في البرلمان من لا يدفعه سوى شعور الخدمة العامة وحدها "، أما (المسيو جانييه) فيرى أن محترف السياسة هو "رجل ليست لديه آراء خاصة، وعلى قسط عادي من التعليم، وليست له مهنة أخرى سوى الاشتغال بالسياسة بحيث لو أغلق في وجهه بابها لأغلق معه باب الرزق فمات جزعا"، انظر في كل ما تقدم د. عبد الحميد متولي - أزمة الأنظمة الديمقراطية - المصدر السابق - ص82 - 84.

منها هي من اقتراح الحكومة ووزاراتها المختلفة، والباقي هو النسبة الحقيقية للمقترحات البرلمانية، وان البرلمانات أصبحت تكتفي بإدخال بالتعديلات الدقيقة المتعلقة بالتفاصيل دون أن يصل بها الأمر إلى رسم إطار عام للسياسة[1].

يضاف إلى ذلك إسراف البرلمانات في اللجوء إلى التفويض التشريعي، والذي يعني تخويل الحكومة في ممارسة التشريع نيابة عن البرلمان، والتي باتت ظاهرة عامة في مختلف الدول الديمقراطية الحديثة، والتي انتشرت منذ أوائل القرن العشرين وخاصة بعد الحرب العالمية الأولى نتيجة لازدياد تدخل الدولة واتساع مجالات السلطة وتنوعها[2]. حتى أصبحت سمة من سمات الدولة الحديثة، فقد أخذت به اغلب الدول حتى في غياب التنظيم الدستوري له، كما حصل في الولايات المتحدة الأمريكية، لا بل أن بعض الدول قد تم فيها اللجوء إلى التفويض التشريعي رغم وجود نص دستوري يشير إلى تحريمه، وهذا ما حصل في ظل دستور الجمهورية الرابعة الفرنسية[3].

مما أدى إلى إصابة البرلمانات بالشلل وصيرها إلى مجرد جمعيات استشارية، لا أكثر ولا اقل[4].

---

(1) د.عبد اللـه إبراهيم ناصف – مدى توازن السلطة - المصدر السابق – ص222، 223.

(2) هذا وقد أثار التفويض التشريعي جدلا كبيرا بين الفقهاء في فرنسا وإنكلترا والولايات المتحدة الأمريكية، لكن الحلول العملية هي التي فرضت نفسها في النهاية لصالح لأخذ به، الأمر الذي حدا ببعض الكتاب إلى الإشارة إلى التفويض التشريعي على أنها "الاستبداد الجديد"، د. عبد اللـه إبراهيم ناصف – المصدر السابق – ص222، 223.

(3) مروان محمد محروس – تفويض الاختصاص التشريعي – رسالة دكتوراه – كلية القانون – جامعة بغداد – 2000 – ص208.

(4) د.عبد اللـه إبراهيم ناصف – مدى توازن السلطة - المصدر السابق – ص220.

أما في مجال الرقابة يشار إلى أن البرلمانات لم تعد قادرة على القيام بمهمة الرقابة على السلطة التنفيذية، ولا يرجع ذلك فقط إلى نشاط السلطة التنفيذية الفني والمعقد، بل أيضا إلى ضعف المعارضة التي تعمل السلطة التنفيذية على حصر نشاطها في أضيق الحدود، فالحكومة والأغلبية البرلمانية هما المهيمنان على نشاط البرلمان. فجدول أعمال الجلسات يتحدد باتفاق الحكومة والأغلبية، وهو ما يجعل تسجيل اقتراحات القوانين أو الأسئلة التي تقدمها المعارضة تحت تصرف الممسكين بالسلطة الذين يجب مراقبتهم، وطبيعي أن الأغلبية لا تحبذ اللجوء إلى استخدام وسائل الرقابة التي يمكن أن تضايق الحكومة والتي هي جزء منها، بطبيعة الحال، كما أن إدارة اللجان البرلمانية وتشكيل لحان التحقيق أيضا في يد الحكومة والأغلبية والتي تمارس نشاطها بسرية[1].

إذا كان منطقيا أن يتحصل عن ضعف البرلمان تخليه عن دوره في التشريع والرقابة، إلا أن استبداد البرلمان هي ظاهرة أخرى ترتبط بضعف البرلمان وتدهور دوره تفوق في خطورتها ظاهرة ضعف البرلمان، والتي ترتبط، في الغالب، بالنزعة الحزبية التي تتولد لدى الأغلبية في سحق المعارضة والتي في كثير من الأحوال تنتهي بها إلى إتيان أعمال اقل ما توصف به هو الاستبداد، هذا فضلا عن النظرة النسبية المتغيرة إلى الحرية، فان أعمالا تصنف اليوم على أنها أعمالا استبدادية محرمة، كانت

---

(1) د.عبد الله إبراهيم ناصف – مدى توازن السلطة - المصدر السابق – ص221، ويشير المصدر نفسه إلى تراخي البرلمانات عن استخدام وسائل الرقابة المقررة لها تجاه السلطة التنفيذية في الأنظمة السياسية الغربية، فالبرلمان الإنكليزي ظل عاكفا عن اللجوء إلى سحب الثقة من الحكومة لفترة تزيد على نصف قرن من الزمان، وهذا ما حدا ببعض الفقهاء الغربيين إلى القول بان هذا الحق قد سقط بالتقادم نتيجة لعدم الاستعمال، وكذلك الحال بالنسبة لعدم استخدام الكونغرس الأمريكي لإجراء الاتهام الجنائي ضد الرؤساء، أو مجرد التهديد به، من سنة 1933 وحتى سنة 1974 حيث استقال الرئيس (ريتشارد نيكسون) خشية اتهام الكونغرس له، انظر ص222 من المصدر نفسه.

لا تعـد كـذاك في الديمقراطيـة القديمـة، ومـن الأمثلـة الواضـحة عـلى الاسـتبداد البرلمـاني هـو الجمعية النيابية التي انتخبها الشعب الفرنسي ـ عـام (1792) – أي في بدايـة عصرـ الثـورة الفرنسية – والتي يتفق المؤرخين على أنها قد اتخذت من الإجراءات الاسـتبدادية مـا لم يتخذه الملـوك والقيـاصرة المستبدين، والمثال الآخر هو ما عرف عن استبداد البرلمان الطويل والـذي أراد (كرومويـل) في انجلـترا القضاء على استبداده لذا نجده قد عمد فيما بعد إلى فصل السلطة التشريعية عن السلطة التنفيذيـة كما حرص على تأكيد استقلال القضاء[1].

ونتيجة لذلك فقد مرت البرلمانات بفترة طويلة من التدهور والخمول وانعـدام الفاعليـة، إلا أن الاعتقاد اليوم قد اتجه إلى أن التقدم نحو الديمقراطية يعتمد، أول ما يعتمد، عـلى وجـود برلمان قـوي وفاعل، لذا نجد العديد من الدول في العالم قد بدأت تعيد النظر في شكل البرلمان وسلطاته والاهـتمام بإجراء انتخابات دورية والتشديد على نزاهتها، وإتاحـة الفرصـة أمـام الـرأي العـام في متابعـة أعـمال البرلمان بوسائل مختلفة، والاهتمام بمتابعة أنشطته وملاحظة وتقيـيم أداء الأعضاء في الصـحافة، وفي نفس الوقت تزويـدهم بالمعلومـات والمعـارف القانونيـة والبرلمانيـة اللازمـة لممارسـة مهـامهم بشكل أفضل[2].

أما في البلدان النامية فقد أصبح الأمر أكثر تدهورا، فبعضها انعدمت فيها أية مؤسسات نيابيـة أو برلمانات منتخبة عند استقلالها، أو تحول العديد منها إلى مجرد أدوات لدعم الحاكم المتسلط بغـض النظر عن طريقة وصوله إلى الحكم، وهذا ما دفع البعض إلى القول، بـان البرلمانـات أصبحت عقبـة في طريق الديمقراطية وكان المرتجى منها أن تكون أداة لتحقيقها[3].

---

[1] د.عبد الحميد متولي – أزمة الأنظمة الديمقراطية – المصدر السابق – ص62 – 66.

[2] د. علي الصاوي – مستقبل البرلمان في العالم العربي – دار النهضة العربية – 2000 – ص11.

[3] د. علي الصاوي – المصدر السابق – ص11.

وفيما يتعلق بالدساتير العربية لاسيما التي وضعت في أعقاب الحرب العالمية الثانية، فالملاحظ عليها أنها بحق تطبيق واضح للإخلال بالتوازن المفروض بين السلطتين التنفيذية والتشريعية، حتى باتت السلطة الحقيقية تكمن في أجهزة التنفيذ وتحولت البرلمانات إلى مجرد " أشكال مظهرية تقرر ما تعرض عليها أجهزة الدولة التنفيذية ". وتعود أسباب هذا التردي والانحسار للبرلمانات العربية إلى بروز نظم حكم جديدة، لاسيما في الدول التي شهدت تغييرات ثورية، اقل ثقة وتمسكا بالمؤسسات البرلمانية، ذلك أن النخب الجديدة والتي قبضت على السلطة فيها، تتوجس من مؤسسات العهد البائد وتعتبرها جزءا من هيمنة النخب التقليدية التي كانت تسيطر على الحكومة والبرلمان، لذا فقد ركزت هذه النخب في أجندتها السياسية على التحديث المادي وجعل التحديث الاجتماعي مكملا له مع تأجيل التحديث السياسي إلى اجل معلوم أو غير معلوم[1].

الفرع الثاني

ضعف الرقابة من قبل المعارضة

لما كانت الرقابة هي ميزان المسؤولية والمدى الذي تصل إليه، و التي تقف حائلا دون الانحراف بالسلطة أو الاستبداد بها، وان المعارضة في الغالب تجند الاختصاصين في السياسة وغيرها من الاختصاصات ذات الصلة، لذا كانت المعارضة "هي الاحوط والأكثر خبرة لهذا كان النفور من الرقابة عموما عظيما ومن المعارضة أعظم"، وان تحريمها في النظم غير الديمقراطية يهدف في غايته النهائية إلى منع التداول السلمي للسلطة[2]. والتي تعد بحق أهم ميزة من مميزات السلطة في الدولة القانونية في

(1) د. علي الصاوي - المصدر السابق - ص11- 14.

(2) د. عبد الوهاب محمد عبده خليل - المصدر السابق - ص421.

النظم السياسية الديموقراطية، فالناخب الذي اختار سلطة ما، في وقت وظرف معين، له كامل الحق في تغيير رأيه، مع تغير الظروف، وتطور الأحداث. وهكذا يحصل التداول السلمي للسلطة، فمن تكون بيده السلطة اليوم، قد يصبح في المعارضة، في وقت لاحق، والعكس صحيح أيضا، ويشار إلى أن أهم المزايا التي تتحقق عن تداول السلطة على وفق الآليات الديموقراطية القانونية والشرعية، هي أنها تجعل من في الحكم، يحترم القانون، ويخفف من طغيانه وغلوه واستبداده، إذا كان يعلم مسبقا أنه سيسأل دائماً عن تصرفاته واحترامه للدستور والقانون الذي يحرسه ويسهر على احترامه وحسن نفاذه ؛ كما أن تداول السلطة، يحمي الدولة من احتكار واستئثار بعض السياسيين بها، تحت أية ذريعة ويزيدها قوة ومنعة، وهذا ما يساهم في بناء دولة الحق والقانون[1].

ذلك إن احتكار واستئثار البعض بالسلطة، يقوض من الممارسة السياسية في الدولة، ويجعلها حكراً على من في الحكم فقط، ويشعر بقية الشعب في الدولة وكأنهم غرباء عنها، بمقدار غربتها عنهم، ولا يشعرون تجاهها بالاحترام، ويتهربون من تنفيذ خططها، وتتولد لذلك حالة من الشعور بعدم مسؤوليتهم عما يصدر عنها، الأمر الذي يقلل من هيبة الدول ويضعفها، وربما يعرضها للانهيار وللسقوط، أو التفريط بسيادتها، عند أقل وأول اختبار داخلي أو خارجي. ذلك "إن تسييس الوظائف العامة العليا، وتوسيع نطاق العمالة والموالاة، وانتشار الفساد، يتلف روح الدولة، والتي أقيمت لتبطل تحويل السلطة إلى تراث وميراث، ولكن هاهي تقيمه من جديد.. ويحل النضال من أجل المناصب، محل مجابهة الأفكار.. فالدولة تنخفض حينئذ قيمتها في نظر موظفيها وكذلك في نظر جميع أعضائها"[2].

[1] جماعة الأخوان المسلمين في سوريا - المصدر السابق - شبكة المعلومات الدولية.

[2] انظر في كل ما تقدم، جماعة الأخوان المسلمين في سوريا - المصدر السابق - شبكة المعلومات الدولية.

وعلى الرغم من ذلك كله نجد الكثير من المراقبين، ومن خلال متابعة النشاط السياسي، ينتهون إلى أن الدول الصناعية المتقدمة وكأن الحياة السياسية فيها تسير بدون معارضة - اللهم إلا بعض الاستثناءات كايطاليا وبلجيكا وهولندا والدنمارك – ذلك إن أسلوب أو نظام تداول الحكم بين الأغلبية والأقلية والذي كانت تتميز به النظم السياسية التقليدية، قد ناله الشئ الكثير من الضعف والوهن وأصبحت الأغلبية تسعى بكل الوسائل إلى الاحتفاظ بالسلطة لأطول فترة ممكنة، حتى باتت تشبه شكل الحزب المسيطر، ولذلك أصبح كرسي الحكم بعيدا عن متناول المعارضة بفعل الاستقرار النسبي الذي تعيشه الأغلبية الحاكمة وهي في مأمن من الرقابة[1]. هذا من جانب ومن جانب أخر، الصعوبات التي تواجهها المعارضة في الظهور على الأغلبية وتقديم مشروع سياسي بديل عن مشروع السلطة الحاكمة ينال رضا وقبول الناخبين واستحسانهم، وهم بطبيعة الحال، الطريق إلى السلطة في الدولة الديمقراطية[2].

---

[1] وفي ذلك يشير (شفارزنبرج) في كتاب له وضعه في عام (1971)، إلى أن حكومات الدول الليبرالية تشهد استقرارا ملحوظا ويقدم إحصائية لذلك:

- ففي السويد (35) سنه حكومة اشتراكية ابتداءا من 1932.
- في المانيا (17) سنه حكومة ديمقراطية مسيحية (1949 – 1966).
- في النرويج (16) سنه حكومة ديمقراطية اشتراكية (1945 – 1961).
- في ايطاليا فترة طويلة من حكومة ديمقراطية مسيحية.
- في اليابان (36) سنه من الحكم الليبرالي، ابتداء من سنه 1947.
- في فرنسا منذ (1958) وحتى أوائل سنه 1981، يحكم اليمين تحت أسماء مختلفة ومع حلفاء مختلفين، ورد ذكره في د. عبد الله إبراهيم ناصف – مدى توازن السلطة - المصدر السابق – ص224.

[2] د. عبد الله إبراهيم ناصف – مدى توازن السلطة - المصدر السابق – ص225.

ونشير أخيرا إلى أن المعارضة السياسية قد تلعب دوراً سلبيا في ترسيخ الاستبداد وتأصيله، إذا كانت هذه المعارضة بعيدة، نوعاً ما، عن مطالب وتطلعات الشعوب والجماهير وآمالها، بحيث تفقد وقودها الدافع في مواجهة الاستبداد القائم والتصدي له، وهي بذلك تضر أكثر مما تنفع، وتعوق أكثر مما تسهل حياة الأفراد والشعوب، وهذا ما هو حاصل في البلدان العربية[1].

ونظرياً يمكن للمعارضة السياسية أن تسهم في تدعيم المنطق الاستبدادي، ويحصل ذلك إذا فقدت المعارضة معناها الحقيقي، وذلك إما لأن من يعارضون لا يصلحون بالأساس لتبني خطاب معارض، الأمر الذي يترتب عليه عدم التفات النظام القائم إليهم أو التخوف، بشكل جدي، من نشاطهم وآرائهم، وإما لأن يد السلطة تقبض على أعناقهم، بحيث تشل قدرتهم على الحركة وتصيرهم إلى مجرد مناوئين للنظام أكثر من كونهم يعبرون عن توجه معارض. أو ربما تكون المعارضة نفسها متورطة مع النظام القائم، بحيث تبدو مستفيدة من الوضع القائم، وغير جادة في تغييره، وهنا تبدو المعارضة وكأنها مجرد ديكور شكلي، يقصد من وراءه إضافة حيوية على النظام القائم ودعم شرعيته، حتى يبدو وكأنه نظام ليبرالي يقبل ويقر بوجود المعارضة ويتحمل دورها ونشاطها، في حين أنه - فعلياً- قد قام بعملية غسل دماغ لهذه المعارضة، ودجن قادتها، وحولهم إلى مجرد تابعين له أكثر من كونهم مناوئين."وفي كلتا الحالين تصبح المعارضة عامل دفع لاستمرار الاستبداد وترسيخه، بحيث تعطي النظام أكثر مما تأخذ، وذلك من منطلق أن أقصى طموحاتها نيل جزء من وهج السلطة ونعيمها، وليس تحقيق مطامح الناس وآمالهم"[2].

---

(1) **خليل العناني – دور المعارضة في ترسيخ الاستبداد – موقع التجديد العربي - شبكة المعلومات الدولية.**

(2) **خليل العناني – المصدر السابق – شبكة المعلومات الدولية.**

الفرع الثالث

ضعف الرقابة من قبل الأحزاب

لاشك أن الأحزاب قد أصبحت في الوقت الحاضر ضرورة تقضي بها طبيعة الديمقراطية، والتي لايمكن صورها دون وجود تنظيم والذي يعد بحق الوسيلة الوحيدة لخلق إرادة عامة (أي إرادة الأمة أو الرأي العام) والأحزاب هي التي تقوم بهذا الدور، وفي هذا الصدد يقرر الفقيه النمساوي الكبير (كلسن) "بان العداء نحو الأحزاب إنما يخفي وراءه عداء للديمقراطية ذاتها"، كذلك يرى الأستاذ (جننجز) أن الأحزاب هي أساس الديمقراطية، وان خصوم النظام الحزبي ومناوئيه في الآونة الأخيرة قد عرفوا وتبينوا ضرورتها في العالم السياسي، باعتبارها هيئات يتعاون أفرادها معا بصورة مستمرة، وان " المصلحون لا يهدفون إلى هدم النظام الحزبي وإنما إلى تنظيمه"[(1)].

ذلك أن الأحزاب هي التي تقوم بتنظيم وترتيب أفكار الناخبين وتساعدهم على تكوين آرائهم السياسية، فان ترك الناخب وشأنه - كما يقول الفقيه (جيزو) يجعل من الديمقراطية شيئا مستحيلا[(2)]، فقد كان الأفراد، قبل ظهور الأحزاب

---

(1) فقد كان مؤسسي جمهورية الولايات المتحدة الأمريكية يتوجسون من الأحزاب السياسية ويعدونها شيء خطير يجب عدم تشجيعه، وعلى الرغم من هذا الموقف المناهض للأحزاب السياسية من قبل المؤسسين لم يمضي زمن طويل حتى ظهرت الأحزاب وكان لها تأثير كبير في انتخاب ثالث رؤساء الجمهورية في الولايات المتحدة الأمريكية وهو الرئيس (جيفرسون). كما أن رجال الثورة الفرنسية كانوا يفخرون بعدم انتسابهم إلى أي حزب سياسي، انظر في كل ما تقدم د.عبد الحميد متولي - أزمة الأنظمة الديمقراطية - المصدر السابق - ص107 - 109.

(2) د.عبد الحميد متولي - أزمة الأنظمة الديمقراطية - المصدر السابق - ص110 - 111.

إذ تعد الأحزاب في هذا المجال بحق مدرسة الشعوب حينما تقوم، وبواسطة صحفها ومطبوعاتها ونشراتها الخاصة، بعرض ومناقشة مختلف شؤون الدولة والحلول اللازمة لها وفق أهدافها===

السياسية، منقسمين فيما بينهم انقسامات فكرية وعقائدية كبيرة، حتى جاءت الأحزاب السياسية لتنقل الخلافات الفكرية والسياسية بين الأفراد من صعيد الصراع بين المصالح الخاصة إلى صعيد التنافس على تحقيق المصلحة العامة[1]. كما أن وجود الأحزاب المعارضة للحكومة تحول دون استبدادها، ذلك أن هذه الأحزاب المعارضة ستكون بمثابة هيئة تضم المتذمرين والمعارضين للحكومة، كما أن الأحزاب السياسية من أهم عوامل النشاط في الحياة السياسية والبرلمانية[2]. فالثابت في الوقت الحاضر أن الأفراد وهم منفردون لا يستطيعون أن يقاموا الهيئات الحاكمة أو يقفوا بوجهها فيما لو استبدت وتعسفت في استعمال سلطاتها وتجاوزت على حقوقهم وحرياتهم، لذا فان الأحزاب السياسية في العصر الحديث هي التي تضطلع بهذا الدور، سواء أكانت في الحكم أو المعارضة[3].

وعلى الرغم من أهمية الأحزاب السياسية وضرورتها لتحقيق الديمقراطية وحماية وصيانة حقوق وحريات الإنسان ضد تعسف واستبداد السلطة الحاكمة، فقد ترافق مع تدهور دور البرلمانات في المجتمعات الصناعية المتقدمة تدهور مماثل في الأحزاب السياسية[4].

=== ومبادئها، ويتحقق ذلك أيضا عندما يقوم كل حزب بالدعاية لنفسه عن طريق توضيح مبادئه وأفكاره من اجل كسب المؤيدين والرأي العام إلى جانبه، انظر في هذا الصدد، د. شمران حمادي – الأحزاب السياسية والنظم الحزبية – الطبعة الثانية – مطبعة الإرشاد – بغداد – 1975– ص15.

[1] د. شمران حمادي – الأحزاب السياسية والنظم الحزبية – المصدر السابق – ص16 – 17.
[2] د.عبد الحميد متولي – أزمة الأنظمة الديمقراطية – المصدر السابق – ص110 – 112.
[3] د. شمران حمادي – الأحزاب السياسية والنظم الحزبية – المصدر السابق – ص12.
[4] د. عبد الله إبراهيم ناصف – مدى توازن السلطة – المصدر السابق – ص226.

وبدأت المخاوف تتأكد من الأخطار والأضرار التي قد تنجم عن قيامها، وفي هـذا الصـدد يشـار إلى أن الأحزاب السياسية دائمـا مـا تنظر إلى المصلحة العامـة مـن خـلال مبادئها وأيـدلوجيتها ووفقـا لمصالحها الخاصة، وكل حزب من هذه الأحزاب يحرص على إظهار نفسه بمظهر المـدافع عـن المصلحة العامة وان ما عداه من الأحزاب الأخرى ليس إلا منافقا أو انتهازيا، وعنـد تسـلمه للسلطة يشـرع بتوزيع المناصب على أعضائه وأنصاره مكافئة لهم على الجهود التي بـذلوها في مسـاعدته للوصـول إلى السلطة، ويجري ذلك، بطبيعة الحال، بغض النظر عن معايير الكفـاءة والمـؤهلات اللازمة لتـولي هـذه المناصب، الأمر الذي يعرض تحقيق المصلحة العامة للخطر والانتهاك [1]، وينبئ بـتردي وانحسار دور الأحزاب الايجابي في مراقبة السلطة الحاكمة ومنعها من التعسف في استعمال السلطات الممنوحـة لهـا لتحقيق المصلحة العامة وتسيير الشؤون العامة وضمان تمتع الأفراد بكافة حقـوقهم وحرياتهم، والتي هي بحق الهدف النهائي من إقامة النظام الدستوري والقانوني في الدولة.

---

[1] د. شمران حمادي – الأحزاب السياسية والنظم الحزبية – المصدر السابق – ص18 – 19.
وفي فرنسا ينتهي الفقيه الفرنسي الكبير(بارتملي) إلى انه من الأمور التي ترتب ضررا بالغا بسير المصالح الحكوميـة ويعد من الأمور المشينة بشرف الأحزاب السياسية اعتماد الطريقة نفسها التي اتبعت في الولايـات المتحـدة الأمريكية سابقا، وهي ما يعرف بنظام الغنائم (spoils system)، والذي يعني أن الحزب الذي يتولى الحكم يقـوم فورا بتعيين أنصاره في الوظائف المختلفة، انظر في ذلك د.عبد الحميد متولي – أزمة الأنظمة الديمقراطية – المصدر السابق – ص124.

الفرع الرابع

تفشي ظاهرة العنف السياسي الشعبي[1]

أن العلاقة بين العنف بصوره وأشكاله المختلفة، وحقوق وحريات الإنسان تبدو واضحة من خلال حقيقة أن العنف ينشا وينشط في بيئة مثالية، حين يختل التوازن بين حقوق الإنسان، مهما كان النظام السياسي المعني بالأمر، ذلك أن عدم المساواة في الحقوق وما يتمخض عنها من الشعور بعدم الإنصاف والغبن لدى الأفراد والجماعات والشعوب، على حد سواء، والذي قد يلجئها إلى العنف للتعبير عن عدم رضاها أو لاستعادة حقوقها المنتهكة[2].

ذلك أن النظام الذي تهدر فيه الحقوق والحريات، سيكون هشا وناقصا يعاني من عدم الاستقرار والقلاقل، يفتك به الإرهاب والاغتيالات، إذ لا يكون أمام الأفراد، في بعض الأحيان، إلا اللجوء إلى وسائل الإكراه والعنف كالشغب والتمرد والاغتيالات أو الانقلابات والثورات، أو اللجوء إلى الوسائل السلمية كالاضرابات والمظاهرات السلمية في، أحيان أخرى، كما يمكن أن تنشط في مثل هذه الأجواء التآمر والنشاط السري من قبل الأحزاب المعارضة بشكل كبير, كما يشهد النظام الاقتصادي هو الأخر انهيارا كبيرا نتيجة للحجر على الحريات الاقتصادية وتقييدها وشيوع سياسة القمع والاحتكار[3].

---

(1) جاء مصطلح العنف السياسي الشعبي - والذي يقصد به " أعمال العنف التي يقوم بها الأفراد والجماعات ضد بعضهم البعض أو ضد الدولة "، لتمييزه عن العنف المؤسس وهو النوع الآخر من أنواع العنف والذي تمارسه الدولة بصورة منظمة، د. صادق الأسود - علم الاجتماع السياسي - المصدر السابق - ص600.

(2) د. رياض عزيز هادي - العالم الثالث وحقوق الإنسان - الطبعة الأولى - 2000 - 72، 73.

(3) د. عبد الوهاب محمد عبده خليل - المصدر السابق - ص428.

ومما تجدر الإشارة إليه أن أعمال العنف السياسي الشعبي تنشط بشكل كبير في المجتمعات التي يعاني فيها أفراد كثيرون من الشعور بالاستلاب أو بالإحباط، بأنواعه المختلفة، والذي نجده متفشيا على نطاق واسع في المجتمعات التي يوصف النظام السياسي القائم فيها بأنه ذو شرعية ناقصة أو محدودة، و تحكم من قبل أقليات محدودة الشرعية لا تستطيع أن تمارس السلطة إلا بالإكراه والقسر، وتعاني من تناقضات شديدة في تكوين بنيتها - ومثالها الأنظمة الدكتاتورية والاستبدادية والتي تحكم في اغلب بلدان العالم الثالث - مما يولد صراعات حادة وشديدة تولد، في كثير من الأحيان، لدى الأفراد والجماعات نزعة عدائية مضادة، والتي توجه في الغالب، ضد النظام الاجتماعي، بصورة عامة، والنظام السياسي، بصورة خاصة، تترجم إلى نشاطات سياسية متطرفة تأخذ أشكالا متعددة من أعمال العنف كالاضطرابات والهجومات المسلحة والاضرابات السياسية والاغتيالات السياسية والتآمر بأشكاله المختلفة أو الحروب الداخلية[1].

=== مع أن الإرهابيين لم يكونوا أول من اتبع المنطق الزائف في أن" الغاية تبرر الوسيلة " إلا أنهم استطاعوا توظيفه بجدارة فائقة لتحقيق أهداف سياسية معينة ويجري تبرير الوسائل الوحشية وإظهارها بمظهر مقبول من خلال الغاية التي يدعون تحقيقها والتي عادة ما يتم ربطها بنمط إدارة الحكم وأسلوب القمع من قبل الحكومة، فيبدو الفعل الإرهابي وكأنه تعبيرا عن شعور الآخرين الذين لا يملكون وسيلة إسماع أصواتهم، فيصنف اغتيال شخصا ما بوصفه طاغية على انه فك اسر شعب مغلوب على أمره، لذا يتساءل البعض بقوله "الم يكن من المستبعد النظر إلى محاولة اغتيال (أدولف هتلر) التي قادها الكولونيل (فون شتوفنبرج) سنة 1944 - في حالة نجاحها - بوصفها عملا وطنيا وبطوليا بل وتحرريا للعالم اجمع"، د. محمد عبد اللطيف عبد العال - المصدر السابق - ص26 - 27.

(1) يقصد بالاستلاب السياسي "شعور الشخص بالغربة إزاء السياسية والحكومة في مجتمعه.. والميل نحو التفكير بان الحكومة والسياسة للأمة تداران من قبل آخرين ولمصلحة الآخرين ووفقا لمجموعة من القواعد غير العادلة"، أما الاحباطات التي يتعرض إليها الأفراد والجماعات===

لذا ننتهي إلى أن الشعور بالاستلاب السياسي يمكن أن يحدث في أية دولة، فيما لو تحققت أسبابه، بغض النظر عن شرعيتها أو مدى ديمقراطيتها أو بيئتها السياسية، وهذا الرأي نستمده مما شهدته بعض المدن الفرنسية في نهاية عام (2005) من أعمال عنف واضطراب، والتي تمثلت في إحراق آلاف السيارات من قبل الساكنين في الأحياء التي تقطنها بعض الأقليات من أصول غير فرنسية، أججها الشعور بالاستلاب السياسي، بالمعنى المتقدم[1].

وأخيرا نشير إلى سعي الحكومات المختلفة إلى تحريم أعمال العنف المختلفة وعدها أعمال غير قانونية تبرر اشد الإجراءات والعقوبات، من اجل أن تحتكر هي وحدها وسائل العنف في المجتمع[2]، وفي المقابل نجد أن هناك مجتمعات أو جماعات معينة تبرر بعض أعمال العنف وتصبح، والحالة هذه، أعمالا مشروعة ومقبولة[3].

==="مأخوذ هنا بمفهوم خيبات الأمل والتفتت التي يعانيها الإنسان عندما يحال دون تحقيق أهداف معينة له" د. صادق الأسود – علم الاجتماع السياسي – المصدر السابق – ص(588، 596،595،594، 610، 613).

(1) حيث أن ما أطلق شرارتها الأولى هو مقتل احدهم، كانت تلاحقه الشرطة الفرنسية، صعقا بالكهرباء حال لجوئه إلى الاختباء في احد المحطات الكهربائية، وما صاحب ذلك من مواقف وتصريحات عنصرية من قبل الحكومة الفرنسية وخاصة وزير الداخلية الفرنسي- (ساركوزي) أججت هذا الإحداث واستعرت نارها لتمتد إلى دول أخرى مجاورة ولو بشكل محدود.

(2) د. صادق الأسود – علم الاجتماع السياسي – المصدر السابق – ص592.

(3) ومن الأمثلة على هذه الأعمال المبررة من قبل بعض المجتمعات، حركات التحرير الوطني في نظر شعوب العالم الثالث ومن هذا القبيل أيضا أعمال العنف التي يقوم بها (الجيش الايرلندي السري) ضد السلطات البريطانية في نظر الايرلنديين، وكذلك أعمال (منظمة ايتا) ضد السلطات الأسبانية في نظر سكان إقليم الباسك. إما أعمال العنف المبرر من قبل بعض الجماعات والمنظمات، فهي المظاهرات والاعتصام في المصانع أو إلقاء القنابل والمتفجرات أو غير ذلك من الأعمال المماثلة، في نظر القائمين بها أو مؤيديها. أو"الثورات الفلاحية===

المبحث الثالث
اختلال التوازن بين السلطة والحرية في الدول الدكتاتورية

حتى نقف على أسباب هذا الاختلال في التوازن بين السلطة والحرية في الدولة الدكتاتورية، نقسم هذا المبحث إلى مطلبين الأول منها لبيان أسباب اختلال التوازن بين السلطة والحرية في الأنظمة الدكتاتورية، والثاني لبيان مظاهر هذا الاختلال بينهما.

المطلب الأول
أسباب اختلال التوازن بين السلطة والحرية في الأنظمة الدكتاتورية

في هذا الصدد نشير إلى جملة من الأسباب التي تؤدي إلى اختلال التوازن بين السلطة والحرية في الأنظمة الدكتاتورية، وهي انتهاك مبدأ الفصل بين السلطات واستخدام وسائل القوة والعنف و انتهاك مبدأ سيادة إحكام القانون، و تبني نظام الحزب الواحد.

الفرع الأول
انتهاك مبدأ الفصل بين السلطات

يتحقق انتهاك الأنظمة الدكتاتورية لمبدأ الفصل بين السلطات حينما تكون السلطات العامة في الدولة جميعها- التنفيذية والتشريعية والقضائية- تتركز في يد الدكتاتور, فينعدم حينها مبدأ الفصل بين السلطات ويحل محله مبدأ وحدة السلطات

=== والعصيان في المدن والانقلابات العسكرية ومؤامرات الجمعيات الثورية والثورات المضادة المدعومة داخليا", جميعها أمثلة على أنماط من أعمال العنف التي تحضى بقبول بعض أفراد المجتمع بهدف دفع المجتمع نحو التطور، انظر في كل ما تقدم - د. صادق الأسود – علم الاجتماع السياسي – المصدر السابق – ص591.

وتركيزها، فيكون الدكتاتور هو المشرع الحقيقي وما البرلمان، أو أي مجلس نيابي أخر, إلا تابع له ولطالما يفوض الدكتاتور سلطات التشريع الكاملة والدائمة، متى رغب بذلك، أما بالنسبة للسلطة التنفيذية فهي بالكامل في قبضته، فهو يشغل كل المناصب المفصلية فيها، أو أهمها، فهو رئيس الدولة ورئيس الحزب الواحد وهو القائد الأعلى للجيش وكذلك الحال بالنسبة للسلطة القضائية فهي حتما لا تتمتع بالاستقلال فهي أيضا تحت هيمنة الدكتاتور[1].

هذا وقد وجد مبدأ تركيز السلطة بيئته المناسبة في عصر الدكتاتوريات الحديثة في ألمانيا النازية وايطاليا الفاشية وأسبانيا في عهد فرانكو، فقد عمد كل هؤلاء إلى تركيز السلطة التنفيذية والتشريعية في أيديهم. وجرى ذلك كله مع وجود هيئات تشريعية وربما تكون منتخبه، إلا أنها في حقيقة الأمر, كانت ذات اختصاصات شكليه بصورة مطلقة، طالما تستطيع القيادة السياسية بزعامة الدكتاتور أن تفرض مشيئتها على هذه الهيئات وتخضعها لإرادتها وسلطانها، عندها ينتهي مبدأ الفصل بين السلطات في الواقع، و ما يستتبع ذلك من إهدار للحقوق والحريات وضماناتها القانونية والقضائية، سواء على مستوى النصوص أم على مستوى الواقع، حيث ستقوم جهة واحدة بتشريع قوانين ظالمة وتقوم بفرضها على الشعب بقوة القانون وسلطة الدولة، " فيعيش الشعب في ظلام حالك من الاستبداد والبطش والطغيان"[2].

---

(1) د. حسين عثمان محمد عثمان – المصدر السابق – ص212. د. نوري لطيف – المصدر السابق - ص173.

(2) د. كريم يوسف كشاكش – المصدر السابق – ص229، وكذلك د. سعيد السيد علي – المصدر السابق – ص17.

الفرع الثاني

استخدام وسائل القوة والعنف

ليس بدعا من القول أن الأنظمة الدكتاتورية تعتمد في بسط سطوتها وسيطرتها على الناس استخدام واسع لوسائل القوة والعنف، وبهدف إشاعة نوع من التوتر والرعب الذي يجعل الشعب في خوف مقيم لا يأمنون معه على أرواحهم أو حرياتهم "ولا يعرفون من أين يأتيهم الخطر وهم لا يشعرون"، وتمارس هذه الأعمال أجهزة الدكتاتور القمعية العلنية أو السرية[1]. وفي العصر الحديث تقوم الأنظمة الدكتاتورية بإنشاء أصناف من الحرس الخاص يرتبط بها نظام سري خاص، وتعد المانيا النازية، بحق، ابرز مثال على ذلك فقد كان الحرس الخاص فيها يتكون من الحرس المختار من ذوي القمصان السوداء وفرق الصاعقة من ذوي القمصان الرمادية فضلا عن بوليس الدولة السري (الجستابو)[2].

وهذا الأمر يأتي اتساقا مع حقيقة أن الأنظمة الدكتاتورية في نشأتها وأسلوب سياستها تستند إلى أساليب القوة والعنف، فقد جاءت معظم هذه الأنظمة إلى سدة الحكم عن طريق الحركات الثورية والانقلابية - باستثناء (هتلر) والذي تسنم منصب المستشار الألماني عقب فوز الحزب الذي يرأسه في الانتخابات عام 1933 - لذا

---

(1) د. يحيى الجمل – الأنظمة السياسية – المصدر السابق – 237 وما بعدها، ويقرر الدكتور يحيى الجمل أن الأنظمة الدكتاتورية تؤثر الاعتماد على أجهزة القمع السرية على الأجهزة العلنية ويعلل هذا التفضيل إلى أنها أكثر إثارة للرعب والخوف فالإنسان يشعر بنوع من العجز في مواجهة المجهول، وقد يصل الأمر إلى أن تصبح هذه الأنظمة ذاتها، وخاصة في نهايتها، ألعوبة في يد تلك الأجهزة.

(2) روبرت م. ماكيفر – تكوين الدولة – ترجمة الدكتور حسن صعب – دار العلم للملايين – 1966 – ص286.

نجدها بعد نجاح حركتها الثورية أو الانقلابية تعمل تدريجيا على إسباغ الشرعية على حكمها عن طريق استخدام الوسائل الديمقراطية كالاستفتاءات أو الانتخابات الشكلية، بطبيعة الحال. أما فيما يتعلق في استخدام أساليب القوة والعنف في طريقة إدارة سياسة الدولة وشؤون الحكم فهو يعود إلى أن الأنظمة الدكتاتورية هي أنظمة كلية، أي لا يعترف فيها بأية مبادئ أو أفكار غير التي يؤمن بها الدكتاتور أو أن هناك حقوقا للإفراد أعلى من سلطان الدولة[1].

ومما تجدر الإشارة إليه أخيرا إلى أن أتباع سياسة القوة والعنف تتباين وتختلف من حيث القوة والعنف من نظام دكتاتوري إلى أخر، وربما تختلف باختلاف الزمان والظروف في البلد الواحد،فقد مارس النظام النازي بزعامة (هتلر) أبشع وسائل التعذيب وأكثرها وحشية، وكانت القسوة والعنف اخف وطأة في النظام الدكتاتوري الفاشي في ايطاليا في عهد (موسوليني)[2].

الفرع الثالث

انتهاك مبدأ سيادة أحكام القانون

يعني مبدأ سيادة أحكام القانون إخضاع جميع الأفراد، حكاما أو محكومين لحكم القانون، وان إهدار هذا المبدأ يؤدي بالنتيجة إلى عدم جدوى الضمانات الدستورية والقانونية المتعلقة بكفالة حقوق الإنسان وحرياته الأساسية، مادامت النصوص التي تكرسها تبدو وكأنها بحكم العدم[3].

---

(1) د.عبد الحميد متولي - القانون الدستوري والأنظمة السياسية - المصدر السابق - ص515 وما بعدها.

(2) د.عبد الحميد متولي - القانون الدستوري والأنظمة السياسية - المصدر السابق - ص516.

(3) د. إبراهيم عبد العزيز شيحا - القانون الدستوري - المصدر السابق - ص570.

ولعل من ابرز سمات وخصائص الأنظمة الدكتاتورية هي عدم الإيمان بمبدأ سيادة القانون وتبرر ذلك بمبرراتها المذهبية المعهودة كالقول أن القانون هو ما تريده الدولة، ولما كانت الدولة تشخص تشخيصا كاملا في إرادة الدكتاتور، لذا تكون إرادة الزعيم هي القانون، و لايمكن، والحالة هذه، توقع أن يكون القانون قيدا حقيقيا عليها، ونتيجة لذلك يتم انتهاك وتخطي مبدأ سيادة القانون، إذ يكون مناقضا لمنطق الأنظمة الدكتاتورية القائم على إطلاق سلطة الدولة والتي تتجسد في إرادة الدكتاتور. لذا تكون السلطة في تلك الأنظمة على نحو مطلق وغير محدود في يد "الفرد الممتاز ومعاونيه" ويعود السبب وراء ذلك، بلا شك، إلى عدم إيمان تلك الأنظمة بمبدأ سيادة القانون أو احترامه[1].

الفرع الرابع

تبني نظام الحزب الواحد

يعني نظام الحزب الواحد - فيما يعني - أن لا يسمح في الدولة إلا بوجود حزب سياسي واحد يحتكر النشاط السياسي وممارسة السلطة والتمتع بجميع الامتيازات واللجوء إلى إلغاء جميع الأحزاب السياسية الأخرى أو منعها من ممارسة النشاط السياسي ، لذا فهو نظام يتعارض مع مفهوم الديمقراطية التقليدية ومبادئها الأساسية[2]. حيث تلزم الجماهير جميعها بالأيمان بأيدلوجية واحدة يقوم بنشرها مفكروا النظام وزبانيته تكرس في حزب وحيد يحتكر التنظيم والعمل والتوجيه السياسي[3].

(1) د. يحيى الجمل - الأنظمة السياسية - المصدر السابق - ص234 وما بعدها. د. نوري لطيف - المصدر السابق - ص172.

(2) د. شمران حمادي - الأحزاب السياسية والنظم الحزبية - المصدر السابق - ص212، 215.

(3) د. إسماعيل الغزال - الدساتير والمؤسسات السياسية - مؤسسة عز الدين للطباعة والنشر - بيروت - 1996 - ص126.

وعلى الرغم من أن نظام الحزب الواحد يعد بحق من مبتكرات الأنظمة الشيوعية، حيث اخذ به الاتحاد السوفيتي (السابق) عقب انتصار ثورة أكتوبر، إلا انه برز فيما بعد وتم تبنيه في أنظمة غير شيوعية كايطاليا في العهد الفاشي والمانيا في الحكم النازي وعدد من الدول النامية والتي حصلت على استقلالها حديثا في كل من آسيا وأفريقيا[1].

أن الأنظمة الدكتاتورية تأخذ بنظام الحزب السياسي الواحد، اتساقا مع حقيقة أنها تحرم وتمنع المعارضة من أي نوع وتتبنى النظام الكلي أو الجماعي تحت هيمنة الدكتاتور, ويقوم الدكتاتور بترؤس هذا الحزب ويسعى مع معاونيه إلى تنظيم هذا الحزب بشكل عسكري هرمي، والذي يضم في صفوفه من كل قطاعات الشعب والقطاعات المهنية، بحيث تكون كل الخيوط في يد الدكتاتور وسيطرته[2].

ويقوم الحزب الواحد في الأنظمة الدكتاتورية " على الإيمان بشخص الزعيم والتعصب لكل ما يقوله ورفض المناقشة فيه واعتبار كلامه نوعا من الهدى لا يجوز الخروج عليه " وتكون هذه الأحزاب نشطه وفعالة وتضم في عضويتها بعض المخلصين للدكتاتور (الزعيم) والمؤمنين بأفكاره، ولذلك فهي تستطيع أن تصل بزعيمها إلى الحكم وان تسنده في حكمه، بواسطة الأجهزة المنظمة و السلطة ذاتها، وان تحيطه بهالة من القداسة ويجري ذلك كله بغير تأييد السواد الأعظم من الشعب،

---

[1] وعلى الرغم من أن نظام الحزب الواحد يعد من أحدث النظم الحزبية ظهورا إذ انه من مبتكرات القرن العشرين حيث تعود نشأته إلى ما بعد الحرب العالمية الأولى، إلا أن معارضيه يرون فيه تطبيقا أو لونا حديثا لنظام سياسي قديم جدا هو الحرس الإمبراطوري أو القيصري والذي كانت مهمته الأساسية هي توطيد حكم الإمبراطور وأعوانه، انظر في ذلك د.شمران حمادي - الأحزاب السياسية والنظم الحزبية - المصدر السابق - ص212، 216.
[2] د. حسين عثمان محمد عثمان - المصدر السابق - ص216.

بطبيعة الحال، فالحكومة هنا تمثل الحزب ولا تمثل الشعب وهذا هو ما حدث بالنسبة للحزب النازي في المانيا والحزب الفاشي في ايطاليا[1].

وقد يكون الدكتاتور ليس له حزب أوصله إلى السلطة و يرى أن أجهزة القهر العادية التي لديه، كالجيش والشرطة، لا تكفي لتدعيم سلطته المطلقة وضمان استمرارها، لذا يعمد إلى إقامة حزب سياسي وحيد وإلغاء الأحزاب القائمة، وغالبا ما يكون هذا الحزب الواحد في هذه الحالة ضعيف وقليل النشاط والحيوية يقع تحت سيطرة الحكومة، لذا- كما يقرر الأستاذ (جورج بوردو) - يبدو وكأنه مجرد أداة دعائية للحكومة لخلق الجو الملائم في البلاد للحكم الجديد، وذلك هو ما حدث إبان حكم الدكتاتور (سالازار) فهو الذي أنشئ (حزب الاتحاد القومي) الحزب الواحد في البرتغال[2].

المطلب الثاني
مظاهر اختلال التوازن بين السلطة والحرية في الأنظمة الدكتاتورية

لاشك أن ابرز المظاهر التي تترتب على تدهور التوازن بين السلطة والحرية في الأنظمة الدكتاتورية هو سيادة النظام الكلي، وانتهاك حقوق الإنسان وحرياته.

---

[1] د. يحيى الجمل - الأنظمة السياسية - المصدر السابق - ص236.
[2] انظر د.عبد الحميد متولي - القانون الدستوري والأنظمة السياسية - المصدر السابق- ص518، د. يحيى الجمل - الأنظمة السياسية - المصدر السابق - ص236.

الفرع الأول
سيادة النظام الكلي

يقصد بالنظام الكلي في فلسفة الأنظمة الدكتاتورية، أن يمتد سلطان الدولة إلى كل نواحي حياة الفرد أو نشاطه في المجتمع، فلا يوجد شيء يتعلق بحريات الفرد أو حقوقه، بل حتى ما يتعلق بضميره ومعتقداته، يكون بعيد عن متناول سلطات الدولة على اعتبار أنها تمثل المجتمع والمجتمع فوق الفرد، بطبيعة الحال، وتأسيسا على ذلك يبرر للدولة، التي تمثل المجتمع (الأمة)، أن تتدخل في كل شأن من شؤون الفرد، أي أن لها سلطانا مطلقا على الأفراد، وينبني على ذلك عدم الإيمان بوجود قيم أدبية أعلى من سلطان الدولة وأنها – أي الدولة – هي التي تنشئ القيم الأدبية، فتغدو الدولة بمثابة "معبود ليس للإفراد أمامه سوى الركوع لإرادته والسجود"[1]. وبدلا من أن تربي "الأفراد والجماعات على العزة والحرية والاستقلال تعلمهم على المذلة والعبودية"[2].

وبذلك يكون الفرد مسخرا لخدمة الجماعة وهو ملزم، في كل الأحوال، بتوجيه نشاطه والتمتع بحقوقه ضمن هذا النطاق، فهو خادم الدولة وليس هدفها أو غايتها، تفرض عليه الواجبات قبل أن تمنح له الحقوق، يضحي بحياته وأمواله وحقوقه في

---

[1] ويقرر الأستاذ (جورج بوردو) أن النظام الكلي هو نظام لا ديني إذ ليس فوق سلطان الدولة أي سلطان حتى سلطان الأديان ذاتها، لذا نجد الكثير من الأنظمة الدكتاتورية تقف من الدين موقفا معاديا لأنه ينازع الدولة سلطانها الكلي في الفكر والآداب والتربية، ويستثنى من ذلك الأنظمة الدكتاتورية في كل من أسبانيا والبرتغال فكلاهما كان يصرح بأنه (نظام كاثوليكي مسيحي)، انظر في ذلك د.عبد الحميد متولي – القانون الدستوري والأنظمة السياسية – المصدر السابق – ص514 مع الهامش.

[2] د. نوري لطيف – المصدر السابق – ص172.

سبيل تامين الصالح العام والذي هو مفهوم مـرن ومطـاط لا يحـدد وفـق قاعـدة مسـتقره أو معيار موضوعي واضح، وإنما يجري تحديده وفق معيار شخصي متغير، ينفرد الـدكتاتور بـأمر تحديده بما يتناغم مع غايته في تعزيز سلطته المطلقة[1].

الفرع الثاني
انتهاك حقوق الإنسان وحرياته

لما كانت الأنظمة الدكتاتورية تقوم على مبدأ تركيز السلطة في يد الـدكتاتور، والـذي لا يخضـع للمحاسبة أو الرقابة من أي جهة ومن أي نوع، لذا فهي نظم لا تستند إلى شرعيه حقيقة ولا تحـترم أي قانون، فيغدو مـن الطبيعـي، والحـال هـذه، أن تتـوارى وتختفـي وتنعـدم حقـوق الإفـراد وحريـاتهم الأساسية، فلا تجري انتخابات حقيقية وإنما هي عبارة عـن احتفـالات صـورية لتأييـد سياسـة الحـاكم والتصفيق له ولمرشحيه الوحيدين، فلا يمكن تصور وجود حرية الرأي والتعبير عنه، علـى وجـه يخـالف أراء وتوجهات الدكتاتور، لان معارضة النظام ومخالفته تعد جريمة توجب أشد العقوبـات كالسـجن أو الأبعاد أو قد تصل إلى الإعدام، ولا يختلف الحال كثيرا بالنسبة لبقية الحقوق و الحريات الأخرى[2].

لذا يصدق القول أن تركيز السلطة والاستئثار بها في النظم الدكتاتورية، يـؤدي بالضرورة إلى تعطيل العمل بـالحقوق والحريـات المعـترف بهـا، ويجـري تبريـر هـذه التعطيل بالاسـتناد إلى "حالـة الضرورة وعمومية الخطر المحدق بالمجتمع الذي يراد

---

[1] د. محمد كامل ليلة – النظم السياسية – المصدر السابق – ص331، الأستاذ عارف الحمصاني – محاضرات في النظم السياسية والقانون الدستوري – مديرية الكتب والمطبوعات الجامعية – جامعة حلب – 1963 – ص299.

[2] د. حسين عثمان محمد عثمان – المصدر السابق – ص214.

القضاء عليه"[1]. أو يجري ذلك استنادا إلى المبدأ الكلي أو الشمولي الذي تقوم عليه هذه الأنظمة والذي يقضي بان "لاشي خارج السلطة، أي لاشي بمنجاة منها"[2].

وينبني على ذلك ويترتب عليه تقييد الحريات بقيود عنيفة تصل إلى حد إلغاء الحريات السياسية كحرية الرأي والاجتماع أو تكوين الأحزاب السياسية إذ لا يسمح بوجود أي نوع من المعارضة ولا يسمح إلا بوجود حزب واحد يكون سندا الدكتاتور وأداة في تنفيذ سياساته وتوجهاته[3], كما يمتد التقييد إلى العديد من الحريات الأخرى كحرية التعليم حيث تعمد الدولة إلى توجيه سياسة التعليم بما يتوافق مع مبادئ النظام الدكتاتوري وروحه، كما لا يفسح المجال إمام حرية الصحافة والنشر، إذ يقوم النظام الدكتاتوري باحتكار الصحافة ووسائل الإعلام الأخرى وتسخيرها لبث مبادئ النظام الدكتاتوري[4].

فالدكتاتورية الحديثة تسعى أولا وقبل كل شي إلى السيطرة على الفكر ومراقبته، لذا نراها تعمد إلى احتكار كل أدوات الدعاية وتسخيرها في سبيل إثارة عواطف الجماهير "زاعمة أنها تحرر الشعب في الوقت الذي تحرمه فيه حرية التفكير أو التعبير. فهي في الحقيقة تنتزع من الشعب ما تدعي بأنها تمنحه إياه"[5].

والحرية التي تسود وتفرض في ظل الأنظمة الدكتاتورية هي "الإيمان بالزعيم وترديد أقواله باعتبارها الحق الذي لا يأتيه الباطل من بين يديه ولا من خلفه"، ويصاحب ذلك بالإضافة إلى إحاطة الدكتاتور بهالات ضخمة من التقديس يشاع بين الناس جو من التوتر والرعب "يجعلهم في خوف مقيم لا يأمنون معه على أرواحهم ولا حرياتهم"[6].

---

(1) د. مصطفى محمود عفيفي – المصدر السابق – ص252.
(2) د. يحيى الجمل – الأنظمة السياسية - المصدر السابق – ص237.
(3) د.محمد كامل ليله – النظم السياسية - المصدر السابق - ص331.
(4) الأستاذ عارف الحمصاني – المصدر السابق – ص299.
(5) روبرت م. ماكيفر- المصدر السابق – ص326.
(6) د. يحيى الجمل – الأنظمة السياسية - المصدر السابق – ص237.

الفصل الثاني

التوازن بين السلطة والحرية في الظروف الاستثنائية

التوازن بين السلطة والحرية في الظروف الاستثنائية

أن تعرض الـدول إلى الأزمـات والطوارئ في عـالم اليـوم بات أمـرا متوقعـا، والتي تكون مـن الخطورة بمكان بحيث تهدد سلامة الدولة وشعبها تهديدا خطيرا يعجز عـن مواجهته النظام القـانوني العادي الذي يحكم الظروف العادية ويفشل في توفير الحماية اللازمة، ومن هنا بـرز الاهتمام الكبـير بحالة الضرورة والظروف الاستثنائية التي تفرضها والسلطات الواسعة والاستثنائية التي تستلزمها لمواجهة الأزمات والطوارئ وتلافي أثارها.

فإذا كان خضوع الدولة للقانون هو الأصل العام في الظروف العادية، فان التساؤل يثور حـول إمكانية تطبيق هذا الأصل في الظروف الاستثنائية، حين تواجه الدولة حالة ضرورة تفترض وقوع خطـر جسيم حال أو التهديد بوقوعه، لايمكن تداركه أو تلافي آثاره الخطيرة، إلا بالتخلي عـن بعض القواعـد القانونية، حينما لا يكون هناك بد من هذا التخلي، باعتباره العـلاج الوحيد والموقـف المـبرر لمواجهة خطر المساس بالمصالح الحيوية للدولة أو سلامة شعبها أو وحـدة أراضيها أو غـير ذلك مـن الأزمـات والطوارئ.

إذ أن التسليم بضرورة احترام مبدأ المشروعية رغم تلك الظروف والطوارئ، يهدد سلامة الدولة وشعبها ووحدة أراضيها، وهنا لا يبقـى منها إلا نصوص جامـدة لا قيمـة ترجـى منهـا أو فائـدة. أمـا التسليم بالخروج على القانون وعدم التمسك بمبدأ المشروعية في هذه الأحوال يؤدي ولاشك إلى إهـدار جميع الضمانات والعصف بالحريات الفردية دون ضوابط أو قيود. كما أن درجة الظروف الاستثنائية وأخطارها قد لا تكون بالجسامة التي تبرر الانتهاك الكامل للمشروعية[1].

وتأسيسا على ذلك سوف نقسم هذا الفصل إلى ثـلاث مباحـث، الأول لبيان الأسـاس القـانوني لسلطات في الظروف الاستثنائية، والثـاني لبيـان التنظيم الدستوري والقـانوني للظروف الاستثنائية، والثالث لبيان الرقابة على سلطات الظروف الاستثنائية.

---

[1] د. وجدي ثابت غبريال – السلطات الاستثنائية لرئيس الجمهورية – منشاة المعارف بالإسكندرية – 1988 – ص12، 13.

المبحث الأول
الأساس القانوني لسلطات الظروف الاستثنائية

فيما يتعلق بالأساس القانوني لسلطات الظروف الاستثنائية، فقد كان يتجاذبه اعتباران أساسيان الأول قانوني ويتمثل في ضرورة الحفاظ على حد أدنى من قواعد المشروعية يجب التمسك بها في جميع الأوقات والظروف احتراما لمبدأ سيادة أحكام القانون وصيانة لحقوق الأفراد وحرياتهم.أما الاعتبار الثاني فواقعي أو عملي يتمثل في ضرورة مواجهة الأخطار التي تهدد المصالح الحيوية للدولة وحقها في الأمن وصيانة الذات ومن مقتضى مواجهة هذه الأخطار، اتخاذ المحظور تلافيا لضرر داهم، أو التضحية بالمصلحة الأقل لحماية المصلحة الأهم.

ومن اجل التوفيق بين هذين الاعتبارين، أبدع الفكر القانوني نظرية الضرورة، والتي يكون من مقتضاها إضفاء المشروعية على الإجراءات المخالفة للقانون حتى تتمكن الدولة من مواجهة الظروف الاستثنائية على هدى من نظرية تمثل الأساس القانوني لسلطاتها الاستثنائية في هذه الظروف، ومشروعية الإدارة في تلك الأحوال هي مشروعية استثنائية، أو كما يصفها العميد (هوريو) مشروعية الظروف[1].

وتأسيسا على ما تقدم فقد تباينت مواقف الفقهاء حول نظرية الضرورة إلى تيارين مختلفين الأول ينكر على حالة الضرورة كل قيمة قانونية ويعد خروجها على مبدأ المشروعية لايمكن تبريره بالاستناد إلى أي أساس قانوني، وهذا هو الاتجاه السياسي في نظرية الضرورة. أما التيار الثاني فهو يعد هذه النظرية نظرية قانونية داخل مبدأ المشروعية وتشكل الأساس القانوني للسلطات الاستثنائية للإدارة في أحوال الضرورة، وهذا هو الاتجاه القانوني في نظرية الضرورة. لذا سوف نقسم هذا

---

[1] د. وجدي ثابت غبريال - المصدر السابق - 1988 - ص13.

المبحث إلى مطلبين، الأول لبيان موقف الفقه المؤيد لنظرية الضرورة السياسية، والثاني لبيان موقف الفقه المؤيد لنظرية الضرورة القانونية.

المطلب الأول
نظرية الضرورة نظرية سياسية

في إطار هذا الاتجاه الفقهي ينكر على حالة الضرورة كل قيمة قانونية، وان كان لا يجردها من قيمتها الواقعية، وتأسيسا على ذلك ينتهي هذا الفقه إلى أن نظرية الضرورة هي نظرية سياسية وليست قانونية. يمثل هذا الاتجاه الفقه الانكلوسكسوني وجانب من الفقه الفرنسي القديم:

الفرع الأول
موقف الفقه الانكلوسكسوني من نظرية الضرورة

فيما يتعلق بالفقه الانكلوسكسوني فانه يكاد أن يجمع على اعتبار نظرية الضرورة مجرد نظرية سياسية أو واقعية لا تكون بذاتها مصدرا للسلطات الاستثنائية تباشرها الحكومة من تلقاء نفسها دون تخويل من البرلمان، أو أساسا يبرر اتخاذ السلطة التنفيذية إجراءات وتدابير استثنائية[1]. ويستندون في هذا الموقف على حقيقة أن مبدأ سمو الدستور و سيادة أحكام القانون لا يجوز الخروج على مقتضاهما في أي ظرف و تحت أي تبرير، ويسري هذا الحكم في أوقات الأزمات أيضا، وإذا ما كان للضرورة من تأثير وسلطان، إنما يكون ذلك بحكم الواقع فحسب دون أن يكون له أساس قانوني محدد[2].

---

[1] د. وجدي ثابت غبريال – المصدر السابق – ص54، د. يحيى الجمل – نظرية الضرورة - المصدر السابق – ص20.

[2] د. عبد الحميد متولي – الوجيز في النظريات والنظم السياسية - الطبعة الأولى – دار المعارف –1959– ص329.

ومن ذلك أن اتجاه التطور الدستوري الإنكليزي نحو تأكيد سيادة البرلمان على حساب السلطة التنفيذية لا يتماشى مع فكرة تركيز السلطات بيد السلطة التنفيذية في أحوال الضرورة والاستعجال، ولما كانت نظرية الضرورة في جوهرها تركيزا للسلطات بيد السلطة التنفيذية في الظروف الاستثنائية، لذا باتت كل محاولة لإنقاص سلطة البرلمان لتقوية السلطة التنفيذية تكون عكس اتجاه التطور الدستوري الإنكليزي وفقا للمبادئ الديمقراطية، فالتقليد الإنكليزي يرفض أن يخول السلطة التنفيذية سلطات استثنائية لمواجهة الأزمات والظروف الاستثنائية ولكن لا يتردد في منحها للبرلمان[1]. فقد استقر العرف، في إنجلترا، في هذه الظروف أن تلجا الحكومة إلى البرلمان ليخولها بقانون سلطات مطلقة لاتخاذ ما تراه مناسبا من الإجراءات والأوامر عن طريق المراسيم[2]. ويمكن اللجوء إلى إعلان حالة الطوارئ - والتي تقابل حالة الضرورة في فرنسا - والتي يترتب عليها أثر مهم هو إنها تشكل الأساس الذي يدفع البرلمان إلى تخويل السلطة التنفيذية السلطات والصلاحيات اللازمة لمواجهة الأزمات والظروف الاستثنائية[3].

وهذا ما يبرر عدم العثور على أحكام من القضاء الإنكليزي تتبنى صراحة نظرية الضرورة إذ أن المشرع الإنكليزي أغنى السلطة التنفيذية عن الاستناد إلى نظرية الضرورة بما أعطاها من سلطات لتواجه بها الأزمات وتحافظ بها على سلامة الدولة وأمنها واستقرارها في ظل رقابة البرلمان السياسية، بطبيعة الحال، ويغنيها دائما في الأزمات والطوارئ[4].

---

(1) د. يحيى الجمل - نظرية الضرورة في القانون الدستوري وبعض تطبيقاتها المعاصرة - دار النهضة العربية - بلا سنة طبع. - ص21, 22.

(2) د. السيد صبري - اللوائح التشريعية - مكتبة عبد الله وهبه- القاهرة - 1944- ص11.

(3) د. وجدي ثابت غبريال - المصدر السابق - ص54.

(4) د. يحيى الجمل - نظرية الضرورة - المصدر السابق - ص68.

الفرع الثاني

الفقه الفرنسي المؤيد لنظرية الضرورة السياسية

أما عن موقف الفقه الفرنسي القديم باعتبار نظرية الضرورة مجرد نظرية سياسية لايمكن تبريرها من الناحية القانونية، فقد تبنى هذا الموقف العديد من الفقهاء الفرنسيين من أبرزهم (أيسمان وبارتملي ودويز وكاريه دي مالبيرك) فهم وان كانوا يذهبون إلى تجريد الواقع من كل قيمة قانونية فهم لا يجردون الواقع من قيمته الواقعية لذا فهم يرفضون أن يبنوا على حالة الضرورة نظرية قانونية ويقبلون أن يبنوا على أساسها نظرية واقعية أو سياسية.

فالفقيه (أيسمان) لا يقبل أن تكون نظرية الضرورة أساسا لحق الإدارة في اتخاذ الإجراءات الاستثنائية أو أن تكون مصدرا للقواعد القانونية التي تطبق في تلك الظروف، وقد أوجز موقفه هذا بعبارة موجزة حينما قال "أن نظام المشروعية عندنا لا يعلق ولا يوقف أبدا " فهو لا يرى في الضرورة نظرية قانونية يمكن الاستناد إليها لتبرير الخروج على أحكام الدستور عندما يتهدد الدولة خطر داهم لا يكون له دفع بغير هذا الخروج، إلا انه مع ذلك لا يذهب إلى حد القول بالتضحية بسلامة الدولة من أجل المحافظة على بعض النصوص بل ويدعو إلى المحافظة على سلامة الدولة ويراها واجبا ولكنه يبرر ذلك بحكم الواقع لا بحكم القانون المستمد من نظرية الضرورة، لذا فهو ينتهي إلى أن مسؤولية الإدارة الجنائية تبقى قائمة عند اتخاذها لهذه القرارات الواجبة غير المشروعة ولا يعفيها إلا إصدار قانون التضمينات[1].

---

(1) د. يحيى الجمل – نظرية الضرورة - المصدر السابق – ص(24 -26)، د.وجدي ثابت غبريال – المصدر السابق – ص(58 – 60).

أما الفقيهان (بارتملي ودويز) فيذهبان إلى بالقول بـأن مبـدأ المشرـوعية يجب أن يسـود في الأوقات العادية والاستثنائية، وان لا وجود لما يسمى "حق الضرورة" إلا أنهما يعترفان بأن حكم الواقع يطغى بصورة مؤقتة على حكم القانون في أحوال الضرورة والاستعجال، وعلى هـذا الأسـاس فـأن كـل تصرف يتخذ في فترة الأزمة على خلاف الدستور والقانون يبقى تصرفا غـير مشرـوع ويمكـن أن تتقـدم الحكومة إلى البرلمان – باعتباره صاحب السلطة الدستورية العليا – ليعفيها مـن المسـؤولية عـن هـذا التصرف بقانون التضمينات، وينتهون إلى أن الضرورة تبقى استنادا على ذلك حالة مـن حـالات الواقـع ولا يمكن أن تكون نظرية من نظريات القانون[1].

أما الفقيه (كاريه دي مالبيرك)، فلا يرى في الضرورة نظرية قانونية يمكن الاستناد إليها في تبرير الخروج على النظام القانوني القائم، إلا انه يعترف وعلى أساس مـن الحقـائق الواقعيـة بـان بعـض الظروف تشكل بالفعل خطورة على المصالح القومية عـلى نحـو لا يسـمح باحـترام المبـادئ القانونيـة العامة، فهولا يغفل نهائيا الضرورة والأزمات التي لا تنفك عن التعرض لحياة الدول وتدفعها للجـوء إلى الإجراءات الاستثنائية للمحافظة على سلامتها وكيانها وهـي عنـدما تلجـأ إليهـا فـأن الواقـع هـو الـذي يدفعها إلى ذلك التصرف الواقعي دفعا، لا باعتبارها تتصرف تصرفا قانونيا، لـذلك فهـو يعتـبر القـرارات والتصرفات التي تأتيها السلطة التنفيذية تحت ضغط الظروف الاستثنائية وتأتي عـلى خـلاف الدسـتور والقانون فأنها تبقى من الناحية القانونية تصرفات وقرارات معيبة ومعدومـة القيمـة مـن الناحيـة القانونية لا تلحقها الإجازة وتصححها عن طريق الإجازة اللاحقة من قبل البرلمان, فهو يقبل الضرورة واقعا لابد من مواجهته ويرفضها نظرية قانونية[2].

---

[1] د. يحيى الجمل – نظرية الضرورة – المصدر السابق – ص(26 – 29).

[2] د. يحيى الجمل – نظرية الضرورة – المصدر السابق – ص(29-31)، (60- 64)، د.سـامي جـمال الـدين-لـوائح الضرورة وضمانة الرقابة القضائية- منشأة المعارف1982- ص(17، 18).

المطلب الثاني
نظرية الضرورة نظرية قانونية

يعتبر رجال الفقه الألماني - (مثل جلينيك واهرنج والفيلسوف هيكل وكوهلر) - نظرية الضرورة نظرية قانونية ترتب حقا للدولة في التصرف لمجابهة الظروف الاستثنائية وهو (حق الضرورة) والذي يعترفون به رغم سكوت الدستور[1]. ويشاركه في هذا الاتجاه جانب من الفقه الفرنسي يمثله الفقيهان (دوجي و هوريو) مع اختلاف النتائج التي ينتهي إليها كل فريق فلم يندفع الفقه الفرنسي ليصل إلى النتائج التي وصل إليها الفقه الالماني وجاوز فيها حدود المألوف[2].

الفرع الأول
الفقه الألماني ونظرية الضرورة القانونية

تعود بداية التصور القانوني لنظرية الضرورة في الفقه الألماني إلى فلسفة (هيجل) وفكرته عن سيادة الدولة التي تعد بحق تطبيقا لمقولة (شيشرون) القديمة "سلامة الشعب فوق القانون" والتي تقضي إلى أن الدولة إذا ما تهددها الخطر أو تعرضت مصالحها الحيوية إلى الخطر فإنها تتحلل من الالتزام بأي قاعدة أو قيد،

---

(1) د. عبد الحميد متولي - الوجيز في النظريات والنظم السياسية - المصدر السابق - ص328.

(2) ويشير د.سامي جمال الدين إلى إن معظم الفقه الحديث في فرنسا ومصر يتجه ألي الأخذ بالنظرة القانونية لنظرية الضرورة، ويرى معهم أن هذا الاتجاه هو الاتجاه الذي يجدر الأخذ به ويورد العديد من المصادر التي تؤيد وجهة نظره هذه، انظر د. سامي جمال الدين – المصدر السابق – ص22.

ويبدو من حقها بل ومن واجبها اتخاذ كل ما هو ضروري ولازم من إجـراءات للحفـاظ عـلى بقائها واستمرارها[1].

وينتهي (هيجل) إلى تبرير خروج الدولة على القانون في حالة الضرورة بالقول ((إن الدولة هي التي أوجدت القانون، وهي التي تخضع له لتحقيق مصالحها، وعلى ذلك فلا خضوع عليها إذا كان تحقيق مصالحها هو في عـدم الخضوع، إن القانون وسيلة لغايـة هـي حمايـة الجماعـة فـإذا لم تـؤد القواعد القانونية إلى هذه الغاية فلا يجب الخضوع للقانون وعلى الدولة أن تضحي بـه في سبيل الجماعة))[2].

فقد كان (هيجل) بذلك أول من برر شرعية خروج الدولة على القانون في أحوال الضـرورة، ثـم تبعـه كـل الفقه الألمـاني في هـذا المسـلك[3]. وعـلى رأسـهم الفقيهـان (جلينيـك وأهرنـك) ليصـوغوا أفكار(هيجل) الفلسفية صياغة قانونية وشيدوا عـلى أساسها نظريـة التحديـد الـذاتي لـلإرادة لتفسـير خضوع الدولة للقانون، وخلاصتها إن الدولة لا تلتزم إلا بإرادتها وفي هذا مكمن سيادتها، ومن هنا فأن القواعد التي تنظم ممارسة السلطة لا يمكن أن تكون إلا من عمـل الدولة نفسـها لهـذا لا يمكن أن يتعارض القانون مع الدولة التي خلقته وأوجدته وارتضت مختارة التقيد به، فإذا ما تهددها خطر فلها أن تدفع هذا الخطر بأي وسيلة ولو كانت هذه الوسيلة هي تعطيل حكم القانون أو مخالفته[4].

---

[1] د. وجدي ثابت غبريال – المصدر السابق – ص65.

[2] د. السيد صبري – اللوائح التشريعية – المصدر السابق، ص5.

[3] د. طعيمة الجرف – مبدأ المشروعية وضوابط خضوع الدولة للقانون – مكتبة القاهرة الحديثة –1963– ص139.

[4] د. يحيى الجمل – نظرية الضرورة – المصدر السابق – ص33.

فالفقيه (جلينك) ينتهي إلى انه من الأمور الطبيعية والمتوقعة أن تواجه الدولة حالات استثنائية تقتضي اتخاذ إجراءات سريعة لمواجهتها ويجب في الأحوال العادية أن تصدر من السلطة التشريعية، فإذا لم يصرح الدستور بذلك فيكون قد أوجد حالة من الحالات التي يجب القضاء عليها وتجنبها والتي تعمل فيها سلطة الدولة الطبيعية على ملء هذا المجال الذي لم تعالجه القوانين، والحكومة هنا تكون مضطرة تحت ضغط الظروف والحوادث إلى العمل على مسئوليتها بكل ما تملكه من وسائل، وعلى البرلمان بعد ذلك أن يصحح الأمور ويسبغ الشرعية على ما صدر من التدابير خلافا للقانون[1].

وبالنتيجة ينتهي الفقه الألماني إلى إن نظرية الضرورة تعد مصدرا غير مشروط للقواعد القانونية ما دامت الظروف التي أدت إلى قيامها ما تزال موجودة، فالضرورة تبيح الخروج على القانون العادي وعلى الدستور معا، وتبيح تعليق النصوص الدستورية كما تبيح الخروج عليها وتعديلها،[2] وينتهي الفقه الألماني في تصويره لنظرية الضرورة القانونية إلى حد القول أن حق الضرورة المعترف به للسلطة تنفيذية يجعل الإجراءات والتدابير التي تتخذ في ظل الضرورة إجراءات صحيحة ومشروعة لا مسؤولية لموظفي الدولة في اتخاذها، ولا يستطيع الأفراد المطالبة بالتعويض عما يلحقهم من الضرر جرائها، وذلك تأسيسا على انه لا محل للقول بقيام الخطأ في جانب الدولة لاتخاذها لإجراءات الضرورة مادامت تمارس حقها استنادا إلى نظرية الضرورة[3].

---

(1) د. السيد صبري – اللوائح التشريعية - المصدر السابق، ص7، د. طعيمه الجرف – مبدأ المشروعية – المصدر السابق – ص139.

(2) د. يحيى الجمل – نظرية الضرورة - المصدر السابق – ص35.

(3) د. عبد الحميد متولي – الوجيز...المصدر السابق – ص328، د. رعد الجدة وآخرون – المصدر السابق – ص169، وكذلك د. سامي جمال الدين – المصدر السابق – ص20، د. وجدي ثابت غبريال – المصدر السابق – ص66.

الفرع الثاني
الفقه الفرنسي المؤيد لنظرية الضرورة القانونية

أما بالنسبة للفقه الفرنسي المناهض للنظرية السياسية للضرورة فهو وان كان يتفق مـع الفقـه الالماني في اعتبار نظرية الضرورة نظرية قانونية إلا انه لم يقبل النظريـة القانونيـة للضرورة في الفقـه الألماني على علاتها، وإنما أخذ بها بشكل مختلف عن الفقه الألماني، من حيث المدى والآثار التـي تصـل إليها. ويمثل هذا الاتجاه في فرنسا الفقيهان (ليون دوكي وموريس هوريو).

فالعلامة (ليون ديجي) ينتقد ما وصل إليه الفقيه الألماني من نتائج في تصوره لنظرية الضـرورة القانونية، واصفا ذلك بأنه منحدر سريع وخطير وأن الأبـواب يجـب أن لا تفـتح عـلى مصراعيها أمـام الحاكمين مهما كانت صـفاتهم الشخصية حتـى في الظروف الاستثنائية، إذ يـرى في نظريـة الضرورة، نظرية قانونية محكومة بشروط معينة، وتحت ظروف معينة وفي أضيق الحدود، أي إن الضرورة هـي عبارة عن مصدر مشروط مؤقت في الوقت ذاته، وفي هذا الصدد يقول (ديجي) انه يقبل أن تصـدر الحكومة تحت إلحاح الضرورة لوائح تشريعية لمجابهـة الضرورة توقـف أو تعـدل أو تلغـي القـوانين القائمة، ويورد شروطا لصحة هذا الإجراء، وهي أن تكون الدولة في حالـة حـرب أو عصـيان مسلح أو إضراب عام للموظفين، أو أن تكون هناك استحالة لجمع البرلمان أو عـلى الأقـل أن لا يكـون البرلـمان في حالة اجتماع وان تكون هناك حالة ضرورة لايمكن معها انتظار دعوة البرلمان للاجتماع، والشرط الأخـير والجوهري هو أن تكون لوائح الضرورة هذه خاضعة لتصديق البرلمان في اقرب اجـتماع لـه وان يكـون العرض للتصديق ماثلا في نية الحكومة، سواء كانت هذه النية معلنة أو مفترضة[1].

---

[1] لمزيد من التفصيل حول موقف الفقيه (ديجي) انظر د.يحيى الجمل - نظرية الضرورة - المصدر السابـق - ص(35 - 39)، وكـذلك د. وجدي ثابت غبريـال - المصدر السابق - ص(69 - 72)، د.طعيمه الجرف - مبدأ المشروعية - المصدر السابق - ص(143، 144).

أما الفقيه (موريس هوريو) فقد كانت نقطة البداية لديه في بحثه لنظرية الضرورة هـي الحرب العالمية الأولى والآثار التي ترتبت عليها وخاصة الآثار الاقتصادية والحلول التشريعية التي اتخذتها كافة الدول (المتحاربة وغير المتحاربة) إذ أن الفقيه (موريس هوريو) يرى أن الحرب لها انعكاساتها الخاصة على النظام القانوني، مما يستلزم قيام نظام قانوني خاص واستثنائي تستند إليه الإجراءات الضرورية والعاجلة التي تتخذ لمواجهة الظروف الاستثنائية والتي تنطوي على مخالفة لمبادئ المشروعية التي تسود في الظروف العادية، ويرى أن الضرورة تخلق نوعا خاصا مـن المشروعية يطلق عليها (هوريو) مشروعية الأزمات والتي تخلق بدورها نوعـا مـن الدكتاتورية الواقعية للسلطة التنفيذية، وينتهي إلى أن الحكومة وهـي فـي سبيل مواجهتها للظروف الاستثنائية وخروجها علـى المشروعية العادية فإنها لا تخرج على إطار القانون بالمعنى العام طالما توفرت حالة الـدفاع الشرعي، ويقرر (هوريو) أن قبوله لحق الدفاع الشرعي ليس سوى قبـول بأقـل الضـررين واهـون الشرين بـين المصالح المهددة وانتهاك القوانين النافذة أو وقفها أو تعديلها[1].

وينبغي الإشارة أخيرا إلى الفـارق بـين موقف الفقـه الألمـاني وموقف الفقه الفرنسي ـ المؤيـد لقانونية نظرية الضرورة، والذي يبرز في أن الفقه الألماني يـرى فـي الضـرورة وإجراءاتها الاستثنائية حقـا مطلقا وغير مشروط تستمده الإدارة من نظرية الضرورة، في حين أن الفقه الفرنسي لا يرى في الضرورة إلا مصدرا مؤقتا ومشروطا للقواعد القانونية، بل ومكروها عند (هوريو) وكذلك الفارق المتمثل في أن الفقه الفرنسي المؤيد لنظرية الضرورة يتصورها كما انتهى إليها مجلس الدولة الفرنسي ـ الـذي يـرى أن اللجوء إليها وتجاوز حدود الشرعية العادية بسببها يكون خاضعا لرقابة القضاء، وهذا ما لا تجيزه النظرية الألمانية، والتي تطلق العنان للسلطة التنفيذية تحت ستار الضرورة وبلا أدنى رقابة[2].

---

[1] د. وجدي ثابت غبريال ـ المصدر السابق ـ ص(69-74)، د. يحيى الجمل ـ نظريـة الضرورة ـ المصدر السـابق ـ ص(35- 42)، د. سامي جمال الدين ـ المصدر السابق ـ ص20، د. طعيمه الجرف ـ مبدأ المشروعية ـ المصدر السابق ـ ص144.

[2] د. يحيى الجمل ـ نظرية الضرورة ـ المصدر السابق ـ ص42، د. سامي جمال الدين ـ المصدر السابق ـ ص21

المبحث الثاني
التنظيم الدستوري والقانوني لحالة الضرورة

على الرغم من أن نظرية الضرورة لم تكن دائما محل قبول في الفقه أو القضاء أو التشريع، إلا أن الواقع بات أقوى من النظر فيما يتعلق بالاعتراف بها أو تنظيمها، فقد فرضت نظرية الضرورة نفسها وعبرت عنها الكثير من النصوص الدستورية والقانونية في الكثير من الأنظمة القانونية لدول شتى من العالم[1].

وفيما يتعلق بالتنظيم الدستوري والقانوني لحالة الضرورة نشير إلى أن الفقه الدستوري لم يكن له موقف موحد من مسالة تنظيم الضرورة دستوريا وقانونيا، أي وجود تنظيم مسبق يتناول منح السلطات والصلاحيات الواسعة للسلطة التنفيذية في أحوال الضرورة، فقد رفض البعض وجود مثل هذا التنظيم بحجج مختلفة، وأيد البعض الأخر وجود مثل هذا التنظيم وله حججه أيضا، وهذا ما سنتناوله في الفرع الأول، ونخصص الفرع الثاني لبيان الحلول التشريعية لحالة الضرورة في الأنظمة القانونية المختلفة.

المطلب الأول
تقدير التنظيم الدستوري لحالة الضرورة

لقد تباينت مواقف الفقهاء من مسالة وجود تنظيم قانوني مسبق لمواجهة حالة الضرورة والآثار التي تترتب عليها والسلطات التي تمنحها للسلطة القائمة عليها، بين رافض ومؤيد استنادا إلى حجج ومبررات مختلفة، نوردها فيما يأتي:

---

[1] د. يحيى الجمل - نظرية الضرورة - المصدر السابق - 3، 4.

الفرع الأول

رفض التنظيم الدستوري لحالة الضرورة

وفي هذا الصدد نشير إلى أن بعض الفقه قد أبدى مخاوفه وريبته من وجود تنظيم دستوري مسبق لحالة الضرورة واستند إلى جملة من المبررات والحجج نورد أهمها في آلاتي:

1. أن السلطة غير المقيدة التي يفرضها منطق حالة الضرورة، قد تدفع بالقائمين عليها إلى الاسترسال مع هذا التيار والمساس بالنظام الديمقراطي واستخدامها ستارا للوقوف في وجه محاولات الإصلاح، وبذلك يتحول النظام الاستثنائي المقرر في الدستور وسيلة لحماية القائمين على السلطة بدلا من حماية الدولة ذاتها. وفي هذا الحال تهديد أكيد للحياة الدستورية والنظام والديمقراطي ذاته، إذ إن وجود مثل هذا التنظيم في الدستور قد يؤدي إلى قيام نوع من الدكتاتورية في ظل هذه النصوص الدستورية.
2. أن وجود مثل هذا التنظيم قد يفضي إلى مخاطر حقيقية على النظام الدستوري بما يغري به من تركيز للسلطة وخروج على المشروعية، إذ أن وجود هذا التنظيم قد يمهد الطريق أمام السلطة بالاستناد إليه وتطبيقه على حالات لاتصل إلى مستوى الظروف الاستثنائية التي تبرر اللجوء إلى النظام القانوني الاستثنائي الذي يقيمه هذا التنظيم، و إنما يكون هناك أحوال وظروف عادية يمكن مواجهتها بالوسائل العادية المقرر في النظام القانوني العادي.
3. كما أن وجود مثل هذا التنظيم قد يخلق جوا نفسيا ملائما لتقوية فكرة السلطة الشخصية، إذ أن الشعب يكون مهيئا أكثر لقبولها في تلك الظروف على اعتبار أن صاحبها هو منقذ البلاد من الأخطار والأهوال التي تهدد

الدولة والشعب، ولو قدر له أن ينجح فأنه سيغدو في نظر الشعب منقذا وسيغفر له الشعب كل ما ارتكبه من خروج على القانون أو على الدستور.

4. ولما كانت طبيعة الضرورة ذاتها تعني أنه ليس بالإمكان توقعها والتنبؤ بها على نحو واضح ومحدد، لذا لا يمكن الأعداد المسبق والفعال لمواجهتها، إذ أن مجرد هذا التنبؤ أو التوقع يفقد الضرورة خاصيتها وطبيعتها، ذلك أن هذا التنظيم إذا كان تنظيما مفصلا ودقيقا ومحددا لحالة الضرورة ولم تقع تلك الحالة التي تطابق نصوصه تماما فأنه يصبح في هذه الحالة لا جدوى منه، أو إذا كان ذلك التنظيم عاما وغامضا فأن هذا التنظيم هو وعدمه سواء، طالما كان مسلما للضرورة بحد ذاتها بالخروج على قواعد المشروعية العادية. لذا ينتهي هؤلاء أن التنظيم الدستوري لحالة الضرورة أمر لا جدوى منه ولا فائدة فيه، فهو كما يقرر الدكتور (يحيى الجمل) " يحاول أن يتوقع ما لايمكن توقعه وينظم مالا يمكن تنظيمه سلفا "[1].

---

[1] لمزيد من التفصيل لبيان هذه الحجج والمبررات المناهضة لتنظيم الضرورة دستوريا انظر المصادر الآتية: د. يحيى الجمل – نظرية الضرورة – المصدر السابق – ص(107-110)، د. سامي جمال الدين – المصدر السابق – ص(35، 36)، د. محمود حلمي فهمي – الوظيفة التشريعية لرئيس الجمهورية في النظامين الرئاسي والبرلماني – ط 1– دار الفكر العربي – 1980– ص(317، 318)، د. عبد الحميد متولي – الوجيز...المصدر السابق – ص 328.

الفرع الثاني

تأييد التنظيم الدستوري لحالة الضرورة

يذهب غالبية الفقهاء[1] يسايرهم في ذلك المشرع الدستوري في دول عديدة إلى تأييد التنظيم الدستوري لحالة الضرورة معززين موقفهم هذا بجملة من الحجج والمبررات نوردها فيما يأتي:

1. أن حدوث الأزمات والطوارئ، لا تنفك عن التعرض لحياة الشعوب والدول، والتي لا يجوز معها أن تخضع لذات القواعد المقررة في الأوقات

---

(1) فقد كان الفقه الألماني في جملته من أنصار التنظيم المسبق لحالة الضرورة، ترتيبا على موقفهم من نظرية الضرورة. وفي فرنسا ذهب جانب كبير من الفقه الفرنسي إلى تأييد التنظيم المسبق لحالة الضرورة في الدستور، فهذا الفقيه (Bluntschli) يرى بأنه وأن كان يبدو أن هذا التنظيم خطرا على الحريات العامة وقد يؤدي إلى الاستبداد إذا أساءت الحكومة استعماله ولكن لا غنى عنه بصفته استثناء فالربان لا يتردد في إلقاء بعض محمولة في اليم لتخليص السفينة)) لذلك ينتهي (بلنتشي) إلى القول بوجوب تنظيم هذه الحالة دستوريا و تحديدها قدر الإمكان، انظر د.وايت إبراهيم ود.وحيد رأفت - القانون الدستوري - المطبعة العصرية -1937 - ص577.
وكذلك الفقيه (بار تملي) يرى بأنه من الحكمة أن يتم تنظيم حالة الضرورة مسبقا على الرغم من انه من أنصار النظرية السياسية للضرورة، ويرى الفقيه (ديبوريشار) كذلك "أن إغفال الدساتير عن تنظيم أوقات الأزمات يجعلها تواجه جزءاً من مهمتها فقط"، ومن أنصار ذلك الاتجاه أيضا الفقيه (Dabin) والذي يرى بان "الأوقات غير العادية تحتاج إلى تنظيم غير عادي، وان من الملائم أن يكون هناك تنظيم كامل لسلطات الدولة وكيفية عملها في أوقات الخطر" وقد رد الفقيه (Morange) على العميد (Videl) - عندما ذهب إلى أن المادة (16) من دستور أكتوبر (1958) لا جدوى منها - قائلاً بأنه " من المزايا التي يحمد عليها هذا الدستور هو انه نظم حالة الضرورة في المادة (16) وانه خرج على تقليد طويل من النفاق ذلك التقليد الذي كان يغمض عينيه عن حالة الضرورة ولا يجرؤ على مواجهتها وتنظيمها "، انظر د.يحيى الجمل - نظرية الضرورة - المصدر السابق - ص (111 - 114).

العادية، فليس من العدل في شيء، بل هو ظلم بين، إلزام الحاكم في أن يضطلع بهذه المسؤوليات الجسام بنفس الآليات والاختصاصات التي كانت مقررة له في الظروف العادية، فإذا كانت الضرورة قد قلبت الموازين فأحرى بسلطات الحاكم واختصاصاته أن تتغير لتتناغم مع الوضع الجديد. لذا لم يكن هناك بد من وجود القواعد التي تتلاءم مع فترات الأزمات والطوارئ، ولا بد من إحلال نوع جديد من المشروعية يتناسب مع الأوضاع الاستثنائية وفترات الأزمات والتغاضي عن مبدأ المشروعية السائد في الأوقات العادية.

2. أن من الحكمة الدستورية أن يتوقع المشرع الدستوري فترات الأزمات وان يضع لها تنظيما مسبقا وان يعاد ترتيب أوضاع السلطات العامة ترتيبا من شأنه المحافظة على سلامة الدولة وشعبها وأمنها واستمرارها، وترتيبا على ذلك فأنه من الأفضل والأجدى أن تنظم حالة الضرورة دستوريا، وأن لا تترك للاجتهادات الفردية التي قد تشتط لتصل إلى مدى لا يمكن معرفته أو تحديده. كما أن عدم تنظيمها لا يزيل أسبابها بل انه يترك الباب مفتوحا أمام السلطة التنفيذية التي قد تسيء استعمال سلطتها في هذه الظروف.

3. كما أن وجود مثل هذا التنظيم يجنب سلطات الدولة التخبط والارتباك في أوقات الخطر والتهديد ويبعدها عن النقاش والجدل وهي في أمس الحاجة إلى التصرف الفوري والحازم وفي حاجة ماسه إلى الفعل لا إلى القول تحت إلحاح الضرورة وتأثيراتها الخطيرة، كما أن هذا التنظيم المسبق يجعل سلطات الدولة مقيدة به ويحول بينها وبين المغالاة والتحكم، لذا فأن وجود مثل هذا التنظيم يتفق مع أسس الديمقراطية الحقة والمنطق القانوني المجرد [1].

---

(1) لمزيد من التفصيل حول هذه الحجج المؤيدة لتنظيم الضرورة دستوريا انظر د. يحيى الجمل – نظرية الضرورة - المصدر السابق – ص111، د. سامي جمال الدين – المصدر السابق – ص37, 38,

4. ويشير الدكتور(سامي جمال الدين) إلى أنه من الأجدى والأنسب أن تنظم حالة الضرورة دستوريا، تأسيسا على المخاوف التي أثارها الرافضون لذلك التنظيم لا تعبر عن عيوب فيه، بقدر ما تعبر عن عيوب تتعلق بالقائمين على السلطات الاستثنائية المستمدة منه، وهذا ما يؤكده الواقع فقد نظمت غالبية الدساتير حالة الضرورة بأشكال مختلفة، فالمناط في جدوى أو عدم جدوى وجود مثل هذا التنظيم الدستوري لحالة الضرورة يرجع إلى تنظيم الرقابة على السلطات المستمدة منه وأن تحرص الدساتير على أن تودع هذه السلطات الاستثنائية إلى الجهاز الذي يحسن ممارستها بفاعلية تامة يراقبه في ذلك رأي عام قوي وفعال[1].

المطلب الثاني
الحلول التشريعية لحالة الضرورة

تختلف القواعد القانونية التي تحكم الظروف الاستثنائية عن القواعد العادية من حيث طبيعتها ومداها فالإدارة في تلك الظروف تمتع بسلطتين في نفس الوقت الأولى تحمل طابع التنفيذ وهي سلطات الحكم العرفي أو حالة الطوارئ والأخرى تحمل طابع التشريع وهي قوانين السلطات الكاملة التي تخول الإدارة صلاحية إصدار أنظمة استثنائية[2], والتشريع في غيبة البرلمان، والنصوص الدستورية التي تتضمن سلطات

=== د. وايت إبراهيم ود.وحيد رأفت - المصدر السابق - ص577, د.عبد الحميد متولي - الوجيز...المصدر السابق - ص 327، د.زكريا محمد عبد الحميد محفوظ - حالة الطوارئ - الطبعة الأولى - منشاة المعارف بالإسكندرية - 1966 - ص6.

(1) د.سامي جمال الدين - المصدر السابق - ص38.

(2) د.علي محمد بدير, د.عصام البرزنجي، د.مهدي السلامي- مبادئ وأحكام القانون الإداري - مديرية دار الكتب للطباعة والنشر - بغداد - 1993 - ص226، 227.

الأزمات الخاصة. مما تجدر الإشارة إليه في هذا المقام أن وجود مثل هذه النظم الدستورية والقانونية التي تتصدى للظروف الاستثنائية ولجوء السلطة إلى تطبيقها، فان هذا الحال لا يدخل في نطاق البحث في نظرية الضرورة وما يتعلق بها، وإنما نكون في إطار تطبيق نص دستوري أو قانوني لا أكثر ولا اقل[1]. وسنناقش هذه الحلول التشريعية في الفقرات التالية:

الفرع الأول

قوانين السلطات الكاملة أو التفويض التشريعي

لقد فرضت ظروف الحربين العالميتين الأولى والثانية، وما تولد عنهما من تداعيات وأزمات مالية واقتصادية عنيفة، على البرلمانات في العديد من الدول (كفرنسا وبلجيكا وايطاليا وإنكلترا وسويسرا والولايات المتحدة الأمريكية) أن تفوض الحكومة إصدار مراسيم لها قوة القانون[2], تتضمن مسائل عديدة تدخل

---

(1) د.عبد الحميد متولي – الوجيز...المصدر السابق – ص327, 328.

(2) ففي (سويسرا) مثلا استجاب برلمانها الاتحادي لظروف الحرب فأصدر بتاريخ (3 أغسطس سنة 1914) قانون يفوض فيه المجلس الاتحادي اتخاذ جميع الإجراءات الضرورية لحماية الأمن وصيانة حياد الاتحاد السويسري مع مراعاة متطلبات الاقتصاد القومي، وتجدد العمل بسياسية التفويض التشريعي فيما بعد الحرب حينما أصدر البرلمان السويسري عدة قوانين (في 5 ابريل 1919، 13 أكتوبر 1933، 31 يناير 1936) يرخص فيها للمجلس الفدرالي في اتخاذ كافة الإجراءات الضرورية لحماية الاقتصاد القومي.

أما في (بلجيكا) فقد أصدر البرلمان بتاريخ (4 أغسطس 1914) قانونا يفوض فيه الحكومة في اتخاذ كافة الإجراءات التي يراها مناسبة لمواجهة أزمة الحرب، ولعلاج ما ترتب عليها من تداعيات امتد العمل بسياسة التفويض التشريعي وصدرت عدة قوانين في سنة(1926 و1932 و1934 و1936).

وفي المانيا فوض البرلمان المجلس الاتحادي في (4 أغسطس 1914) في اتخاذ كافة الإجراءات اللازمة لحماية الدولة والنظام خلال أزمة الحرب، ومن ثم رخصت الجمعية التأسيسية المنعقدة بعد الحرب (1919) الحكومة في اتخاذ كل السلطات اللازمة للانتقال باقتصاد البلاد من القطاع الحربي إلى القطاع المدني. ولا يخفى في هذا المقام القانون الذي استطاع (هتلر) أن يحصل عليه والذي خوله وحده حق ممارسة جميع مظاهر السلطة بتاريخ (4 مارس 1933).===

حسب الأصول الدستورية في الاختصاص الحصري للسلطة التشريعية، أي لا يجوز لغير القانون أن يتعرض لها بالتنظيم[1]، وقد كانت هذه البرلمانات مدفوعة نحو هذا الإجراء بأسباب عديدة منها إحساس البرلمانات ببطء الإجراءات التشريعية وقصورها عن متابعة ومعالجة الظروف الاستثنائية الملحة، وكذلك محاولتها التهرب من تحمل

=== وفي (ايطاليا) أصدر البرلمان بتاريخ (22 مايو 1915) قانون تفويض الحكومة في ممارسة كل السلطات التي تقتضيها ضرورات الحرب، ومن ثم تكرر العمل بهذه السياسة بعد الحرب أيضا. وفي (إنكلترا) فقد اختلطت سياسة التفويض التشريعي بما يعرف بقوانين الظروف. وكذلك في الولايات المتحدة الأمريكية حين طبقت سياسة التفويض التشريعي في أثناء الحرب العالمية الأولى وبعدها مع فارق بسيط، نتيجة حرص الكونجرس في أن يحدد موضوع التفويض ومداه.

أما في (فرنسا) فقد رفض البرلمان في سنوات الحرب الأولى أن يأخذ بسياسة التفويض التشريعي، مما دفع الحكومة إلى أن تأخذ بأسلوب لوائح الضرورة رغم عدم النص عليها، ولكنه اضطر إلى أن يغير موقفه هذا من التفويض التشريعي إلى القبول به نتيجة ازدياد سوء الأحوال في أثناء الحرب، وصدرت لذلك عدة قوانين في هذا المجال كان من نتيجتها أن انفردت الحكومة الفرنسية بتنظيم العديد من المسائل المهمة عن طريق المراسيم بقوانين، حتى رخص البرلمان الفرنسي للحكومة - بتاريخ (19 مارس 1939 وفي الأول من ديسمبر 1939) - في اتخاذ كل ما تراه ضروريا لمواجهة مشكلات الدفاع القومي في فترة الحرب العالمية الثانية. انظر في كل ما تقدم د.طعيمه الجرف - مبدأ المشروعية - المصدر السابق - ص(163 - 167).

وفي (مصر) أثارت ظاهرة التفويض التشريعي خلافا واسعا في الفقه المصري، بدأ في أعقاب اللجوء إلى هذا الأسلوب مرتين (القانون رقم 2 لسنة 1930 وقانون رقم 3 لسنة 1930والقانون الذي رفضه مجلس الشيوخ والذي كان يفوض لحكومة سلطة إصدار مراسيم لها قوة القانون وتتعلق بالضرائب الجديدة) في ظل دستور عام (1923) رغم أن هذا الدستور لا يتضمن نصا يجيز للبرلمان في الظروف الاستثنائية أن يفوض سلطاته التشريعية إلى البرلمان. هذا وقد حسم المشرع الدستوري هذا الجدل والخلاف حول التفويض التشريعي في دساتير عام (1956, 1964، 1971) بالنص صراحة على جواز التفويض التشريعي وبشروط محددة، فقد نص دستور(1971 في المادة 108) على أن " لرئيس الجمهورية عند الضرورة وفي الأحوال الاستثنائية وبناءا على تفويض من مجلس الشعب بأغلبية ثلثي أعضائه أن يصدر قرارات لها قوة القانون، ويجب أن يكون التفويض لمدة محدودة وان تبين فيه موضوعات هذه القرارات والأسس التي تقوم عليها ويجب عرض هذه القرارات على مجلس الشعب في أول جلسة بعد انتهاء مدة التفويض، فإذا لم تعرض أو عرضت ولم يوافق المجلس عليها زال ما كان لها من قوة القانون"، د.عمر حلمي - المصدر السابق - ص (380 - 382)، ولمزيد من التفصيل حول شروط صحة التفويض التشريعي في مصر وفق المادة (108) سالفة الذكر انظر المصدر نفسه - ص(383 - 387).

[1] د. إبراهيم عبد العزيز شيحا - القانون الدستوري - المصدر السابق - ص428، 429.

المسؤولية عن الإجراءات الاستثنائية أمام هيئة الناخبين، فقررت الخروج على ما يقضي به منطق جمود الدستور والمعايير الشكلية التي يقوم على أساس مبدأ الفصل بين السلطتين التشريعية والتنفيذية في الظروف العادية[1].

كما أن التبرير الأكثر حداثة ينطلق من حقيقة أن البرلمان في أي دولة من الدول لا تعقد اجتماعاتها بصورة مستمرة، وان لها ادوار انعقاد عادية وأخرى غير عادية تتخللها فترات راحة، وقد يحدث أمر طارئ وعاجل لا يحتمل التأخير، فان الاتجاه يجري على تخويل رئيس الدولة سلطة إصدار مراسيم لها قوة القانون تتصدى لأي موضوع يوجب الدستور أن يتم تنظيمه بقانون على أن تعرض هذه المراسيم بقوانين على البرلمان عند انعقاده ليقرر بشأنها ما يشاء[2].

هذا وقد أدى الإفراط في سياسة التفويض التشريعي إلى رجحان كفة السلطة التنفيذية في ميزان القوى في النظم السياسية على حساب السلطة التشريعية، وهذا ما يأتي على النقيض من منطق التطور التاريخي نحو الديمقراطية. وهذا ما جعل من الدفاع عن سياسة التفويض التشريعي وتبريره في ضوء المبادئ العامة للنظام الدستوري التقليدي، أمرا من الصعوبة بمكان، لذا نجد الفقه التقليدي قد اعتبر سياسة التفويض التشريعي، فيما تمثله من تخلي البرلمان عن وظيفته التشريعية لمصلحة الحكومة، تعد اعتداء على مبدأ المشروعية وذلك لاعتبارين أساسيين: اولهما أن سياسة التفويض التشريعي تعد اعتداء على مبدأ سمو الدستور، وذلك لأنها تودي إلى تعديل الدستور في ما يقرره من ضوابط وأسس في توزيع الاختصاصات بين الحكومة والبرلمان. وثانيهما أن السماح للحكومة بممارسة التشريع وما يترتب عليه من إمكانية تعديل القوانين وإلغائها يؤدي إلى إهدار مبدأ تدرج النظام القانوني، وما

---

[1] د.طعيمه الجرف – مبدأ المشروعية – المصدر السابق – ص163.
[2] د. رعد الجدة وآخرون – المصدر السابق – ص68.

يؤدي إليه من خضوع الإدارة للقانون[1] هذا وقد كان الفقيه الفرنسيـ (أيسمان) أول من عارض سياسة التفويض التشريعي مستندا في ذلك إلى أن السلطة التشريعية هي سلطة منشأة أوجدها الدستور وحدد لها اختصاصاتها، فهي لا تملك حقا ذاتيا وإنما هي تمارس وظيفة محددة ينظمها الدستور، لذا لا يحق لها تفويض هذه السلطة إلى غيرها، لان فاقد الشي لا يعطيه[2].

ويشير البعض إلى أن ظاهرة التفويض التشريعي هذه تمثل ظاهرة عالمية ذات دلالات خطرة على النظام النيابي ذاته، ومكمن هذه الخطورة هو في أن البرلمانات تعمد إلى التخلي عن جزء من وظيفتها الأصلية وتمنحها إلى رئاسة السلطة التنفيذية، ويعود السبب وراء ذلك إلى المشاكل الحيوية التي تواجهها النظم السياسية وما يتطلبه حلها من ضرورة اتخاذ إجراءات سريعة[3].

الفرع الثاني
التشريع في غيبة البرلمان أو لوائح الضرورة

قد يحدث أن يكون البرلمان معطلا لأي سبب من الأسباب ويحدث أمر يوجب الإسراع في اتخاذ تدابير عاجلة لا تحتمل التأخير، ففي هذه الحالة لابد من هيئة أو جهة تتولى مهمة التشريع، وغالبا ما توكل الدساتير هذه المهمة إلى رئيس الهيئة التنفيذية أو من يقوم مقامه وبشروط وأوضاع خاصة ترد في النصوص الدستورية التي تنظمها[4].

---

[1] د. طعيمه الجرف – مبدأ المشروعية – المصدر السابق – ص168.

[2] د. طعيمه الجرف – مبدأ المشروعية – المصدر السابق – ص168 الهامش رقم (1).

[3] روبرت بوي وكارل فريدريك – دراسات في الدولة الاتحادية – ج3 – الدار الشرقية للنشرـ بلا سنة طبع – ص(29 – 32)، ورد ذكره في د. رعد الجدة وآخرون – المصدر السابق – ص69. ولمزيد من التفصيل حول أساس شرعية اللوائح التفويضية، انظر د.إبراهيم عبد العزيز شيحا – القانون الدستوري – المصدر السابق – ص429، 430.

[4] د. رعد الجدة وآخرون – المصدر السابق – ص68.

هذا ويعد هذا التنظيم انعكاسا للتصور التقليدي عن لوائح الضرورة، فإذا كانت حالة الضرورة في القانون الدستوري جاءت رد فعل لقصور الأنظمة الدستورية والقانونية وعجزها عن مجابهة الظروف الاستثنائية وحماية الدولة وشعبها ونظمها الأساسية من الخطر المحيق، لذا فان غياب الهيئة التشريعية وما يعاصره من ظروف عاجلة لا تحتمل التأخير والتراخي تستوجب الإسراع في اتخاذ تدابير عاجلة لازمة هو ابلغ معاني هذا القصور[1].

ولما كان المشرع الدستوري المصري في الدساتير المصرية المتعاقبة يميل إلى تبني وجهة النظر الفرنسية والتي لا تعتبر حالة الضرورة سببا قانونيا يرفع عن أعمال الضرورة صفتها غير القانونية ويعتبرها مجرد عذر سياسي يمكن أن تبرر به الحكومة تصرفاتها لدى البرلمان، لذا نجده يقرر دائما للحكومة حق ممارسة التشريع في غيبة البرلمان، وان كان يحيطه بجملة من الضوابط والحدود لكي يكون متناغما مع منطق الديمقراطية المعاصرة وحتى لا يخرج عن معنى الدولة القانونية وأركانها الأساسية[2].

لذا فقد تضمنت الدساتير المصرية المتعاقبة نصوصا من هذا القبيل، كان أخرها نص المادة (147) من دستور (1971)[3] حينما قررت انه "إذا حدث في غيبة مجلس الشعب ما يوجب الإسراع في اتخاذ تدابير لا تحتمل التأخير. جاز لرئيس الجمهورية أن يصدر في شانها قرارات تكون لها قوة القانون. ويجب عرض هذه القرارات على

---

[1] د. محمود حلمي فهمي – المصدر السابق – ص 365.

[2] د. السيد صبري – اللوائح التشريعية – المصدر السابق – 30، 31.

[3] فقد ورد النص على حالة التشريع في غيبة البرلمان لأول مرة في المادة (41) من قانون (1879) ومن ثم في المادة (41) من دستور عام (1882) والمادة (41) من دستور (1923) والمادة (41) من دستور (1930) والمادة (103) من مشروع لجنة الخمسين والمادة (135) من دستور (1956) والمادة (119) من دستور (1964)، انظر في ذلك د.محمود حلمي فهمي – المصدر السابق – ص367، 368.

مجلس الشعب في خلال خمسة عشر يوما من تاريخ صدورها إذا كان المجلس قائما، وتعرض في أول اجتماع له في حالة الحل، أو وقف جلساته، فإذا لم تعرض زال بأثر رجعي ما كان لها من قوة القانون، إلا إذا رأى المجلس اعتماد نفاذها في الفترة السابقة أو تسوية ما ترتب على آثارها بوجه أخر"[1].

الفرع الثالث

الأحكام العرفية وحالة الطوارئ

الأحكام العرفية أو حالة الطوارئ نظام استثنائي تلجئ إليه الدول لمجابهة الظروف الاستثنائية التي تكون من الخطورة بمكان بحيث تهدد كيان الدولة وسلامتها وشعبها بخطر جسيم وحال لا تكفي النظم القانونية العادية لمجابهة هذا الخطر أو احتمال وقوعه وتلافي الإخطار التي قد تنجم عنه[2]. ونشير هنا إلى أن العمل قد جرى على إطلاق اصطلاح الأحكام العرفية وحالة الطوارئ وكأنهما مرادفين لمعنى واحد أو حالة واحدة، مع أن هناك فارقا واضحا بينهما، وهو أن الأحكام العرفية هي حالة الطوارئ الفعلية أي الحقيقية أو العسكرية، بينما يقصد بحالة الطوارئ السياسية أي الصورية أو المفترضة[3]. لذا نجد المشرع الفرنسي يميز بين نظام الأحكام العرفية وحالة الطوارئ، وان كان كلاهما نظام قانوني استثنائي للضبط الإداري يبرر التوسع في سلطات الإدارة لمواجهة الظروف الاستثنائية التي تهدد كيان الدولة وسلامة شعبها

[1] لمزيد من التفصيل حول شروط استخدام المادة (147) من الدستور المصري لعام (1971) انظر د.عمر حلمي - المصدر السابق - ص(368 - 375).

[2] حسين جميل - الأحكام العرفية - ط^{2}- مطبعة العاني - بغداد -1953 - ص3.

[3] لمزيد من التفصيل في التمييز بين حالة الطوارئ والأحكام العرفية انظر زكريا محمد عبد الحميد محفوظ -المصدر السابق - ص(15 - 20)، وكذلك د. عبد الله إسماعيل البستاني - مساهمة في أعداد الدستور الدائم وقانون الانتخاب- بغداد - 1961- ص163.

ووحدة أراضيها بخطر جسيم وحال، فتعلن الأحكام العرفية في حالة وقوع حرب أو التهديد بها، أما حالة الطوارئ فأنها تعلن لمواجهة اضطرابات داخلية تـؤدي إلى اختلال النظام العـام، وأن أسباب إعلان حالة الطوارئ على ما يبدو لا تبلغ في شدتها تلك الأسباب التي تستلزم إعلان الأحكام العرفية، كما أن القيود التي تفرض على الحريات بعد إعلان الأحكام العرفية ابعد مدى واخطر أثرا من القيود التي تترتب على إعلان حالة الطوارئ[1].

لـذا ننتهي إلى أن الأحكـام العرفيـة هـي عبـارة عـن نظـام عسـكري يتعـذر معرفـة حـدوده القانونية[2]، أما حالة الطوارئ فهي نظام قانوني يخضع للدستور والقانون، رغم طابعه الاستثنائي، لـذا فقد درجت الأنظمة القانونية على تقنينه في تشريعات خاصة لا يلجا إليها إلا عند قيام الظروف الاستثنائية التي تستوجب اللجوء إليها، وتقوم هذه التشريعات عادة بتحديد الحالات التي تستوجب إعلانها والصلاحيات التي تمنحها للسلطات القائمة عليها والعقوبات التي يتعرض لها من يخالف الأوامر والنواهي من المواطنين وغيرهم وكذلك الجهات القضائية التي تتولى النظر في هـذه المخالفـات، وهـذا هـو مـا يسمى بنظام التشريع السابق للطوارئ وهو النظام الذي تتبعه (فرنسا)، وهناك نظـام التشـريع المعاصر للطوارئ المعمول به في(انكلترا) فلا يوجد في النظام الإنكليزي قانون معد سلفا لحالة الطوارئ وإنما تلجا الحكومـة للبرلمـان كلمـا دعـت الحاجـة إلى سـلطات اسـتثنائية بموجـب مـا يعـرف بقـانون الظروف، وأخيرا نظام التشريع المختلط والـذي يجمـع بـين سـمات النظامـين السـالفين، والـذي تتبعـه الولايات المتحدة الأمريكية[3].

[1] د. علي محمد بدير وآخرون – المصدر السابق – ص227.
[2] د. عبد الله إسماعيل البستاني – المصدر السابق – ص163.
[3] لمزيد من التفصيل حول هذه الأساليب في إعلان حالة الطوارئ، انظر د.زكريا محمد محفوظ – المصـدر السـابق – ص(118– 155)، مصطفى مجدي هرجه – التعليق على قانون الطوارئ – دار الثقافة للطباعة والنشر– 1989– ص9.

الفرع الرابع

سلطات الأزمات الخاصة

ربما تواجه الدولة وشعبها أزمات ومخاطر شديدة وعاجلة ليست من قبيل الأزمات والمخاطر العادية التي تكفي لمواجهتها التشريعات المقررة في الظروف الاستثنائية والتي تنظم لوائح الضرورة أو اللوائح التفويضية أو قوانين الطوارئ والأحكام العرفية. إذ أن هذه الأزمات والمخاطر الخاصة لا تعطي الوقت الكافي للجوء إلى هذه التشريعات والنصوص الدستورية[1]. كما أن تهديدها لأمور ومصالح غاية في الأهمية، وهي الدولة أو شعبها أو وحدة أراضيها، أو غير ذلك من الأمور التي تنظمها هذه النصوص المتعلقة بالأزمات الخاصة، يجعل التراخي في هذه الحالات الحرجة، أمر غير محمود العواقب، لذا نجد المشرع الدستوري في دول عديدة قد قام بتنظيم الأوضاع القانونية في ظل هذه الأوضاع التي تتعرض لها الدول على الرغم من أن طبيعتها تستعصي على التنظيم، إذ لا يمكن التنبؤ بها ومعرفة أبعادها وحدودها الموضوعية أو الزمنية، مقدرا أن تنظيمها أولى وأجدى من عدم تنظيمها[2].

ولقد بدأ الفقه الدستوري يولي اهتمامه بهذه الأزمات ونظامها القانوني، بعد أن نظمها دستور الجمهورية الخامسة الفرنسية لعام (1958) في نص المادة (16) ذائعة الصيت، التي جاءت على هديها العديد من النصوص الدستورية في دول مختلفة من العالم[3] وقد نصت على انه ((إذا أصبحت أنظمة الجمهورية أو استقلال الوطن أو

---

(1) د. طعيمه الجرف - مبدأ المشروعية - المصدر السابق - ط1976- ص172، د. يحيى الجمل - نظرية الضرورة - المصدر السابق - ص190, 191، د. ماجد راغب الحلو - القانون الدستوري- المصدر السابق - ص250, د. سامي جمال الدين - المصدر السابق - ص114.

(2) د. يحيى الجمل - نظرية الضرورة - المصدر السابق - ص111- 115.

(3) انظر في نظائر المادة (16) في دساتير الدول الأفريقية، د. وجدي ثابت غبريال -المصدر السابق - ص 15 ،16. وفي الدول العربية انظر كاظم الجنابي - سلطات رئيس الدولة التشريعية في الظروف الاستثنائية - رسالة ماجستير - كلية القانون جامعة بغداد - 1993 - ص34.

سلامة أراضيه أو تنفيذ تعهداته الدولية مهددة بخطر جسيم وحال ونشأ عن ذلك انقطاع السلطات الدستورية العامة عن مباشرة مهامها كالمعتاد يتخذ رئيس الجمهورية الإجراءات التي تقتضيها هذه الظروف بعد التشاور مع الوزير الأول ورؤساء المجالس والمجلس الدستوري بصفة رسمية، ويخطر الشعب بذلك برسالة، ويجب أن يكون الغرض من هذه الإجراءات هو تمكين السلطات العامة الدستورية من القيام بمهامها ن في اقرب وقت ممكن، و يستشار المجلس الدستوري فيما يتعلق بهذه الإجراءات، ويجتمع البرلمان بحكم القانون، ولا يجوز حل الجمعية الوطنية أثناء ممارسة هذه السلطات الاستثنائية)).

ويشير الفقه المصري إلى أن اتجاها مماثلا قد برز في نص المادة (74) من دستور (1971) التي عدها الفقه الدستوري المصري حكما جديدا في النظام الدستوري المصري إذ لا مثيل لها في الدساتير المصرية السابقة، لا في العهد الملكي ولا في العهد الجمهوري وأشار، هذا الفقه، إلى أنها مقتبسة من المادة (16) الفرنسية[1]، وكانت هذه المادة تنص على انه "لرئيس الجمهورية إذا قام خطر يهدد الوحدة الوطنية أو سلامة الوطن أو يعوق مؤسسات الدولة عن أداء دورها الدستوري أن يتخذ الإجراءات السريعة لمواجهة هذا الخطر ويوجه بيانا إلى الشعب، ويجري الاستفتاء على ما اتخذ من إجراءات خلال ستين يوما من اتخاذها".

وفي العراق نلمس تأثر المشرع الدستوري لدستور (29) نيسان (1964) بهذا الاتجاه، فقد نصت المادة (51) منه على انه "لرئيس الجمهورية في حالة خطر عام أو احتمال حدوثه بشكل يهدد سلامة البلاد وأمنها، أن يصدر قرارات لها قوة القانون بقصد حماية كيان الجمهورية وسلامتها وأمنها بعد موافقة مجلس الوزراء "[2] وكذلك

---

(1) د. سليمان الطماوي – النظرية العامة للقرارات الإدارية – ط4- دار الفكر العربي –1976- ص252، وانظر كذلك د.أبراهم عبد العزيز شيحا – المصدر السابق – ص705.

(2) د. رعد الجدة – التشريعات الدستورية في العراق – مطابع دار الشؤون الثقافية العامة، بغداد، 1988، ص89، وأشار إلى تعديلها بموجب المادة السادسة من التعديل الثاني في (8 أيلول 1965) ولا يخفى الفرق بين صياغة المادة (16) الفرنسية والمادة (51) العراقية.

المشرع الدستوري لمشروع دستور جمهورية العراق لعام (1990) - الذي لم يكتب له التطبيق - فقد نص في المادة (99) فقرة (أولا) ما نصه "أولا - لرئيس الجمهورية إذا قام خطر يهدد امن البلاد واستقلالها وسلامتها أو وحدتها الوطنية أن يصدر في مدة لا تتجاوز ستة اشهر من قيام الخطر أوامر وقرارات لها قوة القانون لتلافي هذا الخطر وله أيضا أن يعلن حالة الطوارئ في العراق أو في أية منطقة فيه، وينظم القانون حالة الطوارئ"[1]. وفي المادة (101) أيضا التي أعطت لرئيس الجمهورية في ظروف الحرب، التي هي احد أهم واخطر الظروف الاستثنائية، صلاحيات وسلطات غير محددة، والتي كان نصها "لرئيس الجمهورية في ظروف النزاع المسلح أن يصدر ما يراه ضروريا من القرارات والتدابير بهدف تعزيز القدرة القتالية للبلاد والتعبئة الشعبية والنفير العام في مختلف المجالات العسكرية والمدنية"[2].

(1) د. رعد الجدة - التشريعات الدستورية - المصدر السابق - ص145.

(2) ونشير أخيرا، وبصدد الدساتير العراقية، إلى انه لا يمكن اعتبار الفقرة (جـ) من المادة (57) من دستور جمهورية العراق المؤقت لعام (1970)، تنظيماً دستورياً لحالة الضرورة القصوى بالمعنى المتقدم والتي كان نصها كالآتي ((لرئيس الجمهورية عند الاقتضاء إصدار قرارات لها قوة القانون...)) وذلك لسعة نطاقها وعدم وجود ما يشير إلى نظرية الضرورة وشروطها وخاصة فيما يتعلق بأوصاف الخطر وكونه جسيم وحال، فهي تصلح أن تستخدم في الظروف العادية والاستثنائية على السواء، وقد افرز الواقع عن استخدامها في أمور عادية أكثر بكثير من استخدامها لمواجهة ظروف استثنائية، فهي لذلك ((تعبيراً لاندماج السلطة فالقائم على السلطة التنفيذية له أن يمارس السلطة التشريعية بموجب هذه المادة متى شاء مادام الأمر يعود في النهاية إلى سلطته التقديرية))، انظر لبيان هذا الرأي د. وسام صبار عبد الرحمن - الاختصاص التشريعي للإدارة في الظروف العادية - رسالة دكتوراه مقدمة إلى كلية القانون جامعة بغداد- 1994 - ص90 هامش رقم (1)، كاظم الجنابي- المصدر السابق - ص34 وما بعدها.

المبحث الثالث
الرقابة على سلطات الظروف الاستثنائية

لما كانت نظرية الضرورة تمكن الدولة وسلطتها أن تتحرر من بعض القيود الـواردة في القواعـد الدستورية والقانونية حتى يمكنها التغلب علـى الأزمـات التـي تهـدد وجودهـا واستمرارها أو سـلامة شعبها ووحدة أراضيها أو استمرار عمـل مؤسسـاتها الدسـتورية بانتظـام واطراد، لـذ نجـد الدسـاتير المختلفة قد نظمت مجموعة من الوسائل القانونيـة التـي تمثـل تطبيقـات لتلك النظريـة وقننتهـا في أنظمة استثنائية، كقـوانين الطـوارئ أو الأحكـام العرفيـة، أو اللـوائح التفويضـية أو سـلطات الأزمـات الخاصة[1] – والتي أوردناها سابقا.

وإذا كانت نظرية الضرورة بالمعنى المتقدم تتخذ سـندا لتوسيع نطاق السلطة علـى حسـاب الحرية لحماية المصالح العليا للمجتمع والتي تغدو أكثر أهمية من الحرية في أوقات الخطر والأزمـات، فان القضاء هو الذي يمسك بيده الميزان بين مقتضيات الضرورة ومقتضيات المشروعية، أي أن يـوازن بين مقتضيات ما تدعي السلطة انه مصلحة عامة ومقتضيات ما يـدعي الأفراد مـن مشروعية، وذلـك لحماية حقوقهم وحرياتهم من التعدي والانتهاك غير المبرر[2]. ويجري كـل ذلـك في إطار مـن الموازنـة الدقيقة بين اعتبارات المحافظة على حقوق الأفراد وحرياتهم وبين سـلامة الدولة ودرء الإخطار التي تتهددها[3].

---

[1] د. وجدي ثابت غبريال – المصدر السابق – ص13, 14.
[2] د. يحيى الجمل – نظرية الضرورة - المصدر السابق – ص86.
[3] د. فاروق احمد خماس – الرقابة عـلى أعـمال الإدارة – دار الكتب للطباعـة والنشـر في جامعـة الموصـل – 1988- ص45.

فضلا عن الرقابة القضائية على سلطات الضرورة والظروف الاستثنائية، تنظم بعض القوانين والأنظمة الاستثنائية أنماطا مختلفة من الرقابة السياسية، والتي تتمثل بالأدوار المختلفة التي يضطلع بها البرلمان في اللجوء إلى القوانين الاستثنائية، أو في أثناء مباشرة السلطات التي تتخذها السلطة التنفيذية استنادا إليها، أو مجرد تقييم هذه السلطات الاستثنائية بعد اتخاذها وإضفاء الشرعية عليها أو عدم إضفائها.

لذا سوف نقسم هذا المبحث إلى مطلبين، الأول لبيان الرقابة القضائية على سلطات الظروف الاستثنائية، والثاني لبيان الرقابة البرلمانية على سلطات الظروف الاستثنائية.

المطلب الأول
الرقابة القضائية على سلطات الظروف الاستثنائية

ليس خافيا أن القضاء هو المصدر الحقيقي لنظرية الضرورة فهو الذي أوجد المشروعية الاستثنائية التي تسود في الظروف الاستثنائية، فهو الذي عمل على تقرير السلطات الاستثنائية في تلك الظروف، إذا لم تكن هناك نصوص دستورية أو تشريعية تنظمها، أو إذا وجدت مثل هذه النصوص ولكن التطبيق العملي لها قد كشف عن بعض القصور والنقص أو عدم الكفاية لمواجهة الأخطار أو دفعها أو تلافي أثارها. وذلك عن طريق تخويل السلطة التنفيذية السلطات الكافية لمواجهة تلك الظروف الاستثنائية و الأزمات، و لا يكتفي بهذا الدور بل أنه يعمل على تفسيرها على وجه الدقة وتحديد مدلولاتها وتطوير مفاهيمها وإنشاء المبادئ القضائية إذا سكت المشرع كلية عن معالجة أثر هذه الظروف[1].

[1] د. سامي جمال الدين – المصدر السباق – ص26.

هذا وان دور القضاء في الرقابة على سلطات الضرورة يأتي انسجاما مع حقيقة أن نظرية الضرورة لا تخرج عن إطار مبدأ المشروعية، وإنما تتخذ موقعها في داخله، وذلك لأنها تتفق مع قواعد المشروعية في احترام القواعد الدستورية والقوانين التي تمثل مصدر أحكام الضرورة. وكل ما تؤدي إليه هو التأثير الجزئي في بعض أحكام المشروعية[1].

وبصدد بيان موقف القضاء من نظرية الضرورة والاتجاهات المختلفة في دول العالم، نشير إلى موقف القضاء الأمريكي كنموذج للقضاء المناهض لنظرية الضرورة، في الفرع الأول، والقضاء الفرنسي- كنموذج للقضاء المؤيد لها، في الفرع الثاني.

الفرع الأول
القضاء الأمريكي

ونشير هنا إلى أن موقف المحكمة العليا في الولايات المتحدة الأمريكية حول نظرية الضرورة وأثرها على الحقوق والحريات في القانون الدستوري، قد توضح مرتين، أولهما في قضية (ميلجان) في (نيسان عام 1866) وثانيهما في قضية (عمال مصانع الصلب) في (2 حزيران عام 1952).

فيما يتعلق بقضية (ميلجان) فقد كانت وقائعها تتلخص في إن الرئيس الأمريكي الأسبق (أبراهام لنكولن) الذي قاد حرب تحرير العبيد ووقف بصلابة في مواجهة انفصال الجنوب عن الشمال أثناء الحرب الأهلية أو حرب الانفصال، كما تسمى في التاريخ الأمريكي، والذي رأى إن من واجبه إن يتخذ كل ما هو ضروري من إجراءات للمحافظة على سلامة البلاد في تلك الفترة، مستندا في اتخاذه لهذه الإجراءات على نظرية الضرورة وإجراءاتها الاستثنائية الواسعة، حيث قال في تبرير

---

[1] د. وجدي ثابت غبريال - المصدر السابق - ص88.

موقفه هذا بأنه لا يمكن أن نضحي بالأمة من أجل الدستور، لذا فهو يعد اتخاذ بعض الإجراءات غير الدستورية من أجل سلامة الأمة إجراءات ضرورية لابد منها وأنها أولى بالتقديم على ما عداها، معتبرا إن القسم الذي أداه للمحافظة على الدستور عند توليه للحكم هو الذي يدفعه إلى اتخاذ هذه الإجراءات كي يحافظ على الأمة ثم على الحكومة وبالتالي فهو يحافظ بالنهاية على الدستور[1]. وقد كان من بين ما أتخذه (لنكولن) من إجراءات هو تعطيله لقانون الإحضار (Habeas Corpus)[2] وهو أقوى ضمانة للحقوق والحريات في غياب الكونغرس.

وفي ظل هذه الأحوال رفع (ميلجان) - وهو مواطن من ولاية أنديانا وقد اعتقل وحوكم أمام محكمة عرفية وحكم عليه بالإعدام في أثناء حرب الانفصال الأمريكية - الدعوى مطالبا بعدم دستورية الإجراءات التي حوكم بمقتضاها، وبالذات عدم دستورية تعطيل نظام الإحضار، ويطلب محاكمته بإجراءات عادية وأمام محكمة عادية.

---

(1) د.يحيى الجمل – نظرية الضرورة – المصدر السابق – ص59، 60.

(2) قانون (الهيباس كوربس) هو ضمانة كبيرة لحرية الأفراد ويتمتع كل فرد بمقتضاه إذا حبس أن يطلب إلى القضاء النظر في أمر حبسه فان كان قانونياً أجازه وألا أمر بالإفراج عنه. وقد عرف هذا النظام أول الأمر في إنكلترا، والذي يحق بموجبه ((لكل شخص أن يطلب من المحكمة إصدار أمر إلى مدير السجن الذي حبس فيه شخص ما أن يحضر جسم السجين إلى ساحة المحكمة مع بيان سبب حبسه، وليس للقاضي أن يمتنع عن إصدار هذا الأمر، ولا لمدير السجن أن يمتنع عن تنفيذه، وألا عوقب الممتنع بعقوبة مالية كبيرة، وعندما يحضر السجين أمام المحكمة، فأنها تتحقق من أسباب حبسه وتبعاً لما يسفر عنه تحقيقها وما يثبت لديها من وقائع، تقرر أما إبقائه في السجن أو تطلق سراحه))، والتسمية (هاباس كورباس) أخذت من الكلمتين اللتين تبدأ بهما صيغة الأمر باللغة اللاتينية وهما (احضر السجين)، الأستاذ حسين جميل – حقوق الإنسان في الوطن العربي – مركز دراسات الوحدة العربية - بيروت – 1986- ص37.

وقررت المحكمة عند التصدي لهذه الدعوى إن السؤال الأساسي فيها هو ما إذا كانت المحكمة التي حوكم أمامها (ميلجان) لها من الشرعية ما يؤهلها لذلك ومن ثم تحدثت المحكمة عن طبيعة القوانين الجنائية وانتهت إلى القول بأن "الدستور هو قانون المحكومين والحاكمين في الحرب والسلم على السواء، وانه يرعى بحمايته الناس من كل طبقة وفي كل الأوقات وتحت كل الظروف ولا يوجد هناك ما يبرر إيقاف نصوص ذلك الدستور في أشد حالات الاقتضاء بالنسبة للحكومة" وان القول بغير ذلك يؤدي إلى الفوضى أو إلى الاستبداد، ومن ثم قررت استنادا على موقفها هذا أن محاكمة (ميليجان) غير قانونية وقررت الإفراج عنه.

وان تقرير هذا الحكم يعني أنها رفضت بوضوح نظرية الضرورة وما يترتب عليها من سلطات استثنائية، لذا فقد انتهت هذه المحكمة إلى أن حقوق (ميليجان) قد انتهكت حينما حوكم أمام محكمة عسكرية على الرغم من أنه ليس من رجال القوات المسلحة، وكان الأصح أن يحاكم أمام محكمة مدنية فيها محلفون. وانتهت أخيرا إلى أن هذه الأمة - تعني الشعب الأمريكي - "لا تستطيع أن تعيش دائما في سلام وليس لها أن تتوقع أن حكامها سيكونون دائما من ذوي الحكمة والاتجاهات الإنسانية، وان رجالا أشرار من الطامعين في السلطة وممن يكرهون الحرية قد يجلسون يوما مكان واشنطن ولنكولن، وإذا سلمنا بهذا الحق - الحق في الخروج على الدستور تأسيسا على الضرورة - فان عدوانا مخيفا قد يرتكب ضد الحرية إذا قامت حرب أخرى"، وكذلك قولها "أن بلدا يعيش على أساس التضحية بكل مبادئ الحرية لا يستحق أن يعيش"[(1)].

أما فيما يتعلق القضية المعروفة (بقضية عمال الصلب) والتي تتلخص وقائعها بان شركات الصلب لجأت إلى المحكمة الاتحادية بولاية (كولومبيا) طالبة التقرير بعدم

---

(1) د. يحيى الجمل - نظرية الضرورة - المصدر السابق - ص(59-62).

قانونية قرار الرئيس بالاستيلاء على مصانع الصلب بناءا على مبررات ضرورات الحرب والتفوق العسكري فيها، حتى وصل الأمر إلى المحكمة العليا - حسب النظام القضائي الأمريكي - لتقرر بشأنها أن الرئيس لا يملك حسب الدستور الأمريكي إصدار مثل هذا القرار رافضة كل المقارنات بين حكومة الولايات المتحدة والحكومات الأخرى التي قرر لها حرية التصرف استنادا إلى ضرورات الحرب، مقدرة أن الثمن الذي تدفعه الحكومة الأمريكية نتيجة حرمانها من هذا التصرف ليس غاليا إذا ما قورن بما يؤدي إلى الحفاظ عليه من الحقوق وحريات[1].

الفرع الثاني

القضاء الفرنسي

ولما كانت فرنسا تتبع نظام القضاء المزدوج، أي وجود قضاء إداري إلى جانب القضاء العادي، فقد كان لكل منهما موقفا خاصا من نظرية الضرورة ومدى الإجراءات تتخذها السلطة التنفيذية بالاستناد إليها، وكانت الحرب العالمية الأولى هي المناسبة التي أثير بصددها الموقف من نظرية الضرورة، و كان ذلك بمناسبة الطعون التي قدمت ضد اللوائح والقرارات التشريعية التي أصدرتها الحكومة دون الاستناد إلى نص في القانون أو الدستور و إنما أصدرتها تحت تأثير ظروف الحرب وتداعياتها، و التي كانت تتضمن فرض عقوبات جنائية على المخالفين، وبما إن التشريع الجنائي الفرنسي لا يتضمن نصا يتعلق بتنظيم حالة الضرورة، لذا كان القضاء العادي وعلى رأسه محكمة النقض كان يبحث دائما عن منفذ ينتهي منه إلى ما تنتهي إليه حالة الضرورة دون الاستناد عليها مباشرة، كان يستند إلى حالة الإكراه المعنوي أو انعدام القصد الجنائي، وما إلى ذلك، فقد قضت محكمة النقض مرارا بان الحكومة "لا يجوز

[1] د. يحيى الجمل - نظرية الضرورة - المصدر السابق - ص(63 - 66).

لها بمرسوم ان تغير من أحكام التشريعات القائمة وأنها لا تستطيع أن تفرض عقوبات طالما أنها لم تفوض بذلك صراحة في القانون"[1].

أما القضاء الإداري الفرنسي فقد كان أكثر تحررا من القضاء العادي في هذه المسألة، وذلك يتعلق بالطبيعة الخاصة للقضاء الإداري، كون القانون الإداري الذي يطبقه هذا القضاء، يتميز بحداثته ومرونته وكونه قانون قضائي غير مقنن، ذلك إن القاضي الإداري إذا لم يجد أمامه نصا يطبق على النزاع المعروض فإنه لابد أن يجتهد لحل النزاع المعروض أمامه[2]، فضلا عن خبرة القضاء الإداري واحتكاكه المباشر بالإدارة العاملة، كل هذه العوامل جعله في موقف يقبل معه نظرية الضرورة والآثار التي تترتب عليها، وان كان يطلق عليها مسميات متعددة مثل (نظرية سلطات الحرب) أو (نظرية الظروف الاستثنائية) أو (نظرية الظروف الطارئة) أو (نظرية الضرورة). فقد ذهب مجلس الدولة الفرنسي إلى ان نطاق الشرعية هو ليس نطاقا جامدا دائما، وإنما هو نطاق متحرك ويتسع في أوقات الأزمات ليصحح ما لا تصححه الظروف العادية.

ومن أشهر أحكام مجلس الدولة الفرنسي حكمه المعروف باسم حكم (Heyries) في (28 حزيران 1918) - والذي يعد بحق مولد نظرية الضرورة قضائيا في فرنسا - والذي قرر بموجبه صحة ومشروعية مرسوم أصدره رئيس الجمهورية في (10 ديسمبر 1914) يقضي بتعطيل المادة (65) من قانون (22 أبريل 1905) والتي تقضي بضرورة إطلاع الموظف على ملف خدمته قبل توقيع الجزاء التأديبي عليه. نتيجة لشعور الحكومة في بداية الحرب بحاجتها إلى عدم التقيد ببعض الضمانات

---

(1) د. يحي الجمل - نظرية الضرورة - المصدر السابق - ص(69-70).

(2) لمزيد من التفصيل حول خصائص القانون الإداري هذه، انظر د.علي خطار شطناوي - الوجيز في القانون الإداري - الطبعة الأولى - دار وائل للنشر - 2003 - ص(21 - 23).

المقررة للموظفين والذي قد يتصل بأمن الدولة نفسها، و كان ذلك بمناسبة نظره في الطعن الذي تقدم به الموظف (هيريه) في هذا المرسوم، الذي فصلته الحكومة ومنعته من الإطلاع على ملف خدمته، ويعد ذلك اعترافا بحق الحكومة في تعطيل كل الضمانات الفردية دون أي أذن تشريعي بذلك، وهذا ما يعني السماح للحكومة بالتجاوز على مبدأ المشروعية، متمثلا ذلك في القاعدة الدستورية التي تقضي بخضوع اللائحة أو المرسوم للقانون وعدم تعارضها معه، وقد برر المجلس موقفه هذا استنادا إلى المادة الثالثة من دستور عام (1875)- الذي كان نافذا في ذلك الوقت – والتي تعطي لرئيس الجمهورية مهمة الإشراف على تنفيذ القوانين، وخاصة ما يتعلق منها بواجبه بضمانة سير المرافق العامة باضطراد وانتظام دون توقف أو تعطل لذلك فأن هناك بعض القوانين يجب أن يضمن تطبيقها في زمن الحرب لتعلقها بضمانة سير المرافق العامة، و يجب عليه تعطيل القوانين التي تعوق هذا السير المنتظم للمرافق العامة، وان كان مجلس الدولة قد استند إلى النصوص سالفة الذكر، إلا أن الفقه الفرنسي في جملته يعد هذا الحكم مستندا إلى نظرية الضرورة[1].

هذا وقد سنحت الفرصة لمجلس الدولة الفرنسي مرة أخرى لبيان موقفه من نظرية الضرورة، وكان ذلك بصدد تحديد نطاق الرقابة القضائية على سلطات رئيس الجمهورية بمقتضى المادة (16)، عند تصديه لقضية (Rubin de servens)[2]، وأصدر

---

[1] د. يحيى الجمل – نظرية الضرورة - المصدر السابق- ص(72- 76)، د. سامي جمال الدين – المصدر السابق- ص28.

[2] وتتلخص وقائع هذه القضية، انه عند تطبيق المادة (16) في (13 ابريل/ نيسان 1961) أصدر الرئيس الفرنسي (الجنرال ديكول) قراراً بإنشاء محكمة عسكرية خاصة بتاريخ (3/ مايو / 1961) يحال إليها من يرتكب أو يشارك في جرائم ضد امن الدولة أو نظام الجيش ويكون لها صلة بإحداث الجزائر التي أدت إلى الرجوع إلى المادة (16)، وقد حوكم الضابط (Rubin de servens) وتسعة ضباط آخرين أمام هذه المحكمة وصدرت بحقهم أحكام مختلفة، قام هؤلاء ==

هذا المجلس حكمه بتاريخ (3/2 /1962) والذي قرر فيه أن القرارات التي يصدرها رئيس الجمهورية استنادا إلى المادة (16) وتتصل بأمور تدخل في النطاق المحجوز للقانون بمقتضى المادة (34) من الدستور تعتبر بمثابة أعمال تشريعية لا تخضع لرقابة مجلس الدولة، إلا من حيث التأكد من وجودها المادي فحسب، أما القرارات التي يتخذها رئيس الجمهورية بالاستناد للمادة (16) وتدخل في نطاق المادة (37) من الدستور (أي المجال اللائحي) فأنها ستكون قرارات لائحية تخضع لرقابة المجلس إضافة إلى القرارات الفردية[1].

كما تجدر الإشارة هنا إلى أن مجلس الدولة الفرنسي أعتبر قرار اللجوء إلى المادة (16) من قبيل أعمال السيادة التي لا تخضع لرقابة القضاء، ومن ثم فأن المجلس لا يملك فحص شرعيته أو مراقبة مدة تطبيقه.أما قرار إنهاء العمل بالمادة (16) فأن المجلس لم يضف عليه وصف أعمال السيادة، وقد انتهى في أحكامه اللاحقة إلى أن قرار إنهاء العمل بالمادة (16) بأنه من طبيعة تشريعية لا يدخل في اختصاص المجلس فحص شرعيته[2].

=== بتقديم طعن إلى مجلس الدولة الفرنسي يطلبون فيه الحكم بعدم مشروعية قرار إنشاء هذه المحكمة العسكرية العليا، مستندين في ذلك على أن شروط تطبيق المادة (16) لم تكن متحققة، فلم تكن مؤسسات الدولة في ذلك التاريخ تحت تهديد خطر جسيم وحال وان السلطات الدستورية العامة كانت تستطيع مباشرة مهامها بصورة معتادة وطبيعية، وأسسوا طعنهم كذلك على أساس أن إنشاء هذه المحكمة يعد خرقاً لمبادىء القانون العام الفرنسي، وعلى وجه الخصوص القانون الجنائي، وكذلك أن القرار محل الطعن يخالف مبدأ عدم رجعية القوانين الجنائية، انظر في تفاصيل هذه القضية، د. يحيى الجمل - نظرية الضرورة - المصدر السابق - ص(168- 173).

[1] د. يحيى الجمل - المصدر السابق - ص175 ،176.

[2] د. محمد حسنين عبد العال - رقابة مجلس الدولة لقرارات الضبط الإداري الصادرة بالتطبيق للمادة(16) والمادة(74) من الدستور المصري -دار النهضة العربية-بلا سنة طبع-ص29, 33.

المطلب الثاني
الرقابة البرلمانية على سلطات الضرورة

وتتمثل الرقابة البرلمانية على سلطات الضرورة في الدور الذي تقوم به البرلمانات سواء أكان عند اللجوء إلى القوانين الاستثنائية، أم في أثناء مباشرة السلطات التي تتخذها السلطة التنفيذية استنادا إليها، أو قد تتمثل في مجرد تقييم هذه السلطات بعد اتخاذها وإضفاء الشرعية عليها أو عدم إضفائها. لذا سنقسم هذا المطلب إلى فروع أربعة، تشير إلى دور البرلمان الرقابي في بعض القوانين الاستثنائية بدأ بقوانين التفويض التشريعي، والنصوص التي تنظم التشريع في غيبة البرلمان أو لوائح الضرورة، وقوانين الأحكام العرفية وحالة الطوارئ، وأخيرا في نصوص الأزمات الخاصة.

الفرع الأول
رقابة البرلمان على سلطات التفويض التشريعي

لقد رأينا سابقا ما تنطوي عليه قوانين التفويض التشريعي من خطورة خاصة، حيث أنها تسمح للسلطة التنفيذية أن تحل محل السلطة التشريعية في ممارسة عملية التشريع، ولا يخفى ما في هذا الأمر من انتهاك لمبدأ الفصل بين السلطات، وعلى

=== ويأتي هذا الموقف تأسيسا على أن مجلس الدولة قد استند على المعيار الموضوعي لتكييف العمل وتحديد طبيعته القانونية لتحديد مدى اختصاصه لفحص مشروعيته، ذلك لأن المجلس قد سار على النهج الذي التزم به في قضائه السابق بشأن تحديد مدى اختصاصه بمراقبة شرعية القرارات والأعمال التي تصدر عن هيئة أو جهة واحدة تتجمع وتتركز في يديها سلطات متعددة خلال فترة معينة، حيث يتعذر تحديد طبيعة العمل من الناحية القانونية استنادا إلى المعيار الشكلي فلا يبقى إلا المعيار الموضوعي، انظر في ذلك د. محمد حسنين عبد العال - المصدر السابق - ص35.

الرغم من هـذه المخـاوف الجديـة مـن إتبـاع هـذا الأسـلوب، إلا أن السـلطة التشـريعية قـد اضطرت إلى الالتجاء إليه بسبب الظروف الاستثنائية التي تواجـه الدولـة والشـعب، وخاصة ظـروف الحرب والأزمات الاقتصادية إضافة لعوامل وأسباب أخرى[1]. لـذا نجـد الأنظمـة الدسـتورية المختلفـة التي تبنت هذا التنظيم، تحيطه بالعديد من الضمانات والقيود، وما يضيفه الفقه الدستوري من قيود في هذا المجال، منها عدم جواز التفويض إلا إذا أجازه نص في الدستور، وغالبا ما تحرص الدساتير علـى أن لا تبيح هذا الإجراء إلا في ظروف استثنائية يقدرها البرلمان، وان تحـدد أغـراض التفـويض بشـكل محدود، وان يكون التفويض لمدة محددة، ولكن أهم هذه الضمانات وأكثرها جدية هو وجوب عـرض المراسيم التفويضية على البرلمان في نهاية المـدة لـكي يبـدي رأيـه فيهـا، فـإذا اقرها أصبحت قانونيـة ومشروعة منذ لحظة إصدارها، وإذا لم يقرها أصبحت غير مشروعة وانتفت عنها الصفة القانونيـة مـن لحظة إصدارها ويقوم البرلمان بتصحيح الأوضاع القانونية التي ترتبت عليها[2]. وهذا الأجـراء تسـتلزمه حقيقة أن السلطة التنفيذية، ممثلة في رئيسها في الغالب، عند مباشرتها للسلطات الممنوحة لها بقانون التفويض وإصدارها للمراسيم التفويضية، فإنما هي تباشر اختصاصا محجوزا في

---

[1] من أهم هذه الأسباب والمبررات، هو ما تحتاج إليه بعض الأمور من سرية وسرعة عند تشريعها حتى في الأوقـات العادية، مثل تنظيم الضرائب الجمركية أو رسوم الاستيراد والتصدير أو قوانين النقد وحماية العملة الوطنيـة أو اعتمادات التسليح، وذلك لان اجتماعات البرلمان قد يحتاج إلى وقت أطول كما أن المناقشات حولها قد تأخذ وقتا أطول، وخلال ذلك قد تضار المصلحة العامة وتتعرض للخطر نتيجة لعدم المبادرة إلى إيجاد التنظيم المنشود، كمـا يضاف إلى ذلك ما قد يترتب على المناقشات، حتى لو كانت سرية، من تسرب للمقترحات المعروضة للنقـاش إلى علم المواطنين وما ينتج عن ذلك من أضرار كبيرة وهزات كبيرة، وتمكن البعـض مـن تحقيـق كسـب غـير مبرر أو الإفلات من الأعباء الجديدة، د.سعد عصفور - النظام الدستوري المصري - منشاة المعارف بالإسكندرية - 1980 - ص135, 136.

[2] د. رعد الجدة وآخرون - المصدر السابق - ص69.

الأصل للسلطة التشريعية أي أن تصدر بها قانون، لذا يكون من المتعين الرجوع إلى صاحب الاختصاص الأصيل ليقول رأيه فيها[1]. وهذا ما قررته المادة (108) من الدستور المصري لعام (1971) حينما نصت على أن "لرئيس الجمهورية عند الضرورة وفي الأحوال الاستثنائية وبناءا على تفويض من مجلس الشعب بأغلبية ثلثي أعضائه أن يصدر قرارات لها قوة القانون، ويجب أن يكون التفويض لمدة محدودة وان تبين فيه موضوعات هذه القرارات والأسس التي تقوم عليها ويجب عرض هذه القرارات على مجلس الشعب في أول جلسة بعد انتهاء مدة التفويض، فإذا لم تعرض أو عرضت ولم يوافق المجلس عليها زال ما كان لها من قوة القانون".

الفرع الثاني

رقابة البرلمان على سلطات لوائح الضرورة

أو التشريع في غيبة البرلمان، ويتضح جليا من خلال النصوص التي تنظمها، أنها تخول رئيس الدولة سلطة إصدار لوائح أو مراسيم بقوانين في المجال المحجوز للقانون وذلك لمواجهة ما يحدث من ظروف لا تحتمل التأخير في الفترة التي يكون فيها البرلمان معطلا لأي سبب من الأسباب، على أن تعرض هذه المراسيم على البرلمان عند استطاعته من الاجتماع ليقرر بشان مشروعيتها وبالتالي إقرارها، أو لا يرى ذلك فيعمد إلى إلغائها وإعادة ترتيب الأوضاع القانونية التي نتجت عنها.

ولما كان ذلك الحال هو في حقيقته ممارسة السلطة التنفيذية للاختصاص التشريعي، فانه يعد انتهاكا واضحا لمبدأ الفصل بين السلطات، يجري تبريره استنادا إلى حالة الضرورة، لذا نجد الدساتير التي تنظم مثل هذه السلطات تحيطه بضمانات وقيود حتى لا يساء استخدامه، وفي هذا الصدد نشير إلى القيود التي أوردتها المادة (147)

[1] د. سعد عصفور - النظام الدستوري المصري - المصدر السابق - ص(136 - 140).

من الدستور المصري لعام (1971) على سلطة رئيس الجمهورية في اللجوء إليها ومباشرة سلطاتها في إصدار مراسيم بقوانين، وهي وجود حالة من حالات الضرورة، التي عبرت عنها بوجود ما يوجب الإسراع في اتخاذ تدابير عاجلة لا تحتمل التأخير[1]، وان يقع ذلك في غيبة مجلس الشعب، لأي سبب من الأسباب[2], إلا أن أهم هذه القيود والضمانات هو الدور الرقابي الذي يضطلع به مجلس الشعب في رقابة هذه السلطة الاستثنائية لرئيس الجمهورية، باعتباره صاحب الاختصاص الأصيل في ممارسة عملية تشريع القوانين، فإذا كانت الضرورة قد فرضت عليه حكمها في التجاوز على سلطته في التشريع، فلا اقل من أن تعرض هذه المراسيم عليه ليقيم تصرف من قام بعمله الأصلي في أثناء غيابه وليتسلم وظيفته ويمارسها بنفسه[3]، ذلك بعد زوال ما يوجب الإسراع بطبيعة الحال، والتي قد تكون في خلال خمسة عشر يوما

---

[1] والتي يشير الدكتور سليمان الطماوي أن تقديرها ومدى الحاجة إلى اللجوء إلى إصدار لوائح الضرورة لمواجهتها تعود، بإجماع الفقه والقضاء، للسلطة التنفيذية وحدها تباشره تحت رقابة البرلمان، وهو ما سار عليه مجلس الدولة المصري باستمرار، ومن ذلك حكم محكمة القضاء الإداري في (23 ديسمبر 1954) والتي قررت فيه "أن حكم قيام الضرورة الملجئة لإصدار المراسيم بقوانين من السلطة التنفيذية فيما بين دوري الانعقاد، عملا بنص المادة (41 من دستور 1923)، أمر متروك للسلطة التنفيذية تقدره تحت رقابة البرلمان بحسب الظروف والملابسات القائمة في كل حالة، وليست هناك مقاييس منضبطة للتحقق من قيام تلك الضرورة " انظر د.سليمان الطماوي – النظرية العامة في القرارات الإدارية - الطبعة الخامسة – دار الفكر العربي – 1984 - ص465، 466.

[2] من المجمع عليه أن غياب مجلس الشعب يتحقق في إحدى الحالات التالية: فيما بين أدوار الانعقاد، أو في حالة الحل – وان كان هناك خلاف فقهي كبير حول مسالة الحل في الفقه المصري – أو حالة تأجيل انعقاد المجلس، انظر في ذلك تفصيلا د.عمر حلمي فهمي – المصدر السابق – ص(371 – 375).

[3] د. عمر حلمي فهمي – المصدر السابق – ص367.

من تاريخ صدور هذه المراسيم إذا كان المجلس مازال قائما، أو في أول اجتماع له في حالة الحل أو وقف الجلسات، فإذا لم تعرض عليه خلال هذه المدد زال بأثر رجعي ما كان لها من قوة القانون، إلا إذا رأى المجلس اعتماد نفاذها في الفترة السابقة أو تسوية ما يترتب على آثارها بوجه آخر.

الفرع الثالث

رقابة البرلمان على سلطات الأحكام العرفية وحالة الطوارئ

لقد مر بنا سابقا طرق إعلان الأحكام العرفية أو حالة الطوارئ، وهي نظام التشريع السابق على حالة الطوارئ والمعمول به في فرنسا، حيث يرى البعض أن وجوده يسعف الحكومة على سرعة الاستجابة لدواعي الظروف الطارئة دون الحاجة إلى الرجوع إلى البرلمان في كل حالة، إلا أن هذا الحال وان كان يعد أمرا إيجابيا من وجهة النظر هذه، إلا أن البعض الأخر يعده مأخذا على هذا الأسلوب في تنظيم الأحكام العرفية بقانون مسبق، من حيث انه ربما يكون خطرا على الحقوق والحريات حينما "تكون الحكومة متعطشة للطغيان راغبة في التخلص من أحكام القانون العادي لغير ما سبب جدي، فتتذرع بأوهى الأسباب لإعلان الأحكام العرفية" ولتلافي الوقوع في هذا المحظور تنص اغلب الدساتير على إلزام الحكومة بالرجوع إلى البرلمان بعد إعلان الأحكام العرفية أو حالة الطوارئ لتعرض عليه الأمر وتحدد المبررات والأسباب وتطالب التصديق على قرارها باللجوء إلى قانون الطوارئ، وإعلان الأحكام العرفية. وهذا الأسلوب هو الاتجاه السائد في الأنظمة القانونية المختلفة[1], وهو على خلاف النظام الإنكليزي الذي لا تنظم فيه حالة الطوارئ بقانون سابق، ويرخص للسلطة التنفيذية في أن تلجا إلى البرلمان لتحصل منه على ما يعرف بقانون

[1] د. طعيمه الجرف – مبدأ المشروعية – المصدر السابق – ص 154, 155.

الظروف، كلما دعت الحاجة إلى ذلك، وان كان هذا النظام يوفر حماية جدية لحقوق الأفراد وحرياتهم، وذلك لأنه لا يسمح للسلطة التنفيذية أن تلجا إلى القوانين الاستثنائية لأي سبب كان بدون الترخيص من البرلمان، ولكن يعاب عليه بأنه ربما يغل يد الحكومة من التصرف السريع لمجابهة الظروف الطارئة التي يغلب عليها أن تكون مفاجئة وحادة لا تحتمل التأخير والانتظار لحين عرض الأمر على البرلمان والحصول على الترخيص بالتحرك بموجب قانون الظروف[1]. أما بالنسبة لنظام التشريع المختلط، أي النظام الأمريكي، الذي يجمع بين سمات النظامين السالفين، من حيث أن التشريع الأمريكي قد نص بشكل عام على القواعد المنظمة لإعلان حالة الطوارئ وما يترتب عليه من أثار، والتي يضاف إليها الاختصاصات الاستثنائية الإضافية التي يمنحها الكونجرس للحكومة إذا استلزمتها الظروف والأحداث العارضة[2].

الفرع الرابع

رقابة البرلمان على سلطات الأزمات الخاصة

لقد نصت بعض نصوص الأزمات الخاصة على دور متميز وفعال للبرلمان في فترة اللجوء إليها وسريان نظامها الاستثنائي وسلطاتها الواسعة[3], ولاشك أن اشهر

(1) د.طعيمه الجرف - مبدأ المشروعية - المصدر السابق - ص152, 153.

(2) د. زكريا محمد عبد الحميد محفوظ - المصدر السابق - ص139، 140.

(3) ونشير إلى أن هذه النصوص تنظم أنواعا مختلفة من الرقابة، علاوة على الرقابة المقررة بموجب النظام القانوني في الدولة والمتمثلة برقابة القضاء - أو الرقابة البرلمانية والتي نحن بصددها - فالمادة (16) الفرنسية تقرر نوعين من الرقابة - بالإضافة إلى رقابة مجلس الدولة الفرنسي بطبيعة الحال - وهي رقابة المجلس الدستوري و رقابة الجمعية الوطنية الفرنسية. والمادة (74) المصرية تضمنت نوعا واحدا من الرقابة وهي الرقابة التي يمارسها الشعب من خلال الاستفتاء الشعبي الذي نصت عليه هذه المادة، بالإضافة إلى رقابة مجلس الدولة المصري، بطبيعة الحال. والمادة (51) من دستور عام

هذه النصوص هو نص المادة (16) من دستور الجمهورية الخامسة الفرنسي، التي نصت على وجوب اجتماع البرلمان بقوة القانون، وحظرت حل الجمعية الوطنية من قبل رئيس الجمهورية في هذه الأثناء، والتي أتت على هديها بعض نصوص الأزمات

==(1964) العراقي تضمنت نوعا واحدا من الرقابة أيضا وهي رقابة مجلس الوزراء، أما المادة(99) والمادة (101) من مشروع دستور جمهورية العراق لعام (1990) فلم تتضمن أي نوع من الرقابة.

إلا أن هذه الأنماط من الرقابة لا تشكل ضمانات فعالة للحرية في مواجهة السلطة الاستثنائية الواسعة بموجب نصوص الأزمات الخاصة، ذلك انه باستثناء رقابة البرلمان السياسية والرقابة القضائية، فأن رقابة المجلس الدستوري التي نصت عليها المادة (16) الفرنسية من خلال أخذ رأيه قبل إعلان العمل بهذه المادة وأخذ رأيه مجددا بشأن الإجراءات التي تتخذ تطبيقا لها، يبدو أن رأيه استشاري بحت وغير ملزم لرئيس الجمهورية مما يدعو إلى القول بضعف هذا النوع من الرقابة إلى الدرجة التي لا يجوز معها اعتباره نوع من أنواع الرقابة، د. يحيى الجمل - نظرية الضرورة - المصدر السابق - ص 206، 209.

أما الاستفتاء الشعبي الذي نصت عليه المادة (74) المصرية، فيقرر الفقه والقضاء المصري بشأنه بان أجراءه لا يغير من طبيعة الإجراءات أو القرارات التي يوافق عليها الشعب ولا يغير من طبيعتها القانونية، وفي هذا المعنى قررت محكمة القضاء الإداري في مصر في أحد أحكامها، أن الاستفتاء الشعبي على المادة (74) لا يؤثر في طبيعتها القانونية أو في مشروعيتها. فإذا كانت لها طبيعة القرارات الإدارية قبل الاستفتاء ظلت لها هذه الطبيعة بعده، وإذا كانت غير مشروعة ظلت عالقة العيوب التي لحقت بها عند إصدارها ولا يطهرها موافقة الشعب على اتخاذها، د. ماجد راغب الحلو - القانون الدستوري - المصدر السابق - ص(259 - 260)، د. سامي جمال الدين - المصدر السابق - ص166.

أما رقابة مجلس الوزراء التي نصت عليها المادة (51) من دستور عام (1964) العراقي فأنها رقابة صورية بحته، لايمكن عدها ضمانة حقيقية للحرية في هذه الأحوال، وما يدعم ارجحية هذا الرأي أن طبيعة النظام السياسي السائد في ظل هذا الدستور لا تعطي انطباعا بإمكانية وجود هذه الرقابة، فلا يمكن أن تصور أن يراقب مجلس الوزراء رئيس الجمهورية، وهو الذي يعين أعضائه ويقيلهم من مناصبهم وهو المهيمن الفعلي على السلطة السياسية وممارسها دونما أي مشاركة أو رقابة من أحد، د. رعد الجدة وآخرون - المصدر السابق - ص381, د. منذر الشاوي - القانون الدستوري والمؤسسات السياسية العراقية - مطبعة شفيق - بغداد - 1966- ص202، 203.

الخاصة وأخذت بمثل هذا الحكم، كالفصل (46) من دستور عام (1959) التونسي والتي ألزمت رئيس الجمهورية بعدم حل مجلس الأمة، وكذلك المادة (39) من دستور (1991) الموريتاني التي نصت على أن "يجتمع البرلمان وجوبا، لا تحل الجمعية الوطنية خلال ممارسة السلطات الاستثنائية".

ويأتي هذا الأمر انسجاما مع حقيقة أن البرلمان هو الجهة التي تتوافر فيها مؤهلات الفاعلية لممارسة الرقابة السياسية على سلطات الأزمات الخاصة الواسعة والخطيرة، لذلك فأن أهم ضمانة تكفل للبرلمان قيامه بدوره الرقابي هذا هي نص الدساتير على اجتماعه بقوة القانون عند إعلان السلطات الاستثنائية، لضمان وجوده وتحقيق اعتبارات السرعة والفاعلية، ونصها كذلك على سلب الحكومة لحقها في حل البرلمان لئلا يستخدم هذا الحق للتخلص منه تحاشيا لدوره الرقابي[1].

وعلى الرغم من ذلك نشير إلى تباين مواقف الفقهاء والكتاب الفرنسيين حول جدية وفاعلية الدور الرقابي الذي يمارسه البرلمان في ظل النظام الاستثنائي الذي تقيمه الأزمات الخاصة، فالاتجاه الغالب في الفقه الفرنسي يقر مبدأ الرقابة السياسية على أعمال رئيس الجمهورية في ظل النظام القانوني الاستثنائي الذي تقيمه المادة (16)، فالفقيه (هوريو) يرى أن الاجتماع الوجوبي للبرلمان هو الضمان الأكثر جدية

---

[1] G. Camus – L'article 16 de la constitution du 4 Octobre 1958, these، L. G. D. J, 1969 – p. 237,391.

غير أن الفقيه الفرنسي (Lamarque) يشير إلى أن الرئيس قد يستطيع أن يحل البرلمان رغم هذا الحظر الوارد في المادة (16) وذلك عن طريق تعطيله لنص المادة ذاتها لفترة تكفي لحل البرلمان خلالها، ومن ثم يعود إلى تطبيقها مرة أخرى، وهو ما يجعل الرئيس حاكماً يباشر سلطاته في غياب البرلمان مدة تتراوح بين عشرين إلى أربعين يوماً، وهو أقصى موعد لإجراءات الانتخابات التشريعية، انظر في ذلك:

Lamarque – la thorie de la necessiteet de la article(16), de la, R. D. P. 1961, p.621.

في تلك الظروف، مؤسسا ذلك على أن المادة (16) نفسها لم تورد أي قيد على سلطات البرلمان، طالما أن الديكتاتورية المؤقتة باقية، وان هذا الاجتماع، كما يرى (هوريو) يشير إلى أن سلطات رئيس الجمهورية محددة خلال هذه الفترة الاستثنائية[1]. أما الفقيه (جان لامارك) فيذهب إلى أن رئيس الجمهورية لا يستطيع أن يسحب سلطات البرلمان، وان فعل ذلك فأنه يكون قد ارتكب خرقا واضحا للدستور، كما يقر هذا الفقيه بحق البرلمان في مناقشة قرارات رئيس الجمهورية وإلغائها، أو أن يتخذ قرارا بلوم الحكومة أو بتوجيه تهمة الخيانة العظمى لرئيس الجمهورية بموجب المادة (68) من الدستور[2].

أما الكاتبة (فواسيه) فترى أن البرلمان لا يملك حق إلغاء أو تعديل قرارات رئيس الجمهورية التي يتخذها استنادا على المادة (16) وكل ما يملكه في هذا المجال هو حق مناقشة تلك القرارات فقط، وترى السبب فيما تذهب إليه، هو أن رئيس الجمهورية يستمد سلطته في إصدار هذه القرارات مباشرة من الدستور، وأن هذه القرارات تنفذ وتطبق دون حاجة إلى مصادقة البرلمان عليها[3].

أما الكاتب الفرنسي (Queremenne) فيندفع، في عدم اتفاقه مع الذين يقرون بالدور الرقابي للبرلمان في هذه الأزمات، إلى حد القول بأن المادة (16) نصا وروحا تعطي لرئيس الجمهورية سلطات لا تعرف المشاركة أو الرقابة[4].

وبصدد الرقابة السياسية للبرلمان، ينتهي الفقه الدستوري بشان حق البرلمان في توجيه تهمة الخيانة العظمى لرئيس الجمهورية بموجب المادة (68) من الدستور في ظل تطبيق المادة (16)، إلى انه أجراء قليل الفعالية كوسيلة حقيقية لرقابة البرلمان على رئيس الدولة في ظل سلطات الأزمات الخاصة، ويؤسس ذلك استنادا على أن تهمة الخيانة العظمى هي تهمة مطاطة، من الصعوبة بمكان تحديد مدلولها القانوني، إذ

---

[1] أورده كاظم الجنابي – المصدر السابق – ص62.

[2] Lamarque – op.cit – p. 621,622.

[3] M. vossiet – op.cit –p. 234.

[4] أورده، د. عمر حلمي فهمي – المصدر السابق – ص344.

تختلط فيها الاعتبارات السياسية والقانونية وأنها بحد ذاتها تعبير غير محدد من حيث الأفعال المكونة لها أو العقوبات التي تطبق بشأنها[1]، كما أنها أسلوب استثنائي وخاص جدا، لا يصح اللجوء إليه إلا في حالات الانحرافات الدستورية الخطيرة، كأن يستخدم الرئيس سلطاته الاستثنائية من اجل أن يمكن دولة أجنبية من فرض سيطرتها على البلاد، أو لتغيير نظام الحكم من جمهوري إلى ملكي، أو من ديمقراطي إلى أوتوقراطي[2].

أما بالنسبة للمادة (74) من الدستور المصري لعام (1971)، فأنها وان لم تشر إلى مسألة اجتماع البرلمان في أثناء اللجوء إليها، إلا أن بعض الفقه الدستوري المصري يذهب إلى تقرير ذلك من خلال الربط بين هذه المادة والمادة (102) من الدستور والتي تلزم رئيس الجمهورية بدعوة البرلمان إلى اجتماع غير عادي في حالة الضرورة، وقد فسر هذا الفقه إلزام رئيس الجمهورية بدعوة مجلس الشعب للانعقاد في حالة الضرورة، بأنه مرتبط بقرار إعلان العمل بالمادة (74) وإنهاء العمل بها، وجودا وعدما، لأن رئيس الجمهورية إذا قدر قيام حالة الضرورة وقرر اللجوء إلى المادة(74) فأن هذا اللجوء يلزمه باللجوء إلى المادة (102) وينتهي هذا الفقه إلى أن هذا الانعقاد لمجلس الشعب في هذه الأحوال يفترض فيه انه يكون لتقرير الرقابة البرلمانية[3].

---

(1) د. محمود حلمي فهمي - المصدر السابق - ص345.
المادة (68) من دستور (1958) الفرنسي تنص على أن "رئيس الجمهورية لا يكون مسؤولاً عن الأعمال التي يقوم بها في مباشرة مهامه إلا في حالة الخيانة العظمى، ويكون اتهامه بواسطة المجلسين وبقرار موحد يصدر بتصويت علني وبالأغلبية المطلقة للأعضاء، الذين يتكون منهما المجلسان، وتجري محاكمته أمام المحكمة القضائية العليا". انظر لمزيد من التفصيل، د. عمر فؤاد بركات - المسؤولية السياسية لرئيس الدولة - بلا سنة طبع - ص20، 21.

(2) د. يحيى الجمل - نظرية الضرورة - المصدر السابق - ص160، 161.

(3) وكانت المادة (102) تنص على أن "يدعو رئيس الجمهورية مجلس الشعب لاجتماع غير عادي، ذلك في حالة الضرورة، أو بناءا على طلب موقع من أغلبية أعضاء مجلس الشعب، ويعلن رئيس الجمهورية فض الاجتماع غير العادي". د. سامي جمال الدين - المصدر السابق - ص211،210, د. وجدي ثابت غبريال - المصدر السابق - ص165،164.

الفصل الثالث

ضمانات التوازن
بين السلطة والحرية

ضمانات التوازن بين السلطة والحرية

أن دولة القانون هي شعار سياسي ونظرية دستورية هدفها تنظيم العلاقة بين الحكام والمحكومين. وهذا التنظيم يتم من خلال إيجاد علاقة متوازنة بين طرفي العلاقة. فالحاكم كأحد طرفي العلاقة وممارس للسلطة يرغب بتغليب ضرورات ممارسة السلطة، والمحكومين باعتبارهم الطرف الآخر لهذه العلاقة يرغبون بتغليب ضمانات الحقوق والحريات العامة. ضرورات ممارسة السلطة تتجلى من خلال التقييد الوارد سياسيا وقانونيا على الحقوق والحريات العامة، في حين أن ضمانات الحقوق والحريات العامة تتجلى من خلال التقييد القانوني والسياسي للسلطة[1].

ولبيان الضمانات اللازمة لتحقيق التوازن بين السلطة والحرية، سوف نقسم هذا الفصل إلى مبحثين، الأول لبيان الضمانات القانونية، والثاني لبيان الضمانات السياسية.

---

[1] د. سام دله – المصدر السابق – شبكة المعلومات الدولية.

المبحث الأول
الضمانات القانونية

لقد أصبح مبدأ إخضاع الدولة في كافة تصرفاتها لحكم القانون من المظاهر الأساسية في الدولة الحديثة "حتى أن الدول تتباهى فيما بينها بمدى تعلقها بأهداب القانون ورضوخها لمبادئه وأحكامه"، وهذا المبدأ يعني، فيما يعني، أن جميع الأشخاص في الدولة - الطبيعية منها والمعنوية الخاصة والعامة - ملزمة بالامتثال لإحكام القانون من ناحية، وأنها تملك بيدها سلاحا قانونيا لحماية تلك الأحكام كلما تعرضت للنقص أو المخالفة، من ناحية أخرى[1].

لذا تحرص معظم الدساتير على أن تضمن نصوصها مجموعة من الوسائل أو الضمانات والتي تهدف من وراءها إلى التأكد من خضوع السلطات الحاكمة في الدولة لإحكام الدستور وحماية وصيانة حقوق الإنسان وحرياته، ويتأتى لها ذلك من خلال تنظيم ممارسة السلطة وجعلها في الإطار اللازم لممارستها لمهامها الموكلة إليها بموجب الدستور والقانون، لحماية الحرية وصيانتها من تعسف السلطة وطغيانها. وهذا ما سنتناوله في الفروع آلاتية:

[1] د. ثروت بدوي - الدولة القانونية - بحث منشور في مجلة إدارة قضايا الحكومة - السنة الثالثة - العدد الثالث - 1959 - ص28.

المطلب الأول
مبدأ الفصل بين السلطات

ليس غريبا أن يعد مبدأ الفصل بين السلطات أحد أهم الركائز الأساسية التي تستند إليها فكرة الدولة القانونية، و أحد ضمانات الحرية في الدولة الديمقراطية، هذا المبدأ الذي ينسب إلى (مونتسكيو)، على الرغم من أنه ليس أول القائلين به، من خلال بحثه عن المثالية السياسية عن طريق إيجاد حكم معتدل يوازن بين ضرورات السلطة وضمانات الحقوق والحريات العامة[1].

ولا يكاد يذكر مبدأ الفصل بين السلطات، في الوقت الحاضر، إلا مقترنا باسم الفقيه الفرنسي- (مونتسكيو) والذي نشره في كتابه الشهير (روح القوانين الصادر سنة 1748) والذي كان له تأثير كبير في تفكير واضعي الدستور الأمريكي وكذلك على معتقدات رجال الثورة الفرنسية، وقد ترك هذا المبدأ أثاره الواضحة على معظم دساتير العالم، وان سبقه إلى الإشارة إلى هذا المبدأ بعض مفكري وفلاسفة النهضة الأوربية الحديثة كالفيلسوف الإنكليزي (جون لوك)، بل أن الفيلسوفين (أفلاطون وأرسطو)، سبق وان دعوا إلى هذا المبدأ[2].

---

[1] د. سام دله - المصدر السابق - شبكة المعلومات الدولية.

[2] فقد استعان (مونتسكيو) في شرحه لمضمون مبدأ الفصل بين السلطات بأفكار الفيلسوف الإنكليزي (جون لوك) التي نشرها في كتابه (الحكومة المدنية) الصادر في سنة (1690)، واستفاد كثيرا من التجربة الإنكليزية خلال القرن السابع عشر- الذي عاش فيه(مونتسكيو)، انظر في ذلك، د.علي محمد صالح الدباس و علي عليان محمد أبو زيد - حقوق الإنسان وحرياته - دار الثقافة للنشر- والتوزيع - عمان الأردن - 2005 - ص84، وكذلك، د.حسين عثمان محمد عثمان - المصدر السابق - 244, 245.

هذا المبدأ يعني، فيما يعني، توزيع وظائف الدولة الثلاث (التشريعية والتنفيذية والقضائية) على هيئات ثلاث تتولى كل منها وظيفتها المحددة بشكل مستقل عن السلطتين الأخريين، استنادا إلى حقيقة مفادها أن تجميع السلطة في جهة واحدة يودي بالحرية ويقضي عليها إذ أن السلطة المطلقة مفسدة مطلقة[1]. وإن اجتماع وظيفة التنفيذ والتشريع في هيئة واحدة يؤدي إلى انتفاء الحرية، فما الذي يمنع تلك الهيئة من إصدار قوانين تمنح نفسها سلطات وصلاحيات واسعة، كما أن اجتماع الوظيفة التشريعية والقضائية في هيئة واحدة قد يؤدي إلى سن قوانين مغرضة تتفق مع الحل الذي يراد تطبيقه في الحالات التي تعرض أمامه للفصل فيها، وأخيرا فان اجتماع وظيفتي التنفيذ والقضاء في هيئة واحدة يؤدي إلى"غياب رقابة القاضي عن عدالة التنفيذ وشريعته"[2].

[1] د. سليمان الطماوي – السلطات الثلاث في الدساتير المعاصرة وفي الفكر السياسي الإسلامي – دار الفكر العربي – الطبعة الرابعة – 1979 – ص469.

وينتهي (مونتسكيو) جازما إلى أن تركيز السلطة في هيئة واحدة أو في يد فرد واحد يؤدي بالضرورة إلى الاستبداد وضياع الحريات الفردية، حتى لو كانت تلك الهيئة هي مجلس نيابي شعبي منتخب، أو كان ذلك الفرد مفوضا من قبل الشعب ، انظر د.مصطفى محمود عفيفي – المصدر السابق – ص291, 292، وكذلك د.حسين عثمان محمد عثمان-المصدر السابق– 245.

هذا وان أول تطبيق عملي لمبدأ توزيع السلطات على جهات متعددة وليس تركيزها في جهة واحدة، قد جرى في دستور (كرومويل) والذي حرص على فصل السلطات الثلاث في الدولة (التشريعية والتنفيذية والقضائية) كرد فعل ضد استبداد الملوك، لذا نجد النظام الملكي الذي جاء بعد سقوط الدستور الجمهوري الذي أقامه (كرومويل) عمد إلى العدول عن هذا المبدأ، انظر د. يحيى الجمل – الأنظمة السياسية - المصدر السابق – 127, 128.

[2] د. ثروت بدوي – الدولة القانونية – المصدر السابق – ص66, د.مصطفى أبو زيد فهمي – النظرية العامة في للدولة – الطبعة الخامسة – دار المطبوعات الجامعية – 1997- ص99، د. رياض عزيز هادي – حقوق الإنسان – بغداد – 2005 – ص111.

كما يقضي أيضا إلى أن تراقب كل منها الأخرى في أداء وظيفتها التي تستند إلى الدستور وان لا تستقل أي من هذه السلطات بمباشرة وظيفتها عن السلطتين الأخريين، إذ أن الفصل المطلق بين السلطات هو أمر مستبعد، لا بل انه - على فرض حصوله - يتعارض مع مفهوم مبدأ الفصل بين السلطات ويودي بنا إلى نتاج عكسية[1]. وفي هذا الصدد يشار إلى أن الدستور الأمريكي لعام (1778) وكذلك الدساتير الفرنسية الأولى عقب الثورة (وهما دستورا عام (1791) ودستور السنة الثالثة للثورة) تبنوا مفهوما متطرفا لمبدأ الفصل بين السلطات يؤدي إلى الفصل الجامد والمطلق بين السلطات ولا يترك مجالا للتعاون، وهذا المفهوم يأتي على خلاف التصور الذي طرحه (مونتسكيو) في الفصل المرن بين السلطات بحيث يتحقق التعاون والرقابة المتبادلة بينها[2].

حيث انتهى الفقه الدستوري، بشان هذا الفصل المرن بين السلطات، إلى أنة فصل نسبي يتعلق بتقسيم الوظائف والاختصاصات فقط وان الفصل الكامل المطلق أمر لايمكن تصوره في الواقع السياسي والمنطق القانوني حتى في أكثر الأنظمة الدستورية حرصا علية ألا وهو النظام الدستوري الأمريكي، والذي حرص واضعوه على الفصل الكامل بين السلطة التنفيذية والسلطة التشريعية. وهذا الحال ينسجم مع حقيقة أن السلطة والسيادة لايمكن تجزأتها وتقسيمها وان السلطات كافة لابد أن تتعاون وتتبادل التأثير على بعضها البعض[3].

---

[1] د. ثروت بدوي – النظم السياسية – دار النهضة العربية – 1975- ص322 وما بعدها.

[2] د. حسين عثمان محمد عثمان – المصدر السابق – 246, 247, د.علي محمد صالح الدباس و علي عليان محمد أبو زيد – المصدر السابق – ص83 ، د.مصطفى محمود عفيفي – المصدر السابق – ص293.

[3] انظر في هذا الموضوع بشكل تفصيلي د. سعيد السيد علي – حقيقة الفصل بين السلطات في النظام السياسي والدستوري الأمريكي – بلا مكان الطبع – 1999- ص436 ومابعدها.

وفي هذا الصدد نشير إلى أن قانون إدارة الدولة للمرحلة الانتقالية في العراق لعام (2003) حرص على التأكيد مبدأ الفصل بين السلطات، وبشكل جاوز فيه المألوف في النصوص التي تكرس مبدأ الفصل بين السلطات، فقد نصت الفقرة (ب) من المادة الرابعة والعشرين منه على أن "تكون السلطات الثلاث التشريعية والتنفيذية والقضائية منفصلة ومستقلة الواحدة عن الأخرى".

ونشير إلى أن الإعلان الفرنسي لحقوق الإنسان والمواطن الصادر عام(1789) في المادة (16) منه قد قرر على أن "كل مجتمع لا تكون فيه ضمانة الحقوق مؤمنه ولا فصل السلطات محدد هو مجتمع لا دستور له إطلاقا".

وعلى الرغم مما هو مسلم به من أن الدولة الحديثة تقوم على مبدأ الفصل بين السلطات وانه بات يشكل أحد المقومات الأساسية التي ترتكز عليها الديمقراطية الحديثة، إلا انه تعرض للانتقاد والرفض من قبل بعض الفقه الدستوري، وأصبح لهذا المبدأ رافضون ومؤيدون[1].

المطلب الثاني
مبدأ المساواة

يعد الكثير من الكتاب مبدأ المساواة بمثابة حجر الزاوية بالنسبة للحريات العامة والأساس الذي تقوم عليه، وكونه من أقوى الضمانات التي تكفل التوازن في الدولة الديمقراطية وتحقق قانونيتها، لذا كان بديهيا أن تبنى الدساتير الحديثة هذا المبدأ وتضمنه في نصوصها فتقرر المساواة بين جميع المواطنين بدون تمييز بسبب الجنس أو الأصل أو اللون أو العقيدة الدينية أو السياسية[2].

---

[1] انظر مواقف الرافضون والمؤيدون لمبدأ الفصل بين السلطات، د.إبراهيم الصغير إبراهيم - مبدأ الفصل بين السلطات بين النظرية والتطبيق - المصدر السابق - ص(68 - 74).

[2] د. كريم يوسف كشاكش - المصدر السباق - ص299.

وقد بات راسخا "أن المساواة هي المفتاح الرئيسي للوصول إلى الديمقراطية الحقيقية وكفالة الحرية. إذ أن المجتمع الذي تنعدم فيه المساواة، وتسود فيه روح التمييز والتفريق يصل به الأمر في النهاية إلى الإنكار التام للحرية"[1]. ذلك أن المساواة وما يتفرع عنها تعد بحق الركيزة الأساسية لكل الحريات، ينتفي بانتفائها القول بوجود حريات قائمة أو مصانة في المجتمع[2].

ولهذا, كانت المساواة هي الهدف الأول للثورات الكبرى في العالم، وكان انعدام المساواة هو الباعث على قيام الثورتين الأمريكية والفرنسية في القرن الثامن عشر. ولا يهدف مبدأ المساواة إلى إزالة مظاهر التمييز بين الأفراد المؤسسة على الأصل أو الجنس أو اللغة أو العقيدة أو اللون، أو غير ذلك من الأسباب فقط، وإنما يهدف كذلك إلى تحقيق العدالة للجميع، وتمتعهم بالحقوق والحريات على قدم المساواة[3].

(1) د. عبد الغني بسيوني – النظم السياسية – الدار الجامعية – 1984 – ص344، وانظر كذلك د.عبد الحميد متولي – القانون الدستوري والأنظمة السياسية – المصدر السابق – ص156.

(2) د. سعاد الشرقاوي – نسبية الحريات العامة – المصدر السابق - ص108.

(3) فقد تقرر هذا المبدأ بصورة رسمية في الديمقراطيات الغربية الحديثة ففي الولايات المتحدة الأمريكية قرر إعلان الاستقلال الأمريكي (1776) "أن الناس جميعا يولدون أحرارا متساوين" وتقرر ذلك أيضا في الفقرة الأولى من التعديل الرابع عشر- من الدستور الأمريكي حينما قرر أن (جميع الأشخاص اللذين يولدون في الولايات أو يتجنسون بجنسيتها ويخضعون لسلطتها يعتبرون مواطنين في الولايات المتحدة والولاية التي يقيمون فيها لذا لا يحق لها أن تحرم أي شخص داخل نطاق سلطانها من المساواة في الحماية أمام القانون)، كما جاء في إعلان حقوق الإنسان والمواطن الفرنسي (1789) في المادة الأولى منه على أن "يولد الناس أحرارا ومتساويين في الحقوق ويبقون كذلك. والاختلافات الاجتماعية لايمكن أن تقوم إلا على أساس المنفعة العامة".

وهذا ما اقره المجتمع الدولي في الإعلان العالمي لحقوق الإنسان الصادر عن الجمعية العامة للأمم المتحدة (1945) فقد جاء في المادة الأولى منه "يولد الناس أحرارا متساوين في الكرامة والحقوق، وقد وهبوا جميعا عقلا وضميرا، وعليهم أن يعامل بعضهم بعضا بروح الإخاء"[1], وكذلك في اتفاقيتي الأمم المتحدة للحقوق المدنية والسياسية والحقوق الاقتصادية والاجتماعية والثقافية، وفي الاتفاقيات الإقليمية مثل الاتفاقية الأوربية لحقوق الإنسان وإعلان حقوق المواطن العربي[2].

إن مبدأ المساواة بين الأفراد بمفهومه المطلق هو من أكثر المفاهيم الدستورية المتفق عليها، حيث لا نجد دستورا في الوقت الحاضر يخلو من النص عليه. وقد برزت في الفكر السياسي و الدستوري نظريتان أساسيتان لتحديد أساس مبدأ المساواة و وليدته الحرية، هاتان النظريتان هما: نظرية القانون الطبيعي، و نظرية العقد الاجتماعي.

فأنصار مدرسة القانون الطبيعي، يذهبون إلى أن الأفراد كانوا يعيشون في حالة الفطرة و يتمتعون بالمساواة التامة فيما بينهم في ممارسة حقوقهم و حرياتهم الطبيعية، أما أنصار نظرية العقد الاجتماعي فيرون أن الأفراد قد تعاقدوا فيما بينهم للخروج من حالة الفطرة من أجل الحياة في مجتمع منظم يتمتعون فيه بالمساواة التامة في الحقوق[3].

[1] علي خليقة الكواري - قراءة أولية في خصائص الديمقراطية - بحث منشور في كتاب المسألة الديمقراطية في الوطن العربي - منشورات مركز دراسات الوحدة العربية - بيروت - الطبعة الأولى - 2000 - ص34.

[2] د. عبد العزيز سرحان - المدخل لدراسة حقوق الإنسان في القانون الدولي - الطبعة الأولى - بلا مكان طبع - 1980 - ص225.

[3] د. عبد الغني بسيوني - المصدر السابق - ص345 - 347.

إن مبدأ المساواة يقضي بوجوب إخضاع جميع الأفراد الذين يتمتعون بمراكـز قانونيـة متماثلـة لنظام قانوني موحـد دون تمييـز بسـبب الأصـل أو الجـنس أو الـدين أو اللغـة أو المركـز الاجتماعـي في اكتساب الحقوق وممارستها وتحمل الالتزامات وأدائها[1]. وذلك لان المشرع وبمقتضى سلطته التقديرية ولمقتضيات الصالح العام، يستطيع وضع شروط تتحدد بها المراكز القانونية التي يتساوى الأفراد فيها أمام القانون[2].

هذا الأمر يقضي بوجود شقين أو بعدين لتحقيق المساواة بـين أصـحاب المراكـز المتماثلـة هـما: المساواة في الحقوق، و المساواة في الواجبات أو أمام الأعباء العامة. فيما يتعلق بالمساواة في المصـالح والمنافع العامة فهي تشمل المساواة أمام القانون التي تعد نقطة البداية في التطبيقات المختلفة لمبـدأ المساواة ثم المساواة أمام القضاء والمساواة في تولي الوظـائف العامـة والمسـاواة في ممارسة الحقـوق السياسية بالنسبة للمواطنين والمساواة في الانتفاع بخدمات المرافق العامة. أما بالنسبة للمساواة في التكاليف والأعباء العامة فهي تشمل المساواة في تحمـل الأعبـاء الضريبية والمساواة في أداء الخدمـة الوطنية أو الخدمة العسكرية[3].

---

[1] Esmein –Element de droit constitutional Francas et Compare – Tome1 – 1921 – p. 545.
ورد ذكره في د. كريم يوسف كشاكش – المصدر السابق – 304. د.مصطفى أبو زيد فهمي – المصدر السـابق – ص 466.

[2] د. محمد انس قاسم جعفر – المصدر السابق – ص255- 258.

[3] انظر في هذا الموضوع وبشكل تفصيلي د. عبد الغني بسيوني–المصدر السـابق – ص353 –373، وكذلك د.محمد انس قاسم جعفر – المصدر السابق – ص254، غـازي يوسـف زريقـي – مبـدأ سمو الدسـتور – رسالة دكتوراه مقدمة إلى كلية الحقوق جامعة القاهرة – 1990 –ص56-60.

وأخيرا نشير إلى أن الدستور العراقي الدائم لعام (2005) قد كرس مبدأ المساواة في المادة (14) منه حينما قرر بأن "العراقيون متساوون أمام القانون دون تمييز بسبب الجنس أو العرق أو القومية أو الأصل أو اللون أو الدين أو المذهب أو المعتقد أو الرأي أو الوضع الاقتصادي أو الاجتماعي".

المطلب الثالث
مبدأ سيادة أحكام القانون

لاشك أن مبدأ سيادة أحكام القانون يعد أحد أهم الأسس التي تقوم عليها الدولة الحديثة، والذي لا يجوز بمقتضاه للإدارة أن تتخذ أي أجراء – قرارا إداريا أو عملا ماديا – إلا بمقتضىـ القانون وتنفيذا له[1]، ويقصد بالقانون في هذا المقام المعنى العام الشامل لكل القواعد العامة والمجردة والملزمة في الدولة آيا كان شكلها سواء أكانت مكتوبة أم غير مكتوبة، وآيا كان مصدرها أو نوعها، أي كونها أعمال قانونية أو مادية، مع مراعاة مبدأ التدرج في قوتها القانونية (القانون الدستوري ثم القانون العادي ثم القرارات التنظيمية وأخيرا القرارات الإدارية الفردية)[2].

ويمثل مبدأ سيادة أحكام القانون أهم الضمانات الأساسية الجدية والحاسمة لتقرير وحماية حقوق الإنسان، فهو يمثل حصيلة ما استطاعت الشعوب أن تحققه من مكاسب في صراعها مع السلطات الحاكمة وعبر أجيال متعاقبة، لحملها على التخلي عن مظاهر الحكم المطلق، وان هذا المبدأ قد تغلغل وترسخ في العقيدة الإنسانية

---

[1] د.ثروت بدوي – الدولة القانونية – المصدر السابق – ص60.
[2] د.سليمان الطماوي – القضاء الإداري – الكتاب الأول – قضاء الإلغاء – دار الفكر العربي – 1986 – ص21.

وأضحى من قبيل المبادئ التي ترتقي إلى حد المثل العليا[1]. ذلك أن مبدأ سيادة أحكام القانون هو في الحقيقة نتيجة لمبدأ تقييد الدولة والذي يجد أساسه في المذهب الليبرالي و" الذي ينادي بمنح الأفراد عددا من الحريات بغية دفع شر الدولة أي تقييدها"[2].

فالسلطة تصبح مشروعة تماما إذا كان المواطنين يؤيدون النظام ويسيرون على وفق القوانين الأساسية ذلك أن إطاعة القوانين شرط لمشروعية الحكومة في السلطة، فالنظام الذي لا يحظى بالتأييد الشعبي لا يحترم الشعب القوانين التي تصدر منه، وان مصيره الزوال مهما طال الأمد أو قصر- إذ أن استعداد الشعب للالتزام الطوعي بالقوانين هو الذي يعزز شرعية الحكومة ويعطيها ديمومتها واستمرارها[3].

حيث أن مبدأ سيادة القانون هو التعبير القانوني الصادق عن معنى الديمقراطية، فهو الذي يجعل سلطة الحكم الديمقراطي - الذي يقوم على أساس من الرضا والمشاركة الشعبية – سلطة قانونية، وليس مجرد سلطة مادية مفروضة لقهر المحكومين وإرغامهم، ذلك أن منطق مبدأ سيادة القانون وجوهره يتعارض مع التسليم بان تكون سلطة الحكم مطلقة، فهو يفرض على السلطة، أيا كان مصدرها، حدودا لا يجوز لها أن تتجاوزها، وذلك لتوفير الضمان والأمان والحرية للإفراد عن طريق إخضاع السلطة للقانون[4].

---

[1] د. كريم يوسف كشاكش – المصدر السابق – ص380.
[2] د.منذر الشاوي – القانون الدستوري – المصدر السابق – ص318، 319.
[3] د. كريم يوسف كشاكش – المصدر السابق – ص384.
[4] د. محمد عصفور – ضمانات الحرية – مجلة المحاماة – مارس 1968 – ص40.
ويمكن تحقيق نتائج مبدأ سيادة أحكام القانون وتحقيق إخضاع السلطة للقانون وفق الأسس الآتية:===

المطلب الرابع
الرقابة على دستورية القوانين

لما كان الدستور- سواء أكان مكتوبا أم عرفيا - هو القانون الأسمى في الدولة و يحتل قمة الهرم القانوني فيها، لذا يقال أن الدستور يتمتع بالسمو والعلو في الدولة، هذا وان مبدأ سمو الدستور قد أضحى اليوم من المبادئ المسلم بها في الفقه الدستوري - حتى في حالة عدم النص علية في صلب الوثيقة الدستورية في الدولة[1]- ويعد أحد مظاهر مبدأ سيادة أحكام القانون، والدولة القانونية بالنتيجة[2]. فالدستور هو الذي يوجد السلطات الأساسية في الدولة (التشريعية والتنفيذية والقضائية) ويحدد اختصاص كل منها، بحيث لا يجوز لها أن تمارس هذا الاختصاص إلا في النطاق المرسوم له[3].

وقدر تعلق الأمر بكون الرقابة على دستورية القوانين أحد ضمانات الحرية، نشير إلى أن ظاهرة دسترة الحقوق والحريات أضحت ظاهرة عالمية، حيث أخذت بها

---

1. عدم جواز تقييد الحريات العامة إلا بقانون صادر عن سلطة تشريعية منتخبة، أو بناءا على قانون، أي بموجب قرار إداري تنظيمي لتنفيذ وتكميل القانون.
2. عدم جواز أن تصدر سلطات الدولة قرارا فرديا إلا في حدود قرار عام سواء كان قانونا أم لائحة.
3. وجوب احترام مبدأ تدرج القواعد القانونية، بان تحترم القاعدة الأدنى القاعدة التي تعلوها.

انظر في ذلك د. سعاد الشرقاوي – نسبية الحريات - المصدر السابق – ص107، 108.

(1) لمزيد من التفصيل حول مبدأ سمو الدستور سواء السمو الموضوعي أو الشكلي ا والنتائج المترتبة نظر د. إبراهيم عبد العزيز شيحا – القانون الدستوري – المصدر السابق – ص174- 202.

(2) د.عبد الحميد متولي – الوجيز في النظريات والأنظمة السياسية – دار المعارف - الطبعة الأولى – 1959 – ص 289.

(3) د. نوري لطيف – المصدر السابق – ص217.

جميع الدساتير، حتى في الدول التي تأخرت في تبني فكرة الدستور، بالتنصيص إما في، ديباجة الدستور أو في أبوابه الأخرى أو في بيانات أو إعلانات ملحقة، على الحقوق والحريات المنوطة بالإنسان، لاعتبارات خاصة بقيمة الدستور ومكانته في البنيان القانوني والمؤسسي للدولة العصرية، ولان ديمقراطية الدولة ومشروعيتها أصبحتا تقاسان بمدى احترامها للحقوق والحريات، ليس على مستوى التنصيص في الوثيقة الدستورية فحسب، وإنما على صعيد الممارسة الفعلية أيضا، لذا نجد معظم الدساتير لا تكتف بإقرار قائمة الحقوق والحريات، بل أنها ألزمت المشرع وباقي السلطات، وعبر جملة من الأحكام، باحترام الحقوق الأساسية الواردة في الدستور[1].

أما بالنسبة للسلطة التنفيذية يجب أن تكون أعمالها وتصرفاتها متفقة وإحكام الدستور وألا كانت غير مشروعة وجديرة بالإلغاء،وان كفالة احترام الدستور من جانب السلطة التنفيذية أمر يكفله القضاء بما يملكه من حق مراقبة مشروعية أعمال هذه الهيئة وقد يقضي بإلغائها، أو إلغاءها والتعويض عنها إذا كان هناك مقتضى. أو يجري محاسبة السلطة التنفيذية من قبل البرلمان في الأنظمة التي تقرر للبرلمان الحق في مراقبة الحكومة ومحاسبتها[2].

وأما بالنسبة للسلطة التشريعية، فإن أعمالها يجب أن تدور في الحدود المرسومة لها على وفق أحكام الدستور، و خاصة في مجال إصدار التشريعات. فلا تملك السلطة التشريعية أن تخالف أحكام الدستور، لا في حرفيتها وحسب، بل في روحها ومضمونها، أي المبادئ والأحكام التي تتضمنها[3].

---

(1) د. محمد مالكي – المصدر السابق – شبكة المعلومات الدولية، د. محمد أنس قاسم جعفر – المصدر السابق – ص287، 288.

(2) د. إبراهيم عبد العزيز شيحا – القانون الدستوري – المصدر السابق – ص204، وسنأتي بيان الرقابة على أعمال السلطة التنفيذية في المطلب القادم.

(3) أندريه هوريو – المصدر السابق – ص299.

وضمان أن تكون أحكام القوانين متفقة مع أحكام الدستور يكون عـن طريق الرقابـة عـلى دستورية القوانين[1]. و الرقابة على دستورية القوانين بهذا المعنى لا يمكن أن تثار إلا في ظل الدسـاتير الجامدة، التي يتطلب تعديلها إجراءات و شكليات مختلفة (أو أشد) مـن الإجـراءات اللازمـة لتعديـل القوانين العادية[2]. فهي تحقق ركن الجزاء والـذي ينتفـي بانتفائـه وصف القاعـدة القانونيـة، وهـذه الرقابة قد تكون رقابة سياسية أو قضائية[3].

الفرع الأول
الرقابة السياسية على دستورية القوانين

والرقابة السياسية تتحقق حينما تتـولى هيئة سياسية غـير قضائية مهمـة التثبـت مـن مـدى موافقة التشريعات التي تصدر من السلطة التشريعية لإحكام الدستور وإلغـاء المخـالف منهـا، ويقـال عنها أنها رقابة وقائية لأنها تسبق صدور القانون المخالف للدسـتور وتحـول دون إصـداره[4]، وهـذه الهيئة قد يجري تشكيلها عن طريق التعيين من قبل البرلمـان أومـن قبـل السلطة التنفيذيـة أو يجـري ذلك عن طريق الانتخاب أو عن طريق الاختيار الذاتي[5]، والنموذج الأبرز لهذا النوع مـن الرقابـة عـلى الدستورية تحقق

---

[1] لمزيد من التفصيل حول الأصول التاريخية والنظرية للرقابة على دستورية القوانين انظر د.محمد عصفور – الرقابة على دستورية القوانين – بحث منشور في مجلة المحاماة تصدر عن نقابة المحامين المصرية – العدد الحادي عشر – السنة الخمسون – 1970 – ص(27 – 34).

[2] د. عبد الحميد متولي – الوجيز في النظريات.... المصدر السابق – ص290.

[3] د. عبد الحميد الشواربي، شريف جاد اللـه – شائبة عدم دسـتورية ومشروعية قراري إعـلان ومـد حالة الطوارئ والأوامر العسكرية – منشأة المعارف – 2002 – ص186.

[4] د. نوري لطيف – المصدر السابق – ص218.

[5] د. رمزي طه الشاعر – المصدر السابق – ص442. ===

في ظل دستور الجمهورية الخامسة الفرنسية لعام (1958) والذي أنيطت فيه لهيئة غير قضائية، هي المجلس الدستوري، مهمة فحص مشاريع القوانين قبل إصدارها[1].

الفرع الثاني
الرقابة القضائية على دستورية القوانين

أما الرقابة القضائية على دستورية القوانين فأنها تعني قيام السلطة القضائية بمهمة الرقابة على دستورية القوانين، وهذا النوع أو النمط من الرقابة يأخذ شكلين أساسيين، أولهما الرقابة القضائية بطريق الامتناع، والتي يكون بموجبها للقضاء

=== ومن خلال هذه الطرق في تكوين هيئة الرقابة السياسية أبدى الفقه الدستوري انتقاداته لكل واحدة من هذه الطرق والمساوئ التي قد تتمخض عنها والآثار التي تترتب عليها، فان هي تكونت عن طريق التعيين، سواء عن طريق البرلمان أو الحكومة، فانه يحشى- على استقلالها، وإذا تشكلت عن طريق الانتخاب فقد تطغى عليها الأهواء والمصالح الحزبية، وان هي تشكلت عن طريق الاختيار الذاتي فأنها ستتحول إلى هيئة أرستقراطية لا تتفق مع منطق الديمقراطية الحديثة - على حد تعبير الفقيه الفرنسي- (دوجي)، انظر في ذلك د. عبد الحميد متولي - الوجيز....المصدر السابق - ص295، 296.

[1] وكان الفقيه الفرنسي (سييس) أول الداعين لها فقد كان يعارض إسناد مهمة الرقابة على دستورية القوانين لجهة قضائية نظرا للسمعة السيئة التي لحقت بالقضاء الفرنسي وردود الأفعال التي تركها تعسف واستبداد المحاكم قبل الثورة الفرنسية، لمزيد من التفصيل حول المراحل التي مرت بها الرقابة السياسية في فرنسا وصولا إلى إنشاء المجلس الدستوري، انظر د. نوري لطيف - القانون الدستوري - المصدر السابق - 218 - 221، د. زهير شكر - الوسيط في القانون الدستوري - الجزء الأول - المؤسسة الجامعية للدراسات والنشر والتوزيع - الطبعة الثالثة - 1994 - ص169.

للوقوف على كيفية تشكيل المجلس الدستوري بموجب دستور الجمهورية الخامسة الفرنسية (1958) انظر الباب السابع منه والذي جاء تحت عنوان(المجلس الدستوري) في المواد(56 -63).

الامتناع عن تطبيق القانون المخالف للدستور المراد تطبيقه في القضية المطروحة أمامه، ويتخذ القضاء هذا الموقف سواء من تلقاء نفسه أو بناءا على طلب أحد الخصوم، والأخرى هي الرقابة القضائية بطريق الإلغاء ومن خلالها يكون من حق القضاء أن يحكم بإلغاء القانون المخالف الدستور، إذا ما رفعت إليه مسالة التثبت من دستوريتة. ويمنح هذا الاختصاص لمحكمة خاصة تشكل لهذا الغرض يكون لحكمها حجية مطلقة بالنسبة للكافة[1].

المطلب الخامس
الرقابة على أعمال السلطة التنفيذية

يقضي مبدأ المشروعية أو مبدأ سيادة أحكام القانون بوجوب خضوع الحاكم والمحكوم لحكم القانون - بمعناه العام الشامل - وذلك عن طريق إيجاد جهات وإجراءات خاصة تمارس الرقابة على أعمالهم، وخاصة الإدارة[2], إذ أن في خضوعها لحكم القانون ضمانة أساسية تحمي الأفراد من تعسف الإدارة وطغيانها فيما تأتيه من أعمال وما تتخذه من إجراءات وتصرفات وما تتمتع به من أمتيازات[3]. حيث يؤدي الأخذ بمبدأ خضوع السلطة للقانون إلى أن كل تصرف تجريه هذه السلطة خلافا لأحكام القانون الملزمة يقع باطلا وغير نافذ[4].

---

(1) د.عبد الحميد الشواربي، شريف جاد الله - المصدر السابق - ص195, 196، د. زهير شكر - المصدر السابق - ص(169-172)، د.كريم يوسف كشاكش - المصدر السابق - 425، 426, د. نعمان احمد الخطيب - المصدر السابق - ص188.

(2) د. نعمان احمد الخطيب - المصدر السابق - ص189.

(3) علي محمد صالح الدباس وآخر - المصدر السابق - ص92.

(4) لمزيد من التفصيل حول كل ما يتعلق بفكرة البطلان وأثاره وتقسيماته المختلفة د.طعيمه الجرف - مبدأ المشروعية - المصدر السابق - ص163 وما بعدها.

وتخضع السلطة التنفيذية لأنواع مختلفة من الرقابة تبدأ بالرقابة الذاتية أو الرقابة الإدارية والرقابة البرلمانية والرقابة القضائية والرقابة الشعبية[1].

الفرع الأول

الرقابة الإدارية

فيما يتعلق بالرقابة الإدارية أو الرقابة الذاتية، فتتولى الإدارة بنفسها مراقبة مدى مطابقة تصرفاتها وأعمالها لإحكام القانون – بمعناه العام والشامل – أو مدى ملاءمتها لظروف المحيطة بها[2]. و قد تباشر الإدارة هذه الرقابة من تلقاء نفسها أو بناءا على طلب يقدم من قبل الأفراد، لذا تصنف الرقابة الإدارية إلى ثلاثة أصناف، منها الرقابة الولائية، وتبدأ بتقديم تظلم من ذي مصلحة إلى من صدر منه التصرف المخالف للقانون حيث يطلب فيه أن يعيد النظر في تصرفه سواء أكان بسحبه أم إلغائه أم تعديله أم استبداله. والرقابة الرئاسية وفيها يقدم التظلم - ويستطيع الرئيس أن يمارس هذا النوع من الرقابة استنادا لسلطته الرئاسية بدون تظلم - إلى رئيس مصدر القرار، ليقوم الرئيس باتخاذ الموقف المناسب بالاستناد إلى سلطته الرئاسية على مرؤوسيه فيقوم بسحب القرار أو إلغائه أو تعديله[3].

---

(1) سوف نناقش (الرقابة الشعبية) في المبحث التالي

(2) د. فؤاد العطار - القضاء الإداري – دار النهضة العربية – 1963- ص90، 91.

(3) د. سليمان الطماوي – القضاء الإداري – المصدر السابق – ص23. لمزيد من التفصيل انظر د.فؤاد العطار – المصدر السابق – 90- 98.

الفرع الثاني

الرقابة البرلمانية

تتجلى الرقابة البرلمانية على أعمال السلطة التنفيذية في النظم الدستورية البرلمانيـة[1]، ذلـك أن النظام البرلماني يقوم على الفصل الجزئي بين السلطات، بحيث يقـوم هـذا النظـام عـلى أسـاس التعـاون والرقابة بين السلطات، وهما يعدان بحق جوهر النظام البرلماني، ويعنـي عـدم وجـودهما عـدم وجـود النظام البرلماني حتى مع وجود البرلمان[2]. لذا نجد البرلمان في النظم البرلمانية يتمتع بحق مراقبـة أعـمال الحكومة فضلا عن دوره التشريعي بطبيعـة الحـال[3]. ولهـذه الرقابـة مظـاهر متعـددة وتتـدرج مـن الضعف إلى الشدة، فتبدأ بحق السؤال وحق الاستجواب وحق البرلمان في إجراء التحقيق البرلماني لتصل إلى قمتها وهي تحريك المسؤولية السياسية والتي قد تصل إلى طرح الثقة بالحكومة واستقالتها[4].

فإذا كان المبرر الذي انعقدت بموجبة الاختصاصات التشريعية والمالية للبرلمان هو تمثيله لإرادة الشعب التي هي مصدر كل السلطات، فان الحكومة هي التي تقرر السياسية العامة وهي التي تقوم على تنفيذها، وهنا يبرز مسوغ التعـاون بـين الحكومـة والبرلمـان، سـواء أكـان في المجـال التشريـعي أم الرقابي، والتأثير أو الرقابة بينهما والتي

---

[1] د. رمزي طه الشاعر – المصدر السابق – ص335.

[2] د. شمران حمادي – النظم السياسية – المصدر السابق – ص201.

[3] د. شمران حمادي – النظم السياسية – المصدر السابق – ص202.

[4] د. غازي يوسف زريقي – المصدر السابق – 221.

هذا وان البرلمان وهو بصدد تصرف معين صادر عن السلطة التنفيذيـة قـد يقـرر اللجـوء إلى أحـد هـذه الوسـائل الرقابية، أو يحصل أحيانا أن يبدأ الأمر باللجوء إلى إحداها ومن ثـم يتطـور ليصـل إلى أخطرهـا وهـي المسـؤولية السياسية، د.رمزي طه الشاعر – المصدر السابق – ص337.

تهدف إلى إقامة نوع من التوازن على وفق المبدأ الذي يقرر أن السلطة توقف السلطة وتكبح من جماحها، والذي يهدف إلى "التوقي من طغيان السلطة إذا تركزت أو استبدادها إذا أطلقت" ومن هذا المنطق تقرر الاعتراف لكل سلطة منهما بوسائل تمكنها من أن تمنع الأخرى من أن تضل أو تطغى، وهذا ما يبرر الاختصاصات الرقابية للبرلمان في النظام البرلماني[1]. ويبرر كذلك الاعتراف للسلطة التنفيذية بحق حل البرلمان وأجراء انتخابات جديدة، وذلك قبل الموعد المقرر لانتهاء المدة المقررة له في الدستور، كإجراء مقابل للسلطات الرقابية الممنوحة للبرلمان وتلطيفا لمفعولها وصولا لتحقيق التوازن المنشود بينهما وفقا لمنطق النظام البرلماني وأسسه الصحيحة[2].

الفرع الثالث
الرقابة القضائية

ويكون بموجبها للقضاء من ممارسة الرقابة على أعمال الإدارة، وهذا يعد من أهم أنواع الرقابة وأكملها وأوفاها، نظرا إلى أن من يتولاها هو القضاء الذي يتوفر فيه الحياد والنزاهة والاستقلال – إذا توافرت له الضمانات التي تكفل تمتعه بهذه المزايا – ويكون بالتالي خير من يصون ويضمن حقوق وحريات الأفراد ويعمل على حمايتها من تعسف الإدارة إذا ما تجاوزت الحدود المرسومة لها وفق القانون[3]. كما أن هذه

---

[1] د. محمد باهي أبو يونس – الرقابة البرلمانية على أعمال الحكومة في النظامين المصري والكويتي – دار الجامعة الجديدة في الإسكندرية – 2002 – ص7.

[2] د. رمزي طه الشاعر – المصدر السابق – ص 352, 353، د.صالح جواد كاظم و د. علي غالب العاني – الأنظمة السياسية – مطبعة دار الحكمة – بغداد – 1991 – ص72.

[3] انظر د.فؤاد العطار – المصدر السابق – 98، 99، د.كريم يوسف كشاكش – المصدر السابق – ص479، 480.===

الرقابة تحتل أهمية قصوى وضمانة كبرى لحماية الحقوق والحريات في الدول حديثة العهد بالديمقراطية، وذلك نظرا للقوة الكبيرة التي تتمتع بها السلطة التنفيذية في أنظمة هذه الدول وتجاوزها على اختصاص السلطات الأخرى[1].

وتتحقق الرقابة القضائية على أعمال الإدارة في عدة أشكال ومظاهر تتدرج في قوتها وفاعليتها ومداها، فقد تقتصر على مجرد فحص مشروعية عمل أو قرار معين بناءا على دفع من أحد الخصوم يبديه في دعوى منظورة أمام القضاء، يرى فيه عدم مشروعية هذا القرار أو العمل بسبب مخالفته للقانون، فتقوم المحكمة باستبعاد هذا القرار من الدعوى دون الحكم بإلغائه. وقد تأخذ الرقابة القضائية بعدا آخر, أكثر عمقا وفعالية حينما تحكم بالتعويض عن الأضرار التي ترتبها أعمال الإدارة المادية أو تصرفاتها القانونية، والذي يطلق علية (قضاء التعويض). وتأخذ الرقابة القضائية على أعمال الإدارة مداها الأقصى، حينما تقرر إلغاء القرارات الإدارية غير المشروعة والذي يترتب عليه إزالة القرار من الوجود، ويكون لحكم الإلغاء حجية مطلقة بالنسبة للكافة، وهذا ما يطلق عليه (قضاء الإلغاء)[2].

=== وفي هذا الصدد نورد رأي للأستاذ د.عبد الرزاق احمد السنهوري بحق رجال السلطة القضائية وإمكانياتهم وصفاتهم وقدرتهم على حماية مبدأ المشروعية وضمان حقوق الإنسان وحرياته، حينما قال "هم نخبة من رجال الأمة أشربت نفوسهم احترام القوانين وانغرس في قلوبهم حب العدل وهم بطبيعة وظيفتهم يؤمنون بمبدأ المشروعية ولا يقدر لهذا المبدأ قيام واستقرار إذا لم يوجد إلى جانبه قضاء حر مستقل يحميه من الاعتداء ويدفع عنه الطغيان"، د.عبد الرزاق احمد السنهوري - الرقابة على دستورية اللوائح - بحث منشور في مجلة القانون والاقتصاد - عدد مارس يونيو - 1978 - ص20.

[1] د. محمد انس قاسم جعفر - المصدر السابق - ص291.

[2] علي محمد صالح الدباس وآخر - المصدر السابق - ص93.

وفيما يتعلق بالجهة القضائية التي تباشر هذه الرقابة على أعمال الإدارة، نشير إلى أن الدول لم تتبنى موقفا واحدا، فقد اتجهت بعض الدول، على رأسها الدول الانكلوسكسونية، إلى إخضاع الإدارة للمحاكم العادية ومنحها الاختصاص كاملا. واتجهت دولا أخرى إلى إيجاد قضاء إداري خاص يختص بالفصل في النزاعات التي تتعلق بمشروعية القرارات الإدارية، وكانت فرنسا، بحق، المهد الأول لهذه الرقابة الإدارية[1]. وقد اخذ العراق بهذا النظام بعد قانون التعديل الثاني لقانون مجلس شورى الدولة رقم (65 لسنة 1979)[2].

---

[1] لمزيد من التفصيل حول الرقابة القضائية انظر د. سليمان الطماوي - القضاء الإداري - المصدر السابق - ص 24-35, د.فؤاد العطار - المصدر السابق - (98- 105)، د.نعمان احمد الخطيب - المصدر السابق - ص 190، 191.

[2] حيث أنشئت محكمة القضاء الإداري في العراق بموجب القانون رقم (106) لسنة (1989) المنشور في جريدة الوقائع العراقية العدد رقم (3285) بتاريخ 1989/12/11 والذي أصبح نافذا في 1990/1/10.

المبحث الثاني
الضمانات السياسية

ولما كان الفقه الدستوري قد انتهى إلى أن الضمانات القانونية هي ضمانات نسبية لايمكن أن تؤدي لوحدها إلى ضمان حسن نفاذ القواعد الدستورية وبالنتيجة عدم كفايتها لصيانة الحقوق والحريات إزاء السلطة الحاكمة التي تبدو عملية إلزامها باحترام القانون، بمعناه العام، مهمة شاقة، فيما لو اقتصر الأمر على مجرد الركون إلى الضمانات القانونية فحسب.

ومن هنا برزت أهمية وفاعلية الضمانات السياسية في مراقبة السلطة الحاكمة ومدى التزامها بالحدود المرسومة لها على وفق للقانون[1], لذا سوف نقسم هذا المبحث إلى مطلبين: الأول لدراسة الرأي العام، والثاني لبيان حق الشعوب في مقاومة الطغيان.

المطلب الأول
الرأي العام

على الرغم من أن ظاهرة الرأي العام ترتبط في نشأتها ووجودها بالمجتمع الإنساني ذاته، إلا أنها لم تحظ باهتمام الباحثين إلا في العصور الحديثة[2], وأن كانت بعض الفلسفات القديمة قد أشارت إليه ولكنها استخدمت للتعبير عنه والدلالة عليه مصطلحات مختلفة كإرادة الأمة أو مشيئة الشعب أو الروح العامة[3]. ولم تجر صياغته

---

[1] د. رمزي الشاعر – المصدر السابق – ص577، 578.

[2] د. كريم يوسف كشاكش – المصدر السابق – ص494, 495, للوقوف على نشوء وتطور نظرية الرأي العام في المجتمعات القديمة، انظر د.صادق الأسود -الرأي العام والأعلام – المصدر السابق – ص(5 - 11)، د.رمزي طه الشاعر – المصدر السابق – ص579, الهامش رقم (1).

[3] د. رمزي طه الشاعر – المصدر السابق – ص579, الهامش رقم (1).

في إطار نظرية سياسية إلا في القرنين الثامن عشر والتاسع عشر, بعد بروز وتوسع الحركات الشعبية المطالبة بإسهامها وعلى نطاق أوسع في حكومة الدولة القائمة على سيادة الأمة[1].

لذا فان الرأي العام وتأثيراته له الدور الأساسي والأثر المهم في حسن تطبيق القواعد الدستورية، ليس في الأنظمة الديمقراطية فحسب، وإنما له هذا الدور حتى في الأنظمة الاستبدادية، فإذا كان الفرد في الأنظمة الديمقراطية يساهم في تكوين الرأي العام مما يمهد الطريق نحو رأي عام قوي وناضج يتأتى عن طريق المناقشة، وفي الأنظمة الاستبدادية لا يصدق القول أنها لا تكترث للرأي العام واتجاهاته، بشكل كامل، إذ يظهر فيها نوعان من الرأي العام "الأول صريح وعلني والثاني عريق وأصيل يكاد يكون مجرد همس خافت "على الرغم من عدم التصريح به فانه ينتقل إلى السلطات الحاكمة عن طريق الرقابة السرية التي تفرضها هذه الأنظمة[2].

---

[1] د. صادق الأسود – الرأي العام - المصدر السابق – ص5، تابع تفاصيل هذا الموضوع في المصدر نفسه ص(11 – 25).

[2] فقد لمست حكومة (فيشي) مثلا في شهر سبتمبر (1940) وعن طريق مراقبة المراسلات تطورا وتحولا كبيرا في الرأي العام الفرنسي نتيجة لانتصار مقاومة الطيران البريطاني وفرض قانون الإعاشة. انظر د.رمزي طه الشاعر – المصدر السابق – ص581, 582 مع الهامش رقم (1). كذلك الرأي العام الذي كان كامنا في الدول الاشتراكية والمعادي للأفكار الشيوعية،فقد كان المواطنون في هذه الدول يخشون التصريح عما كان يجيش في صدورهم خوفا من الانتقام من السلطات الحاكمة، وظل هذا الرأي كامنا وخفيا حتى أطلقه الزعيم (ميخائيل غورباتشوف) عند تبنيه لسياسة الانفتاح أو (البيرسترويكا). انظر د. محمد انس قاسم جعفر-المصدر السابق – ص393، ولمزيد من التفصيل حول سياسة الانفتاح التي تبناها (غورباتشوف) انظر مسعود محمد – بيريسترويكا غورباتشوف نقد وتحليل – الجزء الأول – مطبعة الحوادث – بغداد – 1989.
ونشير إلى أن هناك تقسيمات مختلفة للرأي العام - علاوة على الرأي من حيث ظهوره إلى ظاهر وكامن سالف الذكر – استنادا إلى درجة التأثير والوعي يقسم الرأي العام إلى مسيطر ===

لذا نستطيع القول أن رقابة الرأي العام هي القاسم المشترك لجميع صور الحكم الديمقراطي وما يميزها عن أنماط الحكم الأخرى، وهي التي تجعلها حقيقة واقعة، وفي هذا المجال يقرر الأستاذ (بارتملي) "انه كلما زادت وقويت رقابة الرأي العام، كلما أصبحت الحكومة ديمقراطية فعلا". وتبرز الديمقراطية شبه المباشرة كأحسن أنواع الحكم الديمقراطي تجسيدا لرقابة الرأي العام عن طريق مظاهرها التي تجسد مشاركة الشعب في ممارسة السلطة، فضلا عن وجود البرلمان، كالاستفتاء الشعبي والاعتراض الشعبي والاقتراح الشعبي والحل الشعبي وأخيرا حق العزل الشعبي[1].

لذا يصدق القول أن مسالة الوصول إلى الديمقراطية وضمان الحقوق والحريات ليست مسالة حتمية أو تلقائية ترتبط بإتقان الدساتير و إحكام صياغتها، مالم يبرز رأي عام قوي وفعال يكرس جل اهتمامه للتأكد والتثبت من حسن نفاذ هذه الدساتير وتطبيقها تطبيقا صحيحا، حتى لا تستحيل إلى مجرد نصوص جوفاء في وثيقة مهملة[2].

ومما تجدر الإشارة إليه إن اعتبار الرأي العام بهذه المثابة لا يكون إلا في الدول التي لديها رصيد حافل من الكفاح الدستوري والممارسة السياسية، وقد نالت شعوبها

=== ومستنير ومنقاد، ومن حيث الاستمرار يقسم إلى الدائم والمؤقت واليومي، ومن حيث ممثلي الرأي العام يقسم إلى رأي أغلبية ورأي أقلية ورأي ائتلافي ورأي كلي أو ساحق، ومن حيث نطاقه وموضوعه إلى رأي عام دولي أو عالمي ورأي عام إقليمي ورأي عام حزبي. لمزيد من التفصيل حول هذه التقسيمات انظر د.رمزي الشاعر - المصدر السابق- ص(583-588)، د. محمد انس قاسم جعفر - المصدر السابق - ص(390 - 394) ، د.صادق الأسود - الرأي العام - المصدر السابق - ص(57 - 74).

(1) د. كريم يوسف كشاكش - المصدر السابق - ص 512 - 521.

(2) د. رمزي طه الشاعر - النظرية العامة للقانون الدستوري - مطابع دار السياسة - الكويت - 1972 - ص10.

فرص وافية وكافية للارتقاء اقتصاديا وثقافيا واجتماعيا، لذا لا يمكن القول بوجود رأي عام فعال ومؤثر تخشاه السلطة وتنزل على مقتضاه في دولة يعاني شعبها من الفقر والجهل[1].

لذا يمكن القول أن الدول ذات الأنظمة الشمولية وكثير من دول العالم الثالث لا يكون للرأي العام فيها دور حقيقي في عملية صنع القرار أو التأثير فيها، حيث أن القرارات السياسية في هذه الدول تتخذ دائما من قبل القيادات السياسية العليا، والتي تتمثل بالنخب السياسية الحاكمة، والتي تمارس دورا رئيسيا في هذا المجال، وهنا نكون أمام حالة من عدم التوازن في توزيع النفوذ والتأثير في عملية صنع القرار، وإذا ما كانت هناك من مشاركة ما لشعوبها، فأنها تكون اقرب إلى التعبئة منها إلى المشاركة الفعلية، والتي تأخذ في الغالب شكل المظاهرات والمسيرات الشعبية والمؤتمرات والاحتفالات العامة والتي يكون الغرض منها إسباغ شرعية شعبية على الأنظمة الحاكمة والتي تحتكرها النخب المتسلطة، والتي تحكم سيطرتها على الرأي العام وتوجهه الوجهة التي تتفق وأهدافها ومصالحها، في تلقين الجماهير بأيدلوجية النظام وحدها ومحاربة واستبعاد النظريات والأيدلوجيات المعارضة، متوسلة في ذلك بوسائل الإعلام الجماهيري وإحكام الرقابة والتصدي لأي انتقاد أو معارضة[2].

ويبدو الدور الأساسي الذي يلعبه الرأي العام وقوته في تحقيق الديمقراطية، فهي تستطيع أن تؤدي وظائفها بكفاءة كبيرة حينما يتحقق التوازن في بناء المجتمع ويغدو القانون تعبيرا صادقا وانعكاسا واضحا للرأي العام عندها يصبح من الممكن

---

[1] د. سعد عصفور – مشكلة الضمانات والحريات العامة في مصر – مجلة المحاماة – السنة 56 – العدد الثالث – ص3، 4.

[2] د. علي الدين هلال و د. نيفين مسعد – النظم السياسية العربية قضايا الاستمرار والتغيير – مركز دراسات الوحدة العربية – الطبعة الأولى – 2000 – ص64، د. كريم يوسف كشاكش – المصدر السابق – ص231، 235.

حل الصراع الأزلي بين الحاكم والمحكوم، أي بين السلطة والحرية[1]. إذ أن الرأي العام يعد بحق ضمانة أساسية لحماية فكرة القانون في المجتمع بصورة عامة والقاعدة الدستورية بصفة خاصة، ولرد الممارسين للسلطة إلى جادة الصواب إذا ما انحرفوا عنها.

هذا وقد باتت محاولة الاستحواذ على الرأي العام وكسبه لصالحها هدف لكل القوى السياسية، سواء كانت في السلطة أو خارجها، ومن ابرز هذه القوى و أكثرها تأثيرا في توجيه الرأي العام والاستحواذ عليه، الأحزاب السياسية والجماعات الضاغطة، والتي لم تعدم الوسيلة في التأثير في الرأي العام و توجيهه أو تضليله إلى حد كبير للوصول إلى أهدافها ومراميها وتحقيق مصالحها الخاصة[2]. وسوف نتناول تأثير الأحزاب السياسية والجماعات الضاغطة، في الفرعين الآتيين:

الفرع الأول
الأحزاب السياسية

على الرغم من المزايا التي يوردها الكثير من الكتاب حول دور الأحزاب السياسية في ترسيخ النظام الديمقراطي وتأكيده، حتى انتهى بعضهم إلى القول بعدم إمكان تحقق الديمقراطية بدون أحزاب[3]، إلا أن جانبا كبيرا من الفكر السياسي المعاصر قد وجه انتقادات شديدة وعنيفة إلى الأحزاب السياسية وعدها أحد الأسباب الرئيسية التي تشوه الديمقراطية وتحرفها عن مسارها[4].

---

[1] د. كريم يوسف كشاكش – المصدر السابق – ص489.

[2] لمزيد من التفصيل في هذا الموضوع – انظر جعفر عبد السادة الدراجي – تعطيل الدستور – رسالة ماجستير – كلية القانون – جامعة بغداد – 2001 – ص120 – 122.

[3] انظر في هذه الآراء د.كريم يوسف كشاكش – المصدر السابق – ص(548 – 551 مع الهوامش المذكورة في هذه الصفحات)، وراجع ما سبق بيانه في هذه الرسالة ص...؟

[4] د. كريم يوسف كشاكش – المصدر السابق – ص546.

هذا وان العلاقة بين الأحزاب السياسية والرأي العام هي علاقة وثيقة تبنى على أساس الأفعال وردود الأفعال، ذلك أنها بحكم طبيعة نشاطها وأهدافها كمنظمات متخصصة بالعمل السياسي تمتلك القدرة على فهم المشاكل السياسية وتكوين رأي واضح حولها واتخاذ موقف إزاءها، والذي يختلف من حزب إلى أخر حسب طبيعتها ورؤيتها إزاء أعضائها ومؤيديها، من ناحية، وإزاء الجماهير غير الحزبية، من ناحية أخرى، والذي يرتبط ارتباطا وثيقا مع درجة الانضباط الحزبي السائد فيها[1].

إذ تبدو الآثار السلبية للأحزاب السياسية على الرأي العام واتجاهاتها واضحة وجلية إذا كان الحزب يطبق انضباطا حزبيا صارما على أعضائه ومؤيديه من خلال إلزام هؤلاء بتبني آراء وقرارات ومواقف القيادة السياسية للحزب، والتي يجري تكوينها مبدئيا من قبل أعضاء الحزب ومنظماته المختلفة، وتطرحها في وسائل الإعلام التي يستخدمها الحزب والتي تهدف في غايتها النهائية إلى التوجه إلى الجماهير غير الحزبية وكسبها نحو القضية أو وجهة النظر التي يطرحها الحزب. بينما يكون تأثير الأحزاب السياسية على الرأي العام وتوجهاته اقل وضوحا بالنسبة للأحزاب التي لا تتشدد في مسالة الانضباط الحزبي مع أعضاءها وتلزمهم بتبني وجهة نظرها كليا، فهي على الأقل تعطي لأعضائها ومؤيديها حرية نسبية فيما يتعلق بتكوين الرأي حول الكثير من الأمور وتبنيه[2].

[1] د. صادق الأسود – الرأي العام - المصدر السابق – ص151، 152, هذا وان المقصود بالانضباط الحزبي"هو مدى خضوع الأعضاء على اختلاف مستوياتهم لأوامر حزبهم وقراراته ونظامه الداخلي"، د. شمران حمادي – الأحزاب السياسية – المصدر السابق – ص121.

[2] د. صادق الأسود – الرأي العام - المصدر السابق – 152، 153.

وقد تأكد ميل الأحزاب السياسية نحو التشدد بموضوع الانضباط الحزبي بعد نشوء الأحزاب الشيوعية والفاشية، إذ أن ظهور هذا النمط من الأحزاب لم يقتصر على مجرد قوة وصرامة خضوع أعضاء الحزب لأوامر وقرارات أحزابهم، وإنما أدى إلى تغيير طبيعة الانضباط الحزبي وجعله روحيا وفعليا بعد أن كان فعليا فقط، وهنا ظهرت فكرة قدسية الحزب وقدسية مبادئه، وفرضت هذه الأحزاب على أعضائها النظر إلى مبادئها وقراراتها باعتبارها "فلسفة روحية مقدسة لا يجوز الخروج عليها وان مجرد الشك فيها هو بمثابة الكفر الذي يستوجب طلب الغفران"[1].

وننتهي إلى أن العلاقة بين الأحزاب السياسية والرأي العام هي علاقة وثيقة، إذ أن الرأي العام في أية دولة ماهو إلا انعكاس للنظام الحزبي السائد فيها، فهي التي تلعب دورا رئيسيا في بلورته وتنسيقه وتوجيهه نحو الهدف الذي تسعى إليه من خلال دراسة اتجاهات الجماهير ومن ثم تقوم برسم برامجها ومبادئها وفقا لهذه الاتجاهات. وقد يصل الأمر ببعض الأحزاب إلى استعمال وسائل العنف للاحتفاظ بقوتها واستمرار تضامنها، والذي يكون ظاهرا وسافرا في الأنظمة المطلقة من خلال ممارسة الإرهاب السياسي وأجهزة البوليس الخاص، وهذا هو ما جرى بالضبط في ظل الحزب النازي في المانيا والفاشي في ايطاليا، ويكون خفيا مستترا في الأنظمة الديمقراطية يتمثل في اتخاذ وسائل الضغط الاقتصادي والاجتماعي[2].

[1] د. شمران حمادي – الأحزاب السياسية – المصدر السابق – ص121.

[2] د. رمزي الشاعر – المصدر السابق – ص606.

الفرع الثاني
الجماعات الضاغطة[1]

وهي الكتل أو الأجنحة السياسية أو الجماعات ذات المصالح أو الجماعات التي تحاول التأثير في أعضاء البرلمان أو السلطة التشريعية[2]. وتتمثل هـذه الجماعـات بالنقابـات والهيئـات المهنيـة التـي تقوم بدور أساسـي في الـدفاع و بشـكل جماعـي عـن مصالحهـا المهنيـة أو المذهبيـة أو الاقتصـادية أو الاجتماعية عن طريق التأثير على السلطة السياسية والتدخل في صنع وتوجيه قراراتها[3].

وتختلف الأحزاب السياسية عن الجماعات الضاغطة في نواحي عـدة منهـا أن الأحزاب تتمتـع بتأييد أعداد كبيرة من الشعب، بينما لا تتمتع الجماعات الضاغطة إلا بتأييد فئات محدودة منـه، كمـا أن الأحزاب السياسية لها أهداف متعددة و برامج واسعة تتناول كافة المسائل المتعلقـة بالدولـة، علـى العكس من أهداف الجماعات الضاغطة والتي تتصف بالمحدودية والاقتصار علـى تحقيـق مصالـح أعضائها كالضغط من اجل إلغاء قانون معين يضـر بها أو الضغط مـن اجـل إصدار قانون يكرس مصالحها، كما أن الأحزاب السياسية تسعى إلى كسب الـرأي العـام مـن اجل الوصـول إلى السلطة أو المحافظة عليها، بينما تحاول الجماعات الضاغطة التأثير على السياسة العامة وهي

---

[1] لقد أصبحت عبارة " الجماعات الضاغطة " المترجمة بشكل حرفي عن الإنكليزية "Pressure Group"- رغم خطاها اللغوي - شائعة في السنوات الأخيرة وذات استعمال مألوف في فرنسا، "وهي في مفهومها العام، تعيد إلى الأذهان الصراعات الناشبة لجعل قرارات السلطات العامة مطابقة لمصالح أو الأفكار فئة اجتماعية معينة"، جـان مينـو – الجماعات الضاغطة - ترجمة بهيج شعبان - منشورات عويدات - بيروت لبنان – 1971 – ص5.
[2] د. صالح جواد الكاظم و د.علي غالب العاني – الأنظمة السياسية – المصدر السابق-ص106.
[3] د. مصطفى محمود عفيفي – المصدر السابق – ص404.

خارجها، وأخيرا غياب عنصر ـ التنظيم الـذي يتحقـق في الأحـزاب السياسية ولا نجد صورة مطابقة له في الجماعات الضاغطة[1].

لذا فأنها تعد بحق وسيلة ذات فعالية وتأثير كبير، بشرط أن يحسـن اسـتخدامها كأسـلوب نموذجي للديمقراطية الجماعيـة التـي تـدافع عـن مصـالح الأفراد وحريـاتهم دون أن تـدخل في دائـرة الصراع على السلطة والرغبة في الاستيلاء عليها وإلا اختفى كل فارق بينها وبين الأحزاب السياسية[2].

ولما كانت العلاقة رصينة بـين هـذه الجماعات وأجهـزة الإعـلام المختلفـة فأنهـا لا تـتورع عـن الاستفادة من إتقانها لتقنيات الدعاية "وحفظ دروس الإقناع الخفي وبهذا يجري الانتقال لا شعوريا من الإعلام شبه الموضوعي إلى اغتصاب الفكر الهادف إلى القضاء على إمكانية التفكير المستقل وعلى تذوقه"[3].

إذ إن لهذه الجماعات الضاغطة أثرا كبيرا في تكوين الـرأي العـام واتجاهاتـه، مـن خـلال الأثـر الذي تتركه على الأفراد المنتمين إليها، فقد أثبتت البحـوث والتجـارب أن الفـرد يتـأثر كثـيرا باتجاهـات الجماعة التي ينتمي إليها، وان ما يبدو في ظاهره رأيا شخصيا هو في الحقيقة رأي اجتماعي يعبر عـن الجماعة التي ينتمي لها أو التي يرغب في الانتماء إليها[4].

---

[1] د. رمزي الشاعر ـ المصدر السابق ـ ص607، و د.صالح جواد الكاظم وآخر ـ الأنظمة السياسية ـ المصدر السابق ـ ص106.

[2] د. مصطفى محمود عفيفي ـ المصدر السابق ـ ص404.

[3] جان مينو ـ المصدر السابق ـ ص49، 50.

[4] د. رمزي الشاعر ـ المصدر السابق ـ ص608.

المطلب الثاني
حق الشعوب في مقاومة الطغيان

فإذا كان واضحا فيما تقدم أن دولة القانون تتحقق فيها ضمانات الحرية، سواء أكانت قانونيـة أم سياسية، فضلا عن الجزاءات المقررة لحمايتها، بيـد أن هـذه الضمانات، مهما بلغـت مـن الدقـة والإحكام، قد تبدو في أحيان كثيرة قاصرة عن تحقيق الغرض المنشود منها، وهو حماية وضمان حقـوق الإنسان وحرياته، وإلزام الحكومة باحترامها[1].

فقد أثبتت النتائج العملية أن احترام المبادئ الدستورية لا يتوقف على مـا تتضـمنه النصـوص من ضمانات ورقابة، بقدر ما يعتمد على إيمان الشعب وقوة الرأي العام في التمسك بها والحرص عليها نظرا لملاءمتها لظروف الأمة وأحوالها السياسية والاجتماعية والاقتصادية[2].

إذ قد تسوء نية الحكام ويتتبعون سياسة تؤدي إلى عـدم احـترام الأوضـاع الدسـتورية المقـررة وإهدار الحقوق والحريات والضمانات المقررة لحمايتها وتحقيقها، ولا يهدفون في تصرفاتهم سـوى إلى تحقيق مصالحهم الخاصة. وإزاء مثل هذا الوضع يصبح هدف الأفراد في مجموعهم تغيير هذا المسلـك والعودة إلى الأوضاع الدستورية السليمة[3]، ولكنهم يجدون أنفسهم مجـردين مـن الوسـائل المنظمـة المقررة سلفا لإمكانية التغيير. وفي مثل هذا الوضع الشاذ، وأمام هذه الاعتبارات، يجوز أدبيا، وبمقتضى

---

[1] عبد الهادي عباس - حق الإنسان في مقاومة القوانين الجائرة - موقع معابر - شـبكة المعلومـات الدوليـة، د.رمـزي الشاعر - المصدر السابق - ص617.

[2] د. طعيمة الجرف - مبدأ المشروعية - المصدر السابق - ص289.

[3] د. رمزي الشاعر - المصدر السابق - ص617.

الحق الطبيعي للمواطنين، أن يسعوا إلى قَلْبِ النظام القائم، وذلك كي يعيدوا للبلاد نظامها الشرعي ويضعوا حدا للعذابات التي يُنزِلها الحكامُ الظالمون بأفراد الشعب وهذا ما يطلق عليه حق الشعوب في مقاومة الطغيان والتي هي عبارة عن رد الفعل الاجتماعي عن الإخلال الجسيم بالقواعد الدستورية المقررة والحقوق والحريات[1].

الفرع الأول

حق مقاومة الطغيان في الفكر السياسي

ونشير هنا إلى تباين مواقف الفلاسفة والمفكرين السياسيين من الاعتراف للإفراد بحق مقاومة السلطة أو التمرد عليها بين رافض ومؤيد.

أولا: الرافضون لحق مقاومة الطغيان.

ويعد (نيقولا مكيافيللي) رائد هذا الاتجاه الفكري الرافض لحق المقاومة في القرن السادس عشر، والذي كان يركز فقط على توحيد ايطاليا وبأي ثمن، ويرى أن السبيل إلى ذلك هو وجود حاكم قوي مستبد لا يقيم وزنا للاعتبارات الإنسانية، وشايع هذا الاتجاه في فرنسا (جان بودان) من خلال إيمانه بالسيادة المطلقة والدائمة التي لا يخضع صاحبها لأي إرادة أخرى[2].

ونشير هنا إلى أن مدرسة القانون الطبيعي وقفت من حق مقاومة السلطة العامة بالقوة والتمرد موقف المعارضة، فكتاب هذه المدرسة ليسوا من أنصار هذا الحق، ولا يسمحون به إلا بتحفظ، فهم يذهبون في تكييف العلاقة بين الحاكم والمحكوم استنادا

---

(1) عبد الهادي عباس- المصدر السابق - شبكة المعلومات الدولية، د.رمزي الشاعر - المصدر السابق - ص617، 618.

(2) د. رمزي الشاعر - المصدر السابق - ص628، 629.

إلى وجود عقد بين الطرفين، نشأ عندما اتفق الناس، في وقت ما، سعيا وراء السعادة والسلام والعدل، على الخروج من الحالة الطبيعية، إلى الحياة في جماعة سياسية، فأبرموا عقدا اتفقوا فيه على خَلْقِ سلطة تعلو إرادتهم، متنازلين لها عن شطر من سلطاتهم الطبيعية وحقوقهم القديمة، نضير أن يصان ما كانوا محتفظين به من هذه الحقوق. أما إذا تنكر الأمراء للشعوب، وطرأ ما يبطِل العقد أو يخل بشروطه، فإنه يتمخض عن ذلك واجب الثورة على الأمير، لأن الشعب لم يفوِض السيادة تفويضا مطلقا، بل تفويض كان مقرونا بشرط فاسخ.

ومع ذلك نجد العديد من أنصار هذه المدرسة من لا يؤمن بحق المقاومة، أمثال (هوبز) (1588-1679)، فهو لا يعترف للفرد بحق مقاومة السلطة العامة، ويرى ضرورة إذعان الأفراد لأوامر تلك السلطة العامة المركزة في يد الأمير - وإن كان أجاز، في حالات استثنائية، حق المقاومة، كما ذهب أحد كتاب تلك المدرسة - وهو (لايبنتس) (1646-1716) - إلى محاولة التوفيق بين السلطة وحقوق الأفراد، وذلك بإيهام الحاكم بأن للأفراد حق المقاومة، حتى يتحفظ ويحتاط في استخدام السلطة، فلا يتعسف فيها حتى لا يثير حفيظة الأفراد عليه. لذا فهو ينتهي إلى الاعتقاد بأن إطاعة السلطة العامة أمر واجب على الأفراد بصفة دائمة[1].

وبالنسبة لمفكري العصر الحديث نجد البعض منهم قد وقف من حق المقاومة موقف الضد استنادا إلى عدم وجود سبب يبررها في ظل النظم الديمقراطية المعاصرة. فيعارض الفقيه (أيسمان) اللجوء إلى حق المقاومة على أساس وجود طريق شرعي للوقوف بوجه طغيان السلطة الحاكمة والذي يتمثل على الأقل في الرجوع إلى السلطة التشريعية، وأيد هذا الاتجاه في فرنسا أيضا كل من (كاريه دي مالبرج) و(ايزنمان)[2].

---

[1] عبد الهادي عباس - المصدر السابق - شبكة المعلومات الدولية.

[2] د. رمزي الشاعر - المصدر السابق - ص631، 632.

ثانيا: المؤيدون لحق مقاومة الطغيان.

غالبية المفكرون السياسيون في العصور المتعاقبة قد أيدوا هذا الحق استنادا إلى انه يقوم على اعتبارات سياسية أكثر ما يقوم على اعتبارات قانونية. وفي الواقع أن تطور فكرة المقاومة في الغرب لم يكن على وتيرة واحدة. فمنذ القرن السادس عشر شرح (جون لوك) نظريته عما أسماه "مبدأ الحق الخفي للثورات"، حيث سلم بالحق في الثورة ضد السلطة التنفيذية وضد السلطة التشريعية بسبب مساوئ الحكم والتشريع؛ وقد دافع عن حق الشعب في العصيان[1].

وقد استقر الاعتراف بحق المقاومة في فقه القانون العام. فيقول العميد (هوريو): "إن حق المقاومة ليس إلا استدعاء لحقٍ قديم في الحرية، يعود ليؤكد حق المواطنين في الدفاع الشرعي ضد سوء استخدام السلطة." ويقول العميد (جني): "إن حق المقاومة هو الضمان الأعلى للعدالة وسيادة القانون." ويقول (لوفور): "إن المقاومة هي ممارسة لحق مراقبة السلطة المعترف به من المحكومين". ويذهب الفقيه الألماني (إهرنك) إلى حد جعل المقاومة هي النظرية الأصلية للقانون كله، فيقول: إن القانون ليس هو المبدأ الأسمى الذي يحكم العالم؛ إنه ليس غاية في ذاته، بل هو وسيلة لتحقيق غاية. إن الحياة فوق القانون؛ وعندما يصبح المجتمع في موقف الخيار بين احترام القانون والحفاظ على الوجود، فلا محل للتردد، وعلى القوة أن تضحي بالقانون لتنقذ الأمة. ويذهب العميد(ديجي) في كتابه أصول القانون الدستوري إلى أن حق الثورة ما هو إلا نتيجة منطقية لخضوع الحكام للقانون. وإن كل إجراء يتخذه الحكام مخالفٍ للقانون يخول المحكومين سلطة قَلْبِ الحكومة بالإكراه؛ وهم، إذ يحاولون ذلك، يهدفون إلى إعادة سيادة القانون وسموه[2].

---

[1] عبد الهادي عباس - المصدر السابق - شبكة المعلومات الدولية.
ولمزيد من التفصيل حول موقف الفقيه (جون لوك) انظر د.عادل الحياري -القانون الدستوري- مطابع غانم عبده - 1972 - ص375، 376.

[2] عبد الهادي عباس - المصدر السابق - شبكة المعلومات الدولية، د. عادل الحياري - المصدر السابق - ص359.

الفرع الثاني
حق مقاومة الطغيان في النصوص التشريعية

ونشير هنا إلى انه مهما قيل في شرعية وأرجحيه حق الشعوب في مقاومة الطغيان من الناحيـة النظرية، إلا انه يجابه صعوبات ليس من السهل تجاوزها من ناحية النص عليه في القوانين الوضعية، ذلك لأن الاعتراف بهذا الحق في الدستور- والـذي يمكـن الأفـراد مـن الاعتراض عـلى تصرفات الحكـام ومقاومة سلطاتهم بالقوة عند الاقتضاء - يشكل انتهاكا للقرينة الثابتة بان تصرفات السلطة الحاكمـة مشروعة وموافقة للدستور والقانون حتى يثبت العكس، هذا فضلا عـن كونه يتضمن تهديـدا دائمـا للسلطة السياسية ولأمن الدولة وكيانها، وهذا ما يفسر موقف القوانين الوضعية من عـدم الـنص عـلى حق المقاومة، لا بل أن معظمها تنظر إليه بعين الحذر والريبة وتفرض اشد العقوبات على مـن يشـترك في المؤامرات والانقلابات[1].

وعلى الرغم من ذلك كله فان التاريخ الدستوري يسعفنا ببعض النصوص التـي تضـمنت حـق المقاومة سواء في الملكيات القديمة في العصور الوسطى أو في بداية العصر الحديث وفي أعقاب الثـورات التحررية على وجه التحديد.

ويعد العهد الأعظم من ابرز الأمثلة في العصور الوسطى والـذي فرضـه رجـال ثـورة الأسـاقفة والبارونات على الملك (جان سانتير) عام (1215) والذي تضمن تحديدا وتقييدا لسلطات الملك ولضمان احترام الملك والتزامه لهذا العهد قرر هذا العهد إنشاء مجلس للحراس يتكون مـن خمسـة وعشرـين عضوا من أعضاء المجلس الكبير والذي يمتلك حق التدخل بالقوة إذا حاول الملك الخروج على العهد أو انتهاكه[2].

---

[1] د. طعيمه الجرف – مبدأ المشروعية - المصدر السابق - ص(290، 298، 299) د. رمزي الشاعر – المصدر السـابق – ص638, د.عادل الحياري – المصدر السابق – ص342.

[2] د. رمزي الشاعر – المصدر السابق – ص641, د.طعيمة الجرف – مبدأ المشروعية – المصدر السـابق – ص299، 300, د.عادل الحياري – المصدر السابق – ص361، 362.

وقد وردت الإشارة لحق المقاومة في إعلانات الحقوق في الولايات الأمريكية الشمالية ومنذ عام (1774) حيث قرر هذا الإعلان أن "الشعب الذي يملك حق تعيين الحكام أن يتخذ كافة الإجراءات الكفيلة بحماية أمنه وتحقيق رفاهيته وسعادته إذا لم تحقق الحكومة هذه الأهداف المحددة في الدستور" وجرى تأكيد هذا الحق في أمريكا مرة أخرى في إعلان الحقوق الأمريكي في عيد الاستقلال عام (1776) حينما نص على أن "الحكومات لا تنشا إلا لغرض واحد هو حماية الحقوق الطبيعية للإنسان فإذا لم يحترم هذا الغرض أو إذا تكرر خروجها على الدستور، كان للشعب كل الحق في أن يخرج عليها وان يلغيها". وقال (أبراهام لنكولن) في هذا الصدد عام (1861) (أن البلاد الأمريكية هي ملك للشعب، وإذا ضاق هذا الشعب بأخطاء الحكومة القائمة، فله أن يستعمل حقه الدستوري في تعديلها أو حقه الثوري في هدمها)[1].

كما أن إعلان حقوق الإنسان والمواطن الفرنسي الصادر عن الثورة الفرنسية عام (1789) قد نص على حق المقاومة في المادة الثانية منه والتي نصت على أن "حق المقاومة يعتبر أحد الحقوق الطبيعية الإنسان وانه مثلها غير قابل للتصرف فيه والتنازل عنه، ولذلك كان تنظيم الوسائل المختلفة التي تكفل الاعتراف به للإفراد وتمكينهم منه، من الزم واجبات الحكومة الحرة "، وورد ذكر لحق المقاومة في إعلان الحقوق الصادر عام (1793) في المادتين (33، 34، 35) ونورد نص المادة (33) التي قالت "أن حق مقاومة التصرفات الاستبدادية ليس سوى نتيجة لحقوق الإنسان الطبيعية الأخرى"، أما المادة (35) فقد نصت على انه "إذا اغتصبت الحكومة حقوق الشعب فان المقاومة الشعبية لتصرفها الاستبدادي يمثل حينئذ أقدس الحقوق بل الزم واجباته الطبيعية"[2].

---

[1] عبد الهادي عباس - المصدر السابق - شبكة المعلومات الدولية.

[2] د. طعيمه الجرف - مبدأ المشروعية - المصدر السابق - ص299- 301، د. رمزي الشاعر -المصدر السابق- ص641، 642، د.عادل الحياري - القانون الدستوري - المصدر السابق - ص361- 365، عبد الهادي عباس - المصدر السابق - شبكة المعلومات الدولية.

أما بالنسبة للإعلان العالمي لحقوق الإنسان الصادر عن الجمعية العامة للأمم المتحدة عام (1948) فهو لم يشر إلى حق المقاومة بشكل صريح وإنما جاء في ديباجته أن "حقوق الإنسان يجب أن تنظم بنظام حقوقي للحيلولة دون اللجوء إلى الثورة ضد الطغيان والظلم".

ولما كانت اغلب هذه الإشارات إلى حق المقاومة قد وردت في إعلانات الحقوق ولم يجري النص عليها في الدساتير والنصوص القانونية، لذا يصدق القول أن هذه الإشارات والنصوص لا تعدو أن تكون مجرد رغبات سياسية ليس لها مدلول قانوني محدد[1]. لذا فقد أصبحت القاعدة ألان في الوقت الحاضر هي عدم النص على حق المقاومة سواء في إعلانات الحقوق أو في صلب الوثائق الدستورية، على أساس تعذر وجود مكان لحق المقاومة في ظل الحكومات الديمقراطية والتي تنبع من الشعب ولمصلحة الشعب[2]. وعلى الرغم من ذلك فانه لابد من الإقرار بان حق المقاومة في بعض الأحيان وسيلة واقعية ومجدية بل ويتعذر تجاهلها بصورة كاملة دون أن يكون في ذلك تجاهل للتاريخ وأحداثه[3].

---

[1] د. طعيمه الجرف – مبدأ المشروعية – المصدر السابق – ص299.

[2] د. طعيمه الجرف – مبدأ المشروعية – المصدر السابق – ص301.

[3] د. رمزي الشاعر – المصدر السابق – ص643.

الخاتمة

وفي نهاية بحثنا هذا عن التوازن بين السلطة والحرية في الأنظمة الدستورية، ننتهي إلى أن الصراع أو التعارض بين الضرورات الاجتماعية والنوازع الفردية، بين السلطة والحرية، أمر موجود ومحسوس في فروع القانون المختلفة، إلا أن هذا الصراع يبدو أكثر شدة وحدة، و يغدو أكثر أهمية في القانون الدستوري. ذلك أن الأمر في هذا القانون يتصل بمسالة مبدئية، تتعلق بتنظيم المجتمع بكامله، وإرساء العلاقات الأساسية بين الأفراد و المجتمع، وضرورة تحديد المجالات المختلفة لكل من سلطة الدولة، والحرية الذاتية للإفراد.

وأن الصراع الأزلي بين السلطة والحرية في التاريخ السياسي للشعوب المختلفة، لا يعني بالضرورة أن يكون هناك تعارض أو تضاد بينهما يقتضي ترجيح أحدهما على الأخر، اللهم إلا في الحدود والمديات التي تصل إليها كل من السلطة والحرية، وذلك أمر تكاملت بشأنه الحلول المتعددة في الأنظمة الدستورية المختلفة، كل حسب فكرته وتصوراته عن كل من مفهومي السلطة والحرية، حتى وصل السجال بين ضرورات السلطة وقدسية الحرية إلى منطقة وسطى يتوازن فيها قطبا المسألة الدستورية، السلطة والحرية.

لذا يتضح لنا جليا أن الدستور ما هو إلا أداة لتحقيق التوازن بين السلطة والحرية، فإذا كانت سلطة الدولة ضرورة لابد منها، وان الحرية هي الغاية أو الهدف النهائي الذي نشأت الدولة وسلطتها السياسية من اجل الوصول إليه وتحقيقه وضمان استمراره وازدهاره. لذا فان تغليب السلطة على الحرية يؤدي إلى الاستبداد والظلم وانتهاك حقوق الإنسان وحرياته، كما أن تغليب الحرية على السلطة يؤدي إلى انتشار الفوضى واختلال النظام والاستقرار، على كل الميادين والأصعدة، وكلا الحالين لا ينسجم مع منطق المجتمع المنظم بالدولة.

لذا كان تاريخ المجتمعات السياسية بحق عبارة عن انعكاس لواقع الصراع بين السلطة والحرية والذي يختلف حجمه ومداه، بحسب اعتبارات متعددة ومتباينة، والمظاهر التي تمخضت عنه، وهي مختلفة ومتعددة،أهمها، الانحراف بالسلطة، وانهيار نظام الحرية، والتخلف الاقتصادي والاجتماعي والثقافي والسياسي، والعنف والإرهاب، وأخيرا الثورة والانقلاب،

كما أن هذا الصراع بين السلطة والحرية يشير إلى وجود اختلال في العلاقة بينهما، والذي ربما ينتهي إلى دعم الحرية وتعزيزها وصولا إلى تحقيق التوازن المطلوب بينها وبين السلطة، أو يؤدي إلى غلبة وتفوق السلطة على الحرية، والتي أصبحت - كما يشير الكثير من الفقهاء - سمة غالبة في بعض النظم السياسية المعاصرة، والتي يشير إليها هؤلاء على أنها أزمة حقيقية للحرية.

وأن ابرز الأسباب التي أدت إلى ظاهرة تفوق السلطة على الحرية في العصر الحديث، تكمن في بروز وتفشي ظاهرة تركيز السلطة، وعدم اكتمال فكرة المؤسسة، وضعف الوعي وانحسار الرأي العام، وأخيرا الآثار السلبية التي افرزها التقدم التكنولوجي على حقوق وحريات الأفراد. أما ابرز المظاهر التي تترتب على تفوق السلطة على الحرية، فهي انحسار دور البرلمان، سواء أكان في الرقابة أم التشريع ، و ضعف الرقابة من قبل المعارضة، و ضعف الرقابة من قبل الأحزاب، وأخيرا تفشي ظاهرة العنف السياسي الشعبي.

أما بالنسبة لاختلال التوازن بين السلطة والحرية في الأنظمة الدكتاتورية، فهو أمر واضح وجلي لا يحتاج إلى بيان، والذي يعود إلى جملة من الأسباب، وهي انتهاك مبدأ الفصل بين السلطات واستخدام وسائل القوة والعنف وانتهاك مبدأ سيادة إحكام القانون، و تبني نظام الحزب الواحد، وأن ابرز المظاهر التي تترتب على اختلال التوازن بين السلطة والحرية في الأنظمة الدكتاتورية هي سيادة النظام الكلي، وانتهاك حقوق الإنسان وحرياته.

وفيما يتعلق بالتوازن بين السلطة والحرية في الظروف الاستثنائية، نجد أن تعرض الدول إلى الأزمات والطوارئ في عالم اليوم بات أمرا متوقعا، والتي تكون من الخطورة بمكان بحيث تهدد سلامة الدولة وشعبها تهديدا خطيرا يعجز عن مواجهته النظام القانوني العادي الذي يحكم الظروف العادية ويفشل في توفير الحماية اللازمة للمصالح العليا للمجتمع، ومن هنا برز الاهتمام الكبير بحالة الضرورة والظروف الاستثنائية التي تفرضها والسلطات الواسعة والاستثنائية التي تستلزمها لمواجهة الأزمات والطوارئ وتلافي أثارها.

إذ أن التسليم بضرورة احترام مبدأ المشروعية على الرغم من تلك الظروف والطوارئ، يهدد سلامة الدولة وشعبها ووحدة أراضيها، وهنا لا يبقى منها إلا نصوص جامدة لا قيمة ترجى منها أو فائدة. أما التسليم بالخروج على القانون وعدم التمسك بمبدأ المشروعية في هذه الأحوال يؤدي ولاشك إلى إهدار جميع الضمانات والعصف بالحريات الفردية دون ضوابط أو قيود.

فيما يتعلق بالأساس القانوني لسلطات الظروف الاستثنائية، فقد كان يتجاذبه اعتبارين أساسيين: الأول قانوني ويتمثل في ضرورة الحفاظ على حد أدنى من قواعد المشروعية يجب التمسك بها في جميع الأوقات والظروف احتراما لمبدأ سيادة أحكام القانون وصيانة لحقوق الأفراد وحرياتهم. أما الاعتبار الثاني فواقعي أو عملي يتمثل في ضرورة مواجهة الأخطار التي تهدد المصالح

الحيوية للدولة وحقها في الأمن وصيانة الذات ومن مقتضى مواجهة هذه الأخطار، واتخاذ محظور تلافيا لضرر داهم، أو التضحية بالمصلحة الأقل لحماية المصلحة الأهم.

ومن اجل التوفيق بين هذين الاعتبارين، أبدع الفكر القانوني نظرية الضرورة، التي يكون من مقتضاها إضفاء المشروعية على الإجراءات المخالفة للقانون حتى

تتمكن الدولة من مواجهة الظروف الاستثنائية. لذا نجد القواعد القانونية التي تحكم الظروف الاستثنائية تختلف عن القواعد العادية من حيث طبيعتها ومداها، و تتمثل في كل من سلطات الأحكام العرفية أو حالة الطوارئ، وقوانين السلطات الكاملة أو التفويض التشريعي، والتشريع في غيبة البرلمان، والنصوص الدستورية التي تنظم سلطات الأزمات الخاصة. مما تجدر الإشارة إليه في هذا المقام أن وجود مثل هذه النظم الدستورية والقانونية التي تتصدى للظروف الاستثنائية ولجوء السلطة إلى تطبيقها، فان هذا الحال لا يدخل في نطاق البحث في نظرية الضرورة وما يتعلق بها، وإنما نكون في إطار تطبيق نص دستوري أو قانوني لا أكثر ولا اقل، وإن كانت نظرية الضرورة، بحق، تشكل الأساس القانوني لها.

ويجري ذلك كله بوجود أنماط مختلفة من الرقابة على هذه السلطات الاستثنائية، لضمان عدم اللجوء إليها وسلطاتها الاستثنائية الواسعة والخطيرة إلا في الحالات العاجلة التي تقتضي- اللجوء إليها بتوافر أسبابها ومبرراتها، حتى لا تستحيل إلى عذر يسهل تبريره للتحكم والاستبداد تحت ستار الضرورة والاستعجال للتجاوز على الدستور والقانون وانتهاك حقوق الأفراد وحرياتهم، أبرزها الرقابة القضائية على سلطات الظروف الاستثنائية، ورقابة البرلمان على سلطات الظروف الاستثنائية، سواء كانت هذه الرقابة على مجرد اللجوء إلى هذه القوانين الاستثنائية، أو في أثناء مباشرة السلطة التنفيذية للسلطات الاستثنائية استنادا إليها، أو مجرد تقييم هذه السلطات بعد اتخاذها وإضفاء الشرعية عليها أو عدم إضفائها.

وفيما يتعلق بالضمانات التي تكفل تحقيق التوازن بين السلطة والحرية، نجد أن معظم الدساتير في مختلف دول العالم تحرص على أن تضمن نصوصها مجموعة من الوسائل أو الضمانات القانونية، تهدف من وراءها التأكد من خضوع السلطات الحاكمة في الدولة لإحكام الدستور والقانون، ويتأتى لها ذلك من خلال تنظيم ممارسة السلطة وتقييدها في إطار محدد يمنحها القدر اللازم من السلطات والإمكانات التي

تستطيع من خلالها ممارسة مهامها الموكلة إليها بموجب الدستور والقانون، وذلك لحماية الحرية وصيانتها من تعسف السلطة وطغيانها، والتي تتمثل في مبدأ الفصل بين السلطات، ومبدأ المساواة، ومبدأ سيادة أحكام القانون، والرقابة على دستورية القوانين، الرقابة على أعمال السلطة التنفيذية.

ولما كان الفقه الدستوري قد انتهى إلى أن الضمانات القانونية هي ضمانات نسبية، فلا يمكن أن تؤدي لوحدها إلى ضمان حسن نفاذ القواعد الدستورية وبالنتيجة عدم كفايتها لصيانة الحقوق والحريات إزاء السلطة الحاكمة والتي تبدو عملية إلزامها باحترام القانون، بمعناه العام، مهمة ليست باليسيرة، ولا تتحقق تلقائيا بمجرد تنظيم الدستور للضمانات القانونية - المذكورة سلفا. ومن هنا برزت أهمية وفاعلية الضمانات السياسية في مراقبة السلطة الحاكمة ومدى التزامها بالحدود المرسومة لها على وفق للدستور والقانون، والتي تتمثل في كل من الرأي العام وتأثيراته وأدواره المختلفة، وكذلك في حق الشعوب في مقاومة الطغيان.

المراجع

أولا: القران الكريم.

ثانيا: الكتب العربية.

1- د. إبراهيم عبد العزيز شيحا – القانون الدستوري – الدار الجامعية للطباعة والنشر – بيروت لبنان – 1983.

2- د. إحسان ألمفرجي، د. رعد ألجده, د. كطران زغير نعمه- النظرية العامة في القانون الدستوري والنظام الدستوري في العراق- مطبعة دار الحكمة – بغداد - 1990.

3- د. احمد عباس عبد البديع – تدخل الدولة ومدى اتساع مجالات السلطة العامة– دار النهضة العربية – 1971.

4- د. إسماعيل الغزال – الدساتير والمؤسسات السياسية – مؤسسة عز الدين للطباعة والنشر – بيروت – 1996.

5- د. ثروت بدوي – النظم السياسية – دار النهضة العربية – 1975.

6- د. حسان محمد شفيق العاني – نظرية الحريات العامة تحليل ووثائق – كلية العلوم السياسية جامعة بغداد – 2004.

7- د. حسان محمد شفيق العاني – الدستور – مطبعة جامعة بغداد – 1981.

8- د. حسن الحسن - القانون الدستوري والدستور في لبنان- الطبعة الثانية - منشورات دار مكتبة الحياة بيروت – 1959.

9- حسين جميل – حقوق الإنسان في الوطن العربي – مركز دراسات الوحدة العربية - بيروت – 1986.

10- حسين جميل - الأحكام العرفية – ط2- مطبعة العاني – بغداد –1953.

11- د.حسين عثمان محمد عثمان – النظم السياسية والقانون الدستوري – دار المطبوعات الجامعية – 2001.

12- د. حميد الساعدي – مبادئ القانون الدستوري وتطور النظام السياسي في العراق – مطابع دار الحكمة – 1990.

13- د. رجب عبد المنعم متولي – حرب الإرهاب الدولي والشرعية الدولية – دار النهضة العربية – القاهرة – الطبعة الأولى – 2003

14- د. رعد الجدة – التشريعات الدستورية في العراق – مطابع دار الشؤون الثقافية العامة، بغداد، 1988.

15- د. رمزي طه الشاعر – النظرية العامة للقانون الدستوري – مطابع دار السياسة – الكويت – 1972.

16- د. رياض عزيز هادي – المشكلات السياسية في العالم الثالث – الطبعة الثانية – مطابع دار الحكمة – بغداد – 1989.

17- د. رياض عزيز هادي – العالم الثالث وحقوق الإنسان – الطبعة الأولى – 2000.

18- د. زكريا محمد عبد الحميد محفوظ – حالة الطوارئ – الطبعة الأولى – منشاة المعارف بالإسكندرية – 1966.

19- د. زكريا إبراهيم – مشكلة الحرية – مكتبة مصر بالقاهرة – 1971.

20- د. زهير شكر – الوسيط في القانون الدستوري – الجزء الأول – المؤسسة الجامعية للدراسات والنشر والتوزيع – الطبعة الثالثة – 1994.

21- د.سامي جمال الدين – لوائح الضرورة وضمانة الرقابة القضائية – منشأة المعارف – 1982.

22- د. سعد عصفور – النظام الدستوري المصري – منشاة المعارف بالإسكندرية – 1980.

23- د. سعيد السيد علي – حقيقة الفصل بين السلطات في النظام السـياسي والدسـتوري الأمـريكي - – بلا مكان الطبع – 1999.

24- د. سليمان الطماوي – القضاء الإداري – الكتاب الأول – قضاء الإلغاء – دار الفكر العربي – 1986.

25- د. سليمان الطماوي – النظرية العامة للقرارات الإدارية – ط4 - دار الفكر العربي –1976.

26- د. سليمان الطماوي – السلطات الثلاث في الدساتير المعاصرة وفي الفكـر السـياسي الإسـلامي – دار الفكر العربي – الطبعة الرابعة – 1979.

27- د.سليمان الطماوي – النظرية العامة في القرارات الإدارية - الطبعة الخامسة – دار الفكـر العربـي – 1984.

28- د. السيد صبري - اللوائح التشريعية – مكتبة عبد الـله وهبه- القاهرة –1944.

29- د. شمس مرغني علي – القانون الدستوري – مطبعة دار التأليف – 1977.

30- د. شمران حمادي – الأحزاب السياسية والـنظم الحزبيـة – الطبعـة الثانيـة – مطبعـة الإرشـاد – بغداد – 1975.

31- د. صادق الأسود – علم الاجتماع السياسي، أسسه وأبعاده – دار الحكمة للطباعة والنشر – بغداد – 1991.

32- د. صادق الأسود – الرأي العام والإعلام – بغداد – 1990.

33- د. صالح جواد كاظم و د. علي غالب العاني – الأنظمة السياسية - مطبعة دار الحكمة – بغداد – 1991.

34- د. صبحي عبده سعيد – السلطة والحرية في النظام الإسلامي – دار الفكر العربي – 1982.

35- د. صلاح الدين فوزي – واقع السلطة التنفيذية في دساتير العالم – دار النهضة العربية – 2003.

36- صلاح الدين حافظ – أحزان حرية الصحافة – مركز الأهرام للترجمة والنشر – القاهرة – .1993
37- د. طعيمه الجرف – النظرية العامة للقانون الدستوري وتطور النظام السياسي والدستوري في مصر المعاصرة – الطبعة الثالثة – دار النهضة العربية – القاهرة – .2001
38- د. طعيمه الجرف – نظرية الدولة والأسس العامة للتنظيم السياسي – مكتبة القاهرة الحديثة – القاهرة – .1964
39- د. طعيمه الجرف – مبدأ المشروعية وضوابط خضوع الدولة للقانون – مكتبة القاهرة الحديثة – طبعة 1963 – وطبعة .1973
40- د. طلعت الشيباني – القوى المؤثرة في الدساتير وتفسير الدستور العراقي – بغداد – .1954
41- د. عاصم احمد عجيلة و د. محمد رفعت عبد الوهاب – النظم السياسية – نهضة مصر للطباعة والنشر والتوزيع – الطبعة الخامسة – .1992
42- الأستاذ عارف الحمصاني – محاضرات في النظم السياسية والقانون الدستوري – مديرية الكتب والمطبوعات الجامعية – جامعة حلب – 1963.
43- د. عادل الحياري - القانون الدستوري – مطابع غانم عبده – .1972
44- د. عبد الله إبراهيم ناصف – مدى توازن السلطة السياسية مع المسؤولية في الدولة الحديثة – دار النهضة العربية -.1981
45- د.عبد الله إسماعيل البستاني – مساهمة في أعداد الدستور الدائم وقانون الانتخاب- بغداد – 1961.
46- د. عبد الحميد متولي - القانون الدستوري والأنظمة السياسية -الجزء الأول- الطبعة الثالثة - 1964.
47- د. عبد الحميد متولي – أزمة الأنظمة الديمقراطية – بلا مكان طبع - 1952.

48- د. عبد الحميد متولي – الحريات العامة، نظرات في تطورها وضماناتها ومستقبلها – منشاة المعارف بالإسكندرية – 1974.

49- د. عبد الحميد متولي – نظرات في أنظمة الحكم في الدول النامية – دار المعارف بالإسكندرية – 1985.

50- د. عبد الحميد متولي – الوجيز في النظريات والأنظمة السياسية – الطبعة الأولى – دار المعارف - 1959.

51- د. عبد الحميد الشواربي، شريف جاد الله – شائبة عدم دستورية ومشروعية قراري إعلان ومد حالة الطوارئ والأوامر العسكرية – منشأة المعارف – 2002.

52- د. عبد العزيز سرحان – المدخل لدراسة حقوق الإنسان في القانون الدولي – الطبعة الأولى – بلا مكان طبع – 1980.

53- د. عبد الغني بسيوني – النظم السياسية – الدار الجامعية – 1984.

54- د. علي الدين هلال و د. نيفين مسعد – النظم السياسية العربية قضايا الاستمرار والتغيير – مركز دراسات الوحدة العربية – الطبعة الأولى – 2000.

55- د. علي خطار شطناوي – الوجيز في القانون الإداري – الطبعة الأولى – دار وائل للنشر – 2003.

56- د. علي الصاوي – مستقبل البرلمان في العالم العربي – دار النهضة العربية – 2000.

57- د. علي محمد بدير، د.عصام البرزنجي، د.مهدي السلامي– مبادئ وأحكام القانون الإداري – مديرية دار الكتب للطباعة والنشر – بغداد – 1993.

58- د. عمر فؤاد بركات – المسؤولية السياسية لرئيس الدولة – بلا سنة طبع.

59- د. علي محمد صالح الدباس و علي عليان محمد أبو زيد – حقوق الإنسان وحرياته – دار الثقافة للنشر والتوزيع – عمان الأردن – 2005.

60- د. عدنان حمودي الجليل – نظرية الحقوق والحريات العامة في تطبيقاتها المعاصرة – القاهرة – 1975.
61- د. فؤاد العطار - القضاء الإداري – دار النهضة العربية – 1963.
62- د. فاروق احمد خماس – الرقابة على أعمال الإدارة – دار الكتب للطباعة والنشر في جامعة الموصل – 1988.
63- د. كريم يوسف كشاكش - الحريات العامة في الأنظمة السياسية المعاصرة – دار المعارف في الإسكندرية – 1987.
64- د. ماجد راغب الحلو – الدولة في ميزان الشريعة – دار المطبوعات الجامعية – 1996.
65- د. ماجد راغب الحلو – القانون الدستوري – دار المطبوعات الجامعية – الإسكندرية – 1986.
66- د. ماهر جبر نضر – مدى التوازن بين السلطات في النظام الدستوري المصري – دار النهضة العربية – القاهرة – 2002.
67- د. ماهر عبد الهادي – السلطة السياسية في نظرية الدولة – الطبعة الثانية – دار النهضة العربية – 1984.
68- د. محمد انس قاسم جعفر – النظم السياسية والقانون الدستوري – دار النهضة العربية – القاهرة – 1999.
69- د. محمد عبد الطيف – جريمة الإرهاب – دار النهضة العربية – 1994.
70- د. محمد كامل ليله – النظم السياسية، الدولة والحكومة - دار الفكر العربي -1971.
71- د. محمد علي آل ياسين – القانون الدستوري والنظم السياسية–الطبعة الأولى – مطبعة المعارف – بغداد – 1964.
72- د. محمود حلمي – المبادئ الدستورية العامة – دار الفكر العربي – 1966.

73- د. محمود حلمي فهمي – الوظيفة التشريعية لرئيس الجمهورية في النظامين الرئاسي والبرلماني - ط 1- دار الفكر العربي - 1980 .

74- د. محمد عصفور – أزمة الحريات في المعسكرين الشرقي والغربي – الطبعة الأولى – 1961.

75- د. محمد علي ال ياسين – القانون الدستوري، المبادئ الدستورية العامة – مطبعة الديواني – بغداد – الطبعة الثانية -.2005

76- د. محمد عصفور – الحرية في الفكرين الديمقراطي والاشتراكي – المطبعة العالمية – القاهرة – الطبعة الأولى – 1961.

77- د. محمد ماهرابو العينين – الانحراف التشريعي والرقابة على دستوريته – دار النهضة العربية – 1987.

78- د. محمد حسنين عبد العال – رقابة مجلس الدولة لقرارات الضبط الإداري الصادرة بالتطبيق للمادة (16) والمادة (74) من الدستور المصري – دار النهضة العربية - بلا سنة طبع.

79- د. محمد باهي أبو يونس – الرقابة البرلمانية على أعمال الحكومة في النظامين المصري والكويتي – دار الجامعة الجديدة في الإسكندرية - 2002.

80- مسعود محمد – بيريسترويكا غورباتشوف نقد وتحليل – الجزء الأول – مطبعة الحوادث – بغداد – 1989 .

81- د.مصطفى أبو زيد فهمي – في الحرية والاشتراكية والوحدة – دار المعارف القاهرة – 1966.

82- د. مصطفى أبو زيد فهمي – النظرية العامة في للدولة – الطبعة الخامسة – دار المطبوعات الجامعية – 1997.

83- مصطفى مجدي هرجه – التعليق على قانون الطوارئ – دار الثقافة للطباعة والنشر – 1989.

235

84- د. مصطفى محمود عفيفي – في النظم السياسية وتنظيماتها الأساسية – مطبعة حكومة الكويت – 1981.

85- د. منذر الشاوي – القانون الدستوري والمؤسسات السياسية العراقية – مطبعة شفيق – بغداد – 1966.

86- د. منذر الشاوي – القانون الدستوري (نظرية الدولة) – منشورات مركز البحوث القانونية – بغداد.- 1981.

87- د. نعمان احمد الخطيب- الوسيط في النظم السياسية والقانون الدستوري – دار الثقافة للنشرـ والتوزيع –عمان الأردن - 2004.

88- د. نوري لطيف – القانون الدستوري المبادئ والنظريات العامة - الطبعة الأولى - دار الحرية للطباعة، بغداد – 1976.

89- د. وايت إبراهيم ود.وحيد رأفت – القانون الدستوري – المطبعة العصرية - 1937.

90- د. وجدي ثابت غبريال – السلطات الاستثنائية لرئيس الجمهورية – منشاة المعارف بالإسكندرية – 1988.

91- د. يحيى الجمل – الأنظمة السياسية المعاصرة – دار النهضة العربية – بيروت – بلا سنة طبع.

92- د. يحيى الجمل – نظرية الضرورة في القانون الدستوري وبعض تطبيقاتها المعاصرة – دار النهضة العربية - بلا سنة طبع.

ثالثا: الكتب المترجمة.

1- أندريه هوريو - القانون الدستوري والمؤسسات السياسية – الجزء الأول – ترجمة علي مقلد وشفيق حداد وعبد الحسن سعد – الأهلية للنشر والتوزيع – بيروت لبنان – 1974.

2- بيرنارد سيغان – مشروع دستور لبلد حديث التحرر –المعهد الجمهوري الدولي– بغداد – 2005.

3- جان مينو – الجماعات الضاغطة – ترجمة بهيج شعبان – منشورات عويدات – بيروت لبنان – 1971.

4- جيمس م. ماكفيرسون – أبراهام لنكولن والثورة الأمريكية الثانية – ترجمة فايزة حكيم، احمد منيب – الدار الدولية للاستثمارات الثقافية – الطبعة الأولى – 2001.

5- روبرت بوي وكارل فريدريك – دراسات في الدولة الاتحادية – ج3 – الدار الشرقية للنشر – بلا سنة طبع.

6- روبرت م. ماكيفر – تكوين الدولة – ترجمة الدكتور حسن صعب – دار العلم للملايين – 1966.

رابعا: البحوث.

1- د. إبراهيم الصغير إبراهيم – مبدأ الفصل بين السلطات بين النظرية والتطبيق – مجلة إدارة قضايا الحكومة – العدد الثالث – السنة الرابعة والعشرون – 1980.

2- د. احمد عبد الرزاق السنهوري – الانحراف في استعمال السلطة التشريعية – مجلة مجلس الدولة – 1951.

3- د. احمد عبد الرزاق السنهوري – الرقابة على دستورية اللوائح – بحث منشور في مجلة القانون والاقتصاد – عدد مارس يونيو – 1978.

4- د. احمد كمال أبو المجد – أزمة الديمقراطية في الوطن العربي - بحوث ومناقشات الندوة الفكرية التي أقامها مركز دراسات الوحدة العربية – الطبعة الثانية – بيروت – 1987.

5- د. ثروت بدوي - الدولة القانونية - بحث منشور في مجلة إدارة قضايا الحكومة - السنة الثالثة - العدد الثالث - 1959.
6- د. سعاد الشرقاوي - نسبية الحريات العامة وانعكاساتها على التنظيم القانوني - موسوعة القضاء والفقه - الجزء 76.
7- د. سعد عصفور - مشكلة الضمانات والحريات العامة في مصر - مجلة المحاماة - السنة 56 - العدد الثالث.
8- شفيق المصري - الإرهاب - بحث منشور في كتاب "جريمة التعذيب والإفلات من العقاب في العراق" - إعداد فؤاد العطار- الناشر الجمعية العراقية لحقوق الإنسان - بغداد - الطبعة الأولى - 2004.
9- د. عبد الله إبراهيم ناصف - السلطة السياسية، ضرورتها وطبيعتها - موسوعة القضاء و الفقه - الجزء 208 - 1985.
10- علي خليقة الكواري - قراءة أولية في خصائص الديمقراطية - بحث منشور في كتاب المسألة الديمقراطية في الوطن العربي - منشورات مركز دراسات الوحدة العربية - بيروت - الطبعة الأولى - 2000.
11- د. محمد عصفور - الرقابة على دستورية القوانين - بحث منشور في مجلة المحاماة تصدر عن نقابة المحامين المصرية - العدد الحادي عشر - السنة الخمسون - 1970.
12- د. محمد عصفور - ضمانات الحرية - مجلة المحاماة - مارس 1968.
13- محمد عابد الجابري - إشكالية الديمقراطية والمجتمع المدني في الوطن العربي - بحث منشور في كتاب المسالة الديمقراطية في الوطن العربي - مركز دراسات الوحدة العربية - الطبعة الأولى - 2000.

14- محمد فريد حجاب – أزمة الديمقراطية الغربية وتحدياتها في العالم الثالث – بحـث منشـور في كتاب المسالة الديمقراطية في الوطن العربي – مركز دراسات الوحدة العربية – الطبعـة الأولى – 2000.

15- د.يحيى الجمل – أزمة الديمقراطية في الوطن العربي – بحـوث ومناقشـات النـدوة الفكريـة التـي أقامها مركز دراسات الوحدة العربية – الطبعة الثانية – بيروت – 1987.

خامسا: الرسائل الجامعية.

1- جعفر عبد السادة الدراجي – تعطيل الدستور – رسالة ماجستير – كلية القانون – جامعة بغداد – 2001.

2- د. عبد الوهاب محمد عبده خليل - الصراع بين السلطة والحريـة – رسـالة دكتـوراه كليـة الحقـوق جامعة القاهرة – 2004.

3- غازي يوسف زريقي – مبدأ سمو الدستور – رسالة دكتوراه كلية الحقوق جامعة القاهرة – 1990.

4- د. محمد كاظم المشهداني – ظاهرة تركيز السلطة في المجتمعات النامية – رسالة دكتـوراه – كليـة القانون والسياسة – جامعة بغداد – 1985.

5- مروان محمد محروس – تفويض الاختصاص التشريعي – رسالة دكتوراه – كليـة القـانون – جامعـة بغداد – 2000.

6- كاظم الجنابي – سلطات رئيس الدولة التشريعية في الظروف الاستثنائية – رسـالة ماجسـتير - كليـة القانون جامعة بغداد – 1993.

7- د. وسام صبار عبد الرحمن – الاختصاص التشريعي للإدارة في الظـروف العاديـة – رسـالة دكتـوراه مقدمة إلى كلية القانون جامعة بغداد- 1994.

سادسا: المصادر من شبكة المعلومات الدولية.

1- جماعة الأخوان المسلمين في سوريا - الدولة القابلة للبقاء – موقع الأخوان المسلمين في سورية - شبكة المعلومات الدولية.

2- جاد الكريم الجباعي – الكتابة على هامش النص – موقع الاختلاف ثروة – شبكة المعلومات الدولية.

3- د.سام دله – دولة القانون الضرورة والمقدمة للشروع في التنمية – موقع لجان إحياء المجتمع المدني في سورية - شبكة المعلومات الدولية.

4- محمد مالكي – الدستور الديمقراطي والدساتير في الدولة العربية – موقع التجديد العربي -شبكة المعلومات الدولية.

5- عبد الهادي عباس - حق الإنسان في مقاومة القوانين الجائرة – موقع معابر - شبكة المعلومات الدولية.

6- خليل العناني – دور المعارضة في ترسيخ الاستبداد – موقع التجديد العربي - شبكة المعلومات الدولية.

سابعا: الدساتير والوثائق.

1- الدستور الأمريكي لعام (1778) .

2- الدستور المصري لعام (1923).

3- الدستور المصري لعام (1930).

4- الدستور النمساوي لعام (1934).

5- الدستور البولوني لعام (1935).

6- الدستور الإثيوبي لعام (1955).

7- الدستور الفرنسي لعام (1958).

8- الدستور المصري لعام (1956).

9- الدستور التونسي لعام (1959).

10- الدستور البرتغالي لعام (1963).

11- دستور (29) نيسان (1964) العراقي.

12- الدستور المصري لعام (1964).

13- الدستور العراقي المؤقت لعام (1970).

14- الدستور المصري لعام (1971).

15- مشروع دستور جمهورية العراق لعام (1990).

16- الدستور الموريتاني لعام (1991).

17- قانون إدارة الدولة للمرحلة الانتقالية عام (2003).

18- الدستور العراقي الدائم لعام (2005).

19- إعلان الاستقلال الأمريكي عام (1776).

20- الإعلان الفرنسي لحقوق الإنسان والمواطن الصادر عام (1789).

21- للإعلان العالمي لحقوق الإنسان الصادر عن الجمعية العامة للأمم المتحدة عـام (1948).

ثامنا: المصادر الفرنسية.

1- Marcel Prelo - Institutions politiques et droit constitutionnel- 4éd . - Paris, Dalloz- 1969.

2- Claude Albert Colliard – Libertes pupliques – 5eme – edition – Précis – Dalloz -1975.

3- Georges Burdeau - Droit Constitutionnel et Institutions Politiques -13éd . - Paris - 1968.

4- Maurice Hauriou - Précis de Droit Constitutionnel-Paris-Sire - 2éd-1929- réédition - 1965.

5 - G. Camus – L'article 16 de la constitution du 4 Octobre 1958, these، L.   G. D. J – 1969.

6 - Lamarque – la thorie de la necessiteet de la article(16), de la, R. D. P.1961.

7 - Esmein –Element de droit constitutional Francas et Compare – Tome1 – 1921.

Printed in the United States
By Bookmasters